广视角·全方位·多品种

皮书系列

皮书系列

皮书系列

皮书系列

皮书系列

皮书系列

皮书系列

皮书系列

皮书系列
皮书系列
皮书系列
皮书系列

权威·前沿·原创

皮书系列
皮书系列
皮书系列
皮书系列
皮书系列

反腐倡廉蓝皮书

BLUE BOOK OF
COMBATING CORRUPTION
AND UPHOLDING INTEGRITY

中国反腐倡廉建设报告

No.1

REPORT ON COMBATING CORRUPTION
AND UPHOLDING INTEGRITY IN CHINA No.1

编／中国社会科学院中国廉政研究中心
主　编／李秋芳
副主编／王延中　孙壮志　马　援

社会科学文献出版社
SOCIAL SCIENCES ACADEMIC PRESS (CHINA)

法律声明

主要编撰者简介

李秋芳 中国廉政研究中心理事长。主要研究领域：廉政理论与实践、性别平等与发展、社会发展与政策。

王延中 社会学博士，中国社会科学院研究员，中国廉政研究中心副理事长，新世纪百千万人才工程国家级人选。主要研究领域：劳动社会保障、廉政理论与实践、产业经济。

孙壮志 法学博士，中国社会科学院研究员，中国廉政研究中心秘书长，享受政府特殊津贴。主要研究领域：国际政治、上海合作组织、廉政理论与实践。

马　援 经济学博士，中国社会科学院副研究员，中国廉政研究中心理事。主要研究领域：宏观经济发展与社会建设、廉政理论与实践。

摘　要

《中国反腐倡廉建设报告》是中国社会科学院中国廉政研究中心第一部全面反映中国反腐倡廉建设进程的学术成果，全书由前言、总报告、分项报告、地区报告和专题报告构成。

前言以国际和历史的视角揭示了中国反腐倡廉建设的背景，回溯了新中国建立以来特别是改革开放以来中国为反腐倡廉建设付出的努力，分析了新时期腐败问题的突出表现及其背后的深层原因，直面执政党内和社会上在反腐败问题上的复杂心态，提出应客观认知中国反腐倡廉建设进程，以关注、参与、行动、批评、建设的姿态支持反腐倡廉建设，并交代了《中国反腐倡廉建设报告》的调研基础、撰写过程和内容结构。

总报告从“惩治与专项治理、多主体综合监督、公共权力规制、公共资金资源资产监管、公职人员诚信管理、社会廉洁文化建设”等六个方面对全国反腐倡廉建设进程与效果进行了综述。结合实地调研和问卷调查，反映了社会公众关注的难点焦点问题，并从理念和举措上提出了确立“廉洁发展”理念、培育对贪腐行为的零容忍社会心理、提高监督党员干部关键制度的执行力、拓展专项治理工作领域、推进科技反腐和网络反腐等建议。

分项报告深入分析了“‘小金库’专项治理”、“公款出国（境）旅游专项治理”、“科技反腐”等专题，既有对专项工作的朴素白描，又有对特色经验的重点介绍，还有针对存在问题提出的对策建议。

地区报告对山西、重庆、浙江、辽宁、云南、内蒙古等地反腐倡廉建设进展及成效进行了全景式概述，笔墨主要落在这些地方“做了什么”，“结果如何”，“社会反响怎样”。

专题报告是中国社会科学院课题组一年多来赴各地调研形成的成果，其特点是截取一地惩防体系建设的一个侧面或片段进行深度挖掘，提炼相关做法及其启示，如陕西建立防治腐败管用制度群，山西开展煤焦领域反腐败专项斗争，重庆打黑除“保护伞”，山东开展党风政风行风“三风”民主评议，青岛用现代信息技术监管公共权力、资源和资金，浙江做好监督、服务、管理农村基层廉洁三件事，香港政府工程建设领域防贪做法及其借鉴意义。

Abstract

Report on Combating Corruption and Upholding Integrity in China is one of the academic works of the China Anti-Corruption Research Center of Chinese Academy of Social Sciences and the first blue book of anti-corruption that reflects fully the anti-corruption process and effects in China. The book includes preface, general report, sub-reports, regional reports and thematic reports.

The preface reveals, from international and historical perspectives, the background of anti-corruption in China, reviews China's efforts on anti-corruption since the founding of the People's Republic of China, and particularly since the reform and opening up, analyzes outstanding corrupt issues during the new era and the underlying causes, faces squarely the complex attitudes towards anti-corruption both inside the Party and in the society, proposes that China's anti-corruption process should be understood objectively and supported in a concerned, participatory, critical and constructive manner, and makes clear the investigation and study basis, writing process and content structure.

The general report renders a summary of the anti-corruption process and effects from the six aspects of punishment and special governance, comprehensive supervision by multi-players, regulations on public power, oversight over public funds, resources and assets, management of honesty and uprightness of public employees and honest and clean and cultural construction of the society. The general report reflects, through on-the-spot investigations and questionnaires, thorny and focal issues of public concern, and puts forward suggestions both theoretically and practically of establishment of "honest and clean development", cultivation of zero tolerance to corrupt conduct, improvement of enforcement of critical systems overseeing party members and cadres, expansion of special governance areas and promotion of anti-corruption through science and technology and network and so on.

Sub-reports make in-depth analysis of unauthorized departmental coffers, special work on officials going abroad for tourism at public expense, anti-corruption with scientific and technological means. The sub-reports provide simple delineation of this special work with emphasis on characteristic experience and solution suggestions for existing problems.

Regional reports provide a panoramic outline of the process and effects of anti-corruption in Shanxi, Chongqing, Zhejiang, Liaoning, Yunnan and Inner Mongolia with emphasis on "what has been done", "what are the results" and "what are the social reactions".

Thematic reports derive from the study results of the research team of the Chinese Academy of Social Sciences in the past year. The feature is to intercept one aspect or one episode in the construction of the prevention and punishment system for in-depth exploration and sum-up of relevant practices and inspirations, such as the establishment of a cluster of anti-corruption systems in Shaanxi, the special fight against corruption in the coal and char field in Shanxi, the crackdown on criminal gangs and networks in Chongqing, the democratic appraisal on the "Three Better Workiug Styles" (of the Party, of the government and of industries) in Shandong, the supervision, service and management applied to maintaina integrity in rural area in Zhejiang, the use of modern information technology to supervise public power, resources and funds in Qingdao, and the practices and experiences and lessons of the Hong Kong government in project construction.

前　言
应客观认知中国反腐倡廉建设进程

李秋芳*

中国在建设社会主义现代化的进程中，正在着力解决腐败的突出问题。世界上每个国家都曾遭遇或仍在遭遇严重腐败问题的困扰，特别是社会结构转型、经济快速增长的阶段，往往也是腐败现象的多发高发期。不少发达国家建立完善市场经济体制经历了上百年或更长时间，都曾出现过腐败严重甚至猖獗的历史时期。

在不同制度和文化背景下，针对带有共同特征又带有殊异性的腐败问题，许多国家和地区采取了一些有效的治理措施。历史上，瑞典建立了监察制度，英国建立了审计制度，新加坡修订《反贪污法》并设贪污调查局严惩贪污行为，香港成立廉政公署，强力治理贪污贿赂并面向公众普及廉政理念，对防治腐败具有积极作用，有助于逐步走出腐败高发期。2003 年联合国大会全体会议通过《联合国反腐败公约》以来，许多国家健全防止利益冲突的法律制度，北欧国家公开行政机构信息，德国实行政府采购网上合同支付，巴西建立金融监控和税务稽查制度，西班牙规范职务消费和公共支出，日本出台公共事业道德法，韩国实行监察与审计合一的体制等。各国举措繁多，方法有异有同，都向世界昭

---

* 李秋芳，中国社会科学院中国廉政研究中心理事长。

示治理腐败需要作出不懈努力。

然而直到今天，包括被视为清廉指数较高国家在内的任何国家，都不能宣称在反腐败问题上可以“高枕无忧”。因为腐败与反腐败仍是世界各国必须面对和解决的突出矛盾：有些国家表现为立法和政策深层腐败；有些国家对金融机构监管乏力，酿成全球性灾难后果；有些国家反腐败机构叠床架屋相互掣肘，效能低下；有些国家财产申报流于形式；有些国家反腐败沦为不同政治力量的斗争工具；一些国家的严重腐败问题甚至引发经济滑坡、政治危机以及社会混乱。当今世界，腐败现象纷繁复杂，治理腐败任务艰巨，客观审视与评价反腐败的状况，也成为一件并不轻松的事情。

细心检索新中国的发展史，一部中国特色社会主义道路的探索史和执政党反腐倡廉建设的推进史跃然纸上。早在1945年，毛泽东在延安窑洞里与黄炎培的谈话中就提出，要依靠人民的监督跳出中国历代王朝“其兴也勃焉、其亡也忽焉”的历史周期率。新中国建立之初，党把“为人民服务”的执政宗旨，努力灌注在广大党员干部的理想信念和行为实践中，毛泽东不断告诫全党警惕“糖衣裹着的炮弹”的袭击，接连开展“三反”、“五反”及多次党内整风，严惩刘青山、张子善等极少数腐败分子，创造了新中国建设史上一个清廉的时期。

进入改革开放和现代化建设新时期，市场经济体制处于逐步建立和完善的过程中，面对经济持续高速发展、社会财富迅速积累、利益关系巨大调整的社会背景，在“官本位”、“拜金主义”、“享乐主义”等腐朽文化的冲击下，由于体制机制制度不完善，对公共权力监督制约不力，一些党员干部及公职人员执政用权理念发生扭曲，消极腐败现象迅速滋生蔓延开来，往往是一些突出的腐败问题得到治理后，新的腐败问题又冒了出来。一个时期以来，腐败问题的突出表现有：一是党员干部尤其是领导干部以权谋私、贪赃枉法、腐化堕落，跑官要官或买官卖官，违反规定收送现金、有价证券和支付凭证，利用干部人事权、司法权、行政审批权、土地资源支配权获取不当利益，或在商品房买卖置换中，以明显低于市场价格购置或以劣换优谋取不正当利益，以借为名占用他人住房或汽车，以赌博或变相赌博收钱敛财，借委托他人投资证券或委托理财名义，为配偶子女和特定关系人谋取不当利益。二是损害群众利益的不正之风屡禁未止，医疗服务中收受索要红包，医药购销收受回扣以及开大单提成“以药养医”导致药品价格虚高；一些学校乱办班乱收费，或隐蔽性高收费；一些基层干部刁难群众、吃拿卡要、执法不公；不合格食品药品、生活用水污染、企业违法排污、假冒伪劣农资等影响人民群众生产生活，土地征用、房屋拆迁、企业改制破产中出现损害群众利益的问题。三是极少数党政干部和国有企业负责人投资入股矿产资源开采，甚至充当不法矿主的“保护伞”，造成资源乱开滥采，安全生产监管不严，引发特大事故导致人员伤亡。

在腐败现象背后，社会消极腐朽文化起着重要作用。我国有几千年封建社会的历史，“家长制”、“一人得道鸡犬升天”等封建主义影响仍顽固地存在于社会生活中，左右人们的思想观念，形成彼此心照不宣并支配行为的“潜规则”。在拜金主义、物质消费主义的影响下，一些公职人员权力观、地位观和利益观严重扭曲，在他们眼里，官与权直接相连，权与钱可直接转化，市场效益最大化变成唯利是图，少数资本与权力结合，维护“利益集团”的既得利益。社会生活中存在浓厚的人情文化，往往将人际关系置于法律制度之上，在“熟人社会”中，以朋友、同学、同事、老乡等结成的“关系圈”，以“交情”为联结纽带，实现利益互助互惠，往往私事公办，公权公款私用。在“段子文化”等社会负面舆论中，一些干部腐败被认为是“环境所迫，不得已而为之”，一些腐败分子得到同情，被说成“能办事的好人好官”。消极腐败文化很大程度上助长了腐败现象的蔓延。

党的十六大尤其是十七大以来，党和国家清醒地把握反腐败斗争形势，分析腐败问题发生蔓延的新情况新特点，不断加大力度，进一步从被动遏制腐败到自觉实行源头治理，作出了艰苦而不懈的努力。以惩治预防腐败体系建设为重点的反腐倡廉建设被载入中国共产党章程，历次党中央和中央纪委全会，国务院廉政会议以及各部门会议，都对反腐倡廉建设作出总结评价和新的部署，推出了惩处、纠风、教育、制度、监督等一系列举措。陆续颁布或修订公务员法、党员领导干部廉洁从政准则、个人有关事项报告等法律法规制度群；持续纠正各领域损害群众利益的不正之风，进行商业贿赂、“小金库”、公款出国（境）旅游、公务用车等突出问题的专项治理；以发生在领导机关和领导干部中的案件为重点加大办案力度，严惩严重腐败分子甚至不惜使用重刑；利用典型案例开展警示教育、法规教育，广泛开展社会廉洁文化建设，加强社会诚信管理；努力探索监督制约权力的有效办法，推进行政审批、干部人事、财政管理、政府投资、司法执法和金融系统等多项改革，加强了政府采购、工程建设招投标、经营性土地使用权出让“招拍挂”、产权交易等制度建设。各地各部门也从实际出发提出具有特色的反腐倡廉建设工作思路，进行了丰富的实践探索。从总体上看，全国反腐败的力度、深度、广度都在不断加大。

然而，反腐败形势依然严峻，反腐败任务依然艰巨。在全球化背景下，资源、资金、文化、信息等都在跨国快速流动或整合，借助现代信息技术条件，腐败的表现形式也发生了新的变化，比如：腐败主体从个体向集团化蔓延，窝案串案较严重；腐败手段从显性向隐性扩展，曲线收钱、迂回敛财、花样翻新；腐败者非法所得从短期向长期演变，既贪图消费享乐，又追逐资本占有，出现了金融腐败、资源腐败、期约腐败现象；腐败范围从经济政治司法领域浸染到社会文化教育领域，并出现了跨国境“外向型”腐败，对人民群众利益与社会和谐稳定造成严重损害。必须看到，腐败滋生蔓延的土壤仍然存在，反腐败体制机制制度改革仍需深化，我国反腐败斗争的推进，将呈现一个不断与腐败现象进行制度、文化和技术博弈从而最终遏制乃至消除腐败的历史过程。

当前，全社会对反腐败斗争的关切程度与日俱增，在社会关注的诸多热点问题中，反腐败问题一直居于前几位，人民群众对反腐倡廉建设给予了极大支持，反映出反腐倡廉建设深厚的民意基础。面对复杂的腐败问题和反腐败斗争的艰巨性，细察党内和社会各界心态情绪，乐观信心十足者有之，悲观无奈者有之；严于律己持守廉洁者有之，放松要求随波逐流者有之；腐败泛化论者有之，对腐败高容忍度者有之。一个国家、一个民族，要实现健康发展与和谐发展，需要营造风清气正的社会环境，而有效推进反腐倡廉建设正是实现这一目标的基本前提。在中国的反腐倡廉建设中，当然需要且不乏冷静的批评者，更需要倾力推动的实践者。对于反腐倡廉建设的实际进程，不仅需要关注，更需要参与；不仅需要议论，更需要行动；不仅需要批评，更需要建设。

正是抱着参与、行动和建设的心态，中国社会科学院进行了持续多年的廉政研究，开展了广泛而深入的国情调研，足迹遍及全国29个省自治区和直辖市的100多个市县。在调研中，组成了不同专题的课题组。课题组往往先查阅大量基础信息资料，准备针对性较强的访谈提纲，实地访谈直奔主题，注意当场挖掘有价值的信息，常常白天座谈访谈，晚上交流梳理信息到深夜。研究团队由实务工作者和不同学科专家学者组成。其中一批新踏入科研单位的青年人，从廉政研究起步确定立业治学的方向和目标，一批实务工作者带着丰富实践中得来的深刻体验通过调研进行新的理性思考。这样一个理论与实际相结合的团队，能够以多视角观察权力的运行，自己没有实权更没有特殊利益，有的只是阻遏贪腐之祸的迫切心情，维护人民群众利益的淳朴愿望，以行为证明忠诚信仰的坦荡胸怀。

反腐倡廉建设的关键词是“建设”。那么，对其应有清晰的解读：“建设”必须具有高度负责和求真求实的精神状态，“建设”必须有改变现状敢于创新的政治勇气，“建设”必须用实际效果考察干部谋划协调和做实事的真实水平。正是带着“建设”的思维，课题组经常多人或数次在一个地区调研，与党政干部、专家学者和基层群众反复座谈，仔细考察了“天津村民代表委员会”、“陕西村民监督委员会”、“浙江村务监督委员”、“河北推进党务政务公开”、“河南发展基层民主”、“山东民主评议三风”、“内蒙古监督一把手”等创新监督机制的经验；调研了“福建规范自由裁量权”、“江西监管要素市场”、“青海重视保障农牧民利益”、“辽宁建设民心网”、“云南以责任追究建设责任政府”、“上海制度＋科技”、“吉林引导网络舆情”等制度建设的有效做法；了解了“山西重点治理煤焦领域腐败”、“重庆重拳出击打黑除保护伞”的惩治态势。在调研中，课题组一直强化着这样的一种意识：用建设的心态去感悟反腐倡廉的建设状况，用高度的责任感去体会尽责的人们作出的实践探索，用客观求实的科学精神去分析有关举措的实际效果。

中国社科院中国廉政研究中心推出的《中国反腐倡廉建设报告》，旨在冷静观察和客观反映中国反腐倡廉建设的发展轨迹，综述或记录有关领域和地方反腐倡廉建设现状。研究中心对东中西部2795个县区市进行聚类分层，以随机方式抽取了100个县市区、400个村居委会的7500个样本进行了问卷调查。同时，选取有代表性的部分省区市，直接面对机关党政干部、企业管理人员、媒体人员和专家学者等进行专题问卷调研、会议座谈和个别访谈，调研涉及领域和内容广泛，采集捕捉了大量第一手信息和数据。在占有丰富材料的基础上，课题组借助学科门类齐全、专家学者云集的优势，引入多专业视角，理论与实际结合，进行历史对比和中外对比，由集体合作攻关，或由专家学者和实务工作者个人撰写，产出了一批综合或专题研究报告，在向决策层提供信息与对策参考的同时，也面向社会传递学术研究信息。这本书正是中国社科院中国廉政研究中心若干课题组踏访各地进行实证研究的部分成果，反映了全国重点工作、部分领域和一些地方反腐倡廉建设实践推进的基本情况。

全书分为前言、总报告、分项报告、地区报告、专题报告。总报告从“惩治与专项治理、多主体综合监督、公共权力规制、公共资财资源监管、公职人员诚信管理、社会廉洁文化建设”等六个方面对全国反腐倡廉建设进展情况进行了综述；地区报告、分项报告及专题报告，有的是对惩防体系的全景式概述，有的是对专项治理工作的朴素白描，有的是对特色经验的重点介绍。在写法上，略去人们耳熟能详的一般性道理，着力反映“做了什么”，“结果如何”，“社会反响怎样”；在文风上，追求质朴、实在、明白，尽量用实际做法和数据说话。我们深知，尽管课题组作了努力，但中国反腐倡廉建设是长期、复杂、艰苦、丰富、浩大的系统工程，用一本报告涵盖中国反腐倡廉建设的整体推进状况，无论是从研究对象能够提供的材料看，还是从中国社科院中国廉政研究中心各课题组的实际能力来说，都实在是难为之举。

中国处在全面建设小康、走向社会主义现代化的历史进程中。反腐倡廉建设的成效，直接影响国家发展战略的实施和人民群众的根本利益。真诚地希望通过这样一部报告促进调查研究工作，以期提高对中国反腐倡廉建设状况的认知水平，为反腐倡廉建设取得更加明显的成效提供必要的智力支持。因为，营造风清气正的社会发展环境，将廉洁文化理念与行为习惯深深植入社会主义核心价值体系之中，托起社会主义强国建设之魂，对于每位中华民族儿女来说，既是心底的热切期望，也是应尽的义务责任。

目 录

B Ⅰ 总报告

B Ⅱ 分项报告

ⅢB Ⅲ　地区报告

B Ⅳ　专题报告

BV 附录

皮书数据库阅读使用指南

CONTENTS

𝔹 I General Report

𝔹 II Sub–reports

B III Regional Reports

B IV Thematic Reports

B V Appendix

总 报 告

General Report

B.1

中国反腐倡廉建设的进程与效果综述

中国社会科学院反腐倡廉建设课题组*

党的十七大以来，胡锦涛总书记作出了“三个并存、两个依然”①

* 课题组组长：李秋芳。课题组副组长：王延中（中国社会科学院中国廉政研究中心副理事长、研究员）、刘克平（中国社会科学院中国廉政研究中心副理事长）、孙壮志（中国社会科学院中国廉政研究中心秘书长、研究员）、马援（中国社会科学院中国廉政研究中心理事、副研究员）、高波（中国社会科学院中国廉政研究中心副秘书长、编辑）。课题组核心成员：范雷（中国社会科学院社会学所副研究员）、蒋来用（中国社会科学院中国廉政研究中心助理研究员）、王继锋（中国社会科学院中国廉政研究中心研究人员）、田坤（中国社会科学院中国廉政研究中心助理研究员）、曹永（中国社会科学院中国廉政研究中心助理研究员）、范三国（中国社会科学院中国廉政研究中心助理研究员）、高洁（中国社会科学院中国廉政研究中心助理研究）、王田田（中国社会科学院中国廉政研究中心助理研究员）、陈振（中国社会科学院中国廉政研究中心研究实习员）。主要执笔人：李秋芳、高波、范雷、曹永、范三国、王田田、蒋来用、王继锋、高洁、田坤、陈振。

① 即“反腐倡廉成效明显与问题突出并存，防治力度加大和腐败现象易发多发并存，群众对反腐败期望值不断上升和腐败现象短期内难以根治并存”以及“反腐败斗争形势依然严峻、任务依然艰巨”。

的论断，强调中国共产党长期执政面临的“四种考验”和“四种危险”,[①] 指出要着力实现好、维护好、发展好最广大人民的根本利益，坚定不移地把反腐败斗争进行到底。温家宝总理指出，建设廉洁的政府是持久紧迫的任务和人民的殷切期望，要加快解决反腐倡廉建设中的突出问题，把查办大案要案作为反腐败的重要举措，同时更加注重制度建设。中央纪委书记贺国强要求，以科学发展的理念和思路谋划反腐倡廉建设，以改革创新精神推进反腐倡廉建设，进一步提高反腐倡廉建设科学化水平，为全面建设小康社会、加快推进社会主义现代化提供有力保证。中国坚持标本兼治、综合治理、惩防并举、注重预防的方针，加快推进以惩治和预防腐败体系为重点的反腐倡廉建设，在坚决惩治腐败的同时，更加注重治本，更加注重预防，更加注重制度建设。近两年来，党员领导干部廉洁从政准则和党风廉政建设责任制规定得到修订，对重大决策部署落实情况的监督检查持续推进，政务公开、专项治理、廉政风险防控和廉政文化建设等工作普遍开展。

为了解惩防腐败体系建设的推进情况及其实际效果，为党和国家提高反腐倡廉建设科学化水平提供智力支持，中国社科院“反腐倡廉建设课题组”近两年来，到有关部门和 18 个省（自治区、直辖市）和有关部门开展了专题调研，对东、中、西部 6 个省（自治区、直辖市）实施了重点调研，组织了 2010 ~ 2011 年反腐倡廉建设成效问卷调查（下简称“问卷调查”）。[②] 在此基础上，课题组进行了综合

① 即“执政考验、改革开放考验、市场经济考验、外部环境考验”和“精神懈怠的危险、能力不足的危险、脱离群众的危险、消极腐败的危险”。

② 该问卷调查结果由两部分内容合并分析得出：一是对全国 2795 个区市县进行聚类分层，以随机抽样方式抽取全国 28 个省（自治区、直辖市）的 100 个县市区、400 个村居委会的 7500 个样本，进行覆盖全国城乡、具有全国代表性的问卷调查；二是在东中西部的 6 个省（自治区、直辖市）对区县领导干部、普通干部、企业管理人员、专业技术人员等群体进行的问卷调查。

分析，从惩治与专项治理、多主体综合监督、公共权力规制、公共资金资源资产监管、公职人员诚信管理和社会廉洁文化建设等六个方面，对我国反腐倡廉建设进展情况作出以下综述。

一　加大惩治腐败和专项治理力度

查办违纪违法案件是惩治腐败、端正党风政风的基本任务。各地各部门坚决惩治腐败，注重发挥案件查办的治本功能。

（一）保持查办案件的高压态势

2010年以来，中央纪委、监察部严肃查处了康日新、黄瑶、宋勇、李堂堂、许宗衡、张春江、宇仁录、张家盟、宋晨光、刘卓志、刘志军等大案要案。2010年，全国纪检监察机关共立案139621件，结案139482件，给予党纪政纪处分146517人，涉嫌犯罪被移送司法机关处理5373人。处分县处级以上干部5098人，移送司法机关的县处级以上干部804人。[①] 从统计数据看，2010年受党纪处分人数占党员总数的比例为1.5‰。[②] 2011年7月23日，逃亡加拿大12年之久的厦门远华特大走私案主犯赖昌星被遣返回国，震慑了外逃贪官和腐败分子。[③]

各地区各部门也加大了查办案件力度。2011年1～7月，湖北省各级纪检监察机关受理信访举报30013件（次），初核3313件，立案2898件，结案2508件，处分2555人，移送司法机关125人，查办10名厅级领导干部。[④] 河北省2010～2011年上半年共查结商业贿赂

---

① 据中央纪委副书记、新闻发言人吴玉良在2011年6月22日中共中央外宣办举行的新闻发布会上的介绍。

② 《中纪委监察部召开2010年查办案件工作情况新闻通气会》，“新华网”，http://news.xinhuanet.com/politics/2011-01/06/c_12954293.htm，访问日期：2011年12月10日。

③ 《海关总署：赖昌星案目前侦查工作进展顺利》，2011年10月14日《中国纪检监察报》。

④ 《省纪委、监察厅召开新闻发布会　通报2011年上半年查办案件情况》，楚天廉政网，http://www.ctlzw.gov.cn/structure/dtxx/wtyw/zw_34444_1.htm，访问日期：2011年11月12日。

案件1434件，涉案金额2.75亿元，查处公务员129人，其中厅（局）级以上干部3人，县（处）级以上干部25人。[①] 2011年第一、二季度，国土资源部连续挂牌督办了12个省区市在违法批地或违法征占、转让土地等方面的12起典型案件。[②] 问卷调查显示，63.6%的普通干部认为查处腐败问题很有力度或力度较大。

（二）纠正损害群众利益的突出问题

2010年纠风和执法监察工作中，全国共查处强农惠农资金管理使用中的违规违纪问题6014件，查处涉农乱收费乱罚款乱摊派等问题3031件，给予纪律处分或其他处理1703人；查处教育乱收费问题涉及金额7.9亿元，给予纪律处分或其他处理3107人。[③] 近4年来，全国卫生系统共查出不正之风案件和商业贿赂案件7000多件，5500多人受到党纪政纪处分和组织处理，400多人被追究刑事责任。[④] 2010年，全国法院系统共查处违纪违法人员783人，同比下降1.51%；其中，受到政纪处分和因贪污、贿赂、徇私枉法被追究刑事责任的人员同比分别下降4.09%和17.52%。[⑤] 2011年1~7月，重庆市开展的以解决领导干部插手干预工程建设、基层执法单位违法违规执法、侵占惠民资金突出问题为重点的"三项行动"，共立案查处违纪违法案件348件、583人，挽回经济损失1.17亿元。[⑥] 截至2011

① 《河北省查办商业贿赂案件情况通报》，河北省工业和信息化厅网站，http://www.ii.gov.cn/news/cszz/jjjc/JJZXZL/2011/5/115383555274.html，访问日期：2011年11月12日。

② 《国土部通报2011年第一季度挂牌督办案件处理情况》，《国土资源部2011年第二季度挂牌督办案件处理情况通报》，国土资源部网站，http://www.mlr.gov.cn/zwgk/zytz/201110/t20111024_1010972.htm，访问日期：2011年11月12日。

③ 《中纪委监察部召开2010年查办案件工作情况新闻通气会》，新华网，http://news.xinhuanet.com/politics/2011-01/06/c_12954293.htm，访问日期：2011年12月10日。

④ 卫生部：《纠建并举注重预防　大力加强医德医风建设》，2011年10月13日《中国纪检监察报》。

⑤ 数据来源：《最高人民法院工作报告（2011年）》。

⑥ 戴南：《构建城防体系　打造廉洁重庆》，2011年10月11日《中国纪检监察报》。

年10月，辽宁省查处和纠正损害农民土地权益的问题2353个，查处食品药品安全问题6765个，涉及金额1271万元。[①]

（三）专项治理成为惩治腐败的有力手段

近年来，中央和中央纪委不断加大专项治理工作力度，坚持惩处与规范相结合，纠建并举，着力解决人民群众反映强烈的突出问题。集中开展治理商业贿赂专项治理6年来，在严肃查办商业贿赂案件、建设市场诚信体系、完善相关法律制度等方面取得进展，仅2010年1～11月，全国司法机关和行政执法部门就依法查办商业贿赂案件1万余件，涉案金额42亿余元。[②] 两年来，中央和中央纪委部署的专项治理工作呈现并进态势。

持续推进工程建设领域突出问题专项治理。截至2011年2月底，全国共排查政府投资和使用国有资金项目38.45万个，发现问题24.44万个，整改20.37万个，整改率83.3%。全国共废止和宣布失效工程建设领域规章155部，修改工程建设领域的规章157部。[③] 截至2011年7月底，全国共受理工程建设领域违纪违法问题举报38025件，立案19658件，查实17734件；给予党纪政纪处分12874人，其中厅（局）级干部89人，县（处）级干部1275人；移送司法机关处理6801人。[④] 地方和部门也结合实际开展治理工作。截至2011年8月底，交通运输部在全系统排查建设项目4705个，发现和整改问题4202个，受理投诉举报440件，

① 严加军：《践行先进理念　助推全面振兴》，2011年10月9日《中国纪检监察报》。

② 姜洁：《2010年治理商业贿赂专项工作综述：斩断权钱交易的黑手》，2011年1月4日《人民日报》。

③ 《工程建设领域突出问题专项治理：各地区各部门在行动》，《中国监察》2011年第14期。

④ 《工程建设领域查办案件工作综述》，http：//www.zzg.gov.cn/xwdt/yw/2840.shtml，访问日期：2011年11月12日。

给予党纪政纪处分19人，移送司法机关处理7人，给予组织处理24人。①

连续三年开展“小金库”专项治理。2010年以来，“小金库”治理工作从党政机关、事业单位延伸到社会团体、国有及国有控股企业，当年通过组织“回头看”，全国382个自查自纠“零申报”和重点检查“零问题”的“双零”县区被撤销335个，全国因设立和使用“小金库”受到行政处罚的有842人，受到组织处理、党纪政纪处分和移交司法机关处理的有1827人。截至2011年8月底，全国共发现“小金库”58225个，涉及金额266.54亿元。其中，2011年新发现“小金库”7487个，涉及金额27.74亿元。②

治理庆典、研讨会、论坛过多过滥问题。在2006年政府系统开展该项工作基础上，党群系统从2008年开始部署清理规范评比达标表彰活动，全国共撤销项目73726个，撤销率达97.54%，其中市（地）级以下项目全部撤销，每年可节约资金26.5亿元。③2010年，31个省区市、新疆生产建设兵团和中央机关及其所属单位共举办庆典、研讨会、论坛活动8521个，经费支出37亿余元。一些增加基层负担、无实际意义的活动得到制止或被取消，举办程序得到规范。④该项工作持续进行，例如截至2011年10月底，湖南省共取消庆典、研讨会和论坛活动项目36个，节约经费1110万元。⑤

---

① 赵建昌：《保证工程建设在阳光下进行》，2011年10月16日《中国纪检监察报》。

② 王新民：《全国防治“小金库”长效机制建设经验交流电视电话会议召开》，2011年10月9日《中国纪检监察报》。

③《全面清理和规范庆典、研讨会、论坛活动　大力加强政风行风建设——全国清理和规范庆典、研讨会、论坛工作领导小组负责人答记者问》，《中国监察》2011年第11期。

④《贺国强参加反腐倡廉专项治理工作汇报会并讲话》，新华网，http://news.xinhuanet.com/politics/2011-09/23/c_122080478.htm，访问日期：2011年11月12日。

⑤ 邹太平、屈双湖：《湖南：减节庆36个省资金千余万元》，2011年11月8日《中国纪检监察报》。

二　开展多主体综合监督

为加强对权力的制约监督，推进中国共产党党内监督、人大监督、政府内部监督、政协民主监督、群众监督和舆论监督，努力增强监督的深度、广度和效度。

（一）坚持执行和探索党内监督制度

积极实行“三谈两述”制度。2010 年，全国纪委负责人同下级党政主要负责人谈话 44009 人次，领导干部任前廉政谈话 428175 人次，诫勉谈话 59596 人次，领导干部述职述廉 1849510 人次。为推进党务公开，2010 年 9 月，中共中央办公厅印发了《关于党的基层组织实行党务公开的意见》，召开了全国党的基层组织党务公开工作电视电话会议，切实加强党务公开工作联系点建设，选择不同领域、不同类型、工作基础较好的 71 个单位作为党务公开工作联系点。目前，31 个省（自治区、直辖市）、新疆生产建设兵团和部分中央国家机关开展了党务公开工作。16 个省（自治区、直辖市）的镇、村实行党务公开覆盖面达 80% 以上。[①] 截至 2011 年 8 月，山东省基层党组织党务公开覆盖率达 96.2%，并遴选了基层党务公开监督员 121477 名，提高了基层党组织决策和活动的透明度。[②] 进行党内询问和质询的实践探索，2010 年，全国共函询 32255 人次。[③] 安徽省合肥市出台《领导干部廉洁自律预警实施办法》，对存在轻微违纪行为的领导干

① 《2010 年全国党务公开工作情况综述》，新华网，http：//news. xinhuanet. com/politics/2010 - 12/24/c_ 12916111_ 2. htm，访问日期：2011 年 11 月 25 日。

② 高峰：《山东全省推进基层党务公开：阳光灿烂耀齐鲁》，2011 年 10 月 8 日《中国纪检监察报》。

③ 《发扬民主　强化监督　预防腐败——党内监督工作综述》，2011 年 7 月 7 日《中国纪检监察报》。

部实行函询谈话、警示诫勉和责令纠错，截至2011年11月，已对37名县处级领导干部进行了预警。①

（二）创新监督体制机制

继国家预防腐败局宣布成立后，甘肃、上海、湖北、湖南、河北、河南、四川、北京、浙江等地相继成立预防腐败局。近年来，四川、云南、河北、河南、山东、江西、浙江、湖北、广东、海南等地先后启动纪检监察机构“整合力量，分片归口设置”试点工作，以垂直管理强化监督效能。成都市成立7个派出纪工委、监察分局，其工作经费、行政组织关系、人员工资福利、年度考核奖惩等，全部由市纪委、监察局机关统管。佛山市顺德区率先以建立“大监督”体系为目标，整合监察、审计等部门组建了区政务监察和审计局，与区纪委机关合署办公，负责对全区党务、政务工作进行纪律和绩效监督。

（三）注重发挥巡视监督作用

2010年，中央巡视组先后开展了对12个省（自治区、直辖市）、8家中央金融单位和国有重要骨干企业的巡视；各省（自治区、直辖市）党委巡视组完成对101个市（地、州、盟）、680个县（市、区、旗）以及146个省直部门和所属国有骨干企业、高校的巡视；国务院国资委、“一行三会”（中国人民银行、中国银监会、中国证监会、中国保监会）、部分中央单位也对所属单位领导班子及其成员进行了巡视。22个省（自治区、直辖市）开展了巡视回访。2010年以来，中央巡视组向中央呈报巡视工作情况，向中央有关部门移送关于国土管理、矿产资源开发、环境保护、国有企业和金融机构改革发展等方

① 付后勇等：《管住权力　强化教育　严查案件——合肥多举措助推反腐倡廉建设》，2011年11月9日《中国纪检监察报》。

面的意见建议和相关材料53条（件），向被巡视地区和单位反馈意见166条。截至2011年上半年，地方也已完成对全国60%县的巡视。[①] 近两年，广东省委巡视组对40个县（市、区）集中开展巡视监督，共发现被巡视县（市、区）问题239项，其中涉及处级以上领导干部违纪违法案件线索12条，向被巡视县（市、区）提出整改建议238项。[②] 截至2011年10月，河南省委巡视组在巡视中发现干部违纪违法案件线索160多件，向省纪委移交县处级以上领导干部案件线索70多件，经查实并移交司法机关处理的县（市、区）委书记有8人。[③] 国家税务总局巡视组向被巡视单位党组提出整改建议300多条，向税务总局党组提出建议90多条；各省国税局巡视组向被巡视单位提出整改建议6200多条，向省国税局提出工作建议1400多条；各级国税局根据巡视组建议对领导干部进行诫勉谈话80多人次，向被巡视单位及有关部门反馈并移交相关问题线索59条。[④]

（四）开展对重大决策实施的同步监督

北京奥运会筹备和举办期间，北京市会同中央及地方有关部门建立健全信息公开制度，坚持资金使用、工程项目招投标、场馆建设、政府采购、市场开发的阳光运作，实现了“节俭廉洁办奥运”目标。此后，上海“廉洁世博”、广州“廉洁亚运”目标相继实现，同步监督国家重大活动和大型工程建设项目的做法更加成熟。汶川、玉树地震和舟曲特大山洪泥石流救灾及灾后重建工作中，探索建立了对招标

① 《贺国强在中央巡视工作领导小组第18次会议上强调：总结实践经验　提高工作水平　扎实推进对县巡视和中央单位内部巡视工作》，2011年10月21日《中国纪检监察报》。

② 《广东省委巡视组2010年发现被巡视县存在问题239项》，2011年2月25日《南方日报》。

③ 河南省委巡视工作领导小组办公室：《把发现和了解问题线索作为巡视重点》，2011年10月1日《中国纪检监察报》。

④ 国家税务总局干部监督工作领导小组办公室：《适应垂直管理体制　发挥巡视监督作用》，2011年10月1日《中国纪检监察报》。

投标、变更规划等廉政风险点进行预警防控的科学体系，加快了项目信息公开和诚信体系建设。2008 年底以来，审计署对 8000 多个投资项目和 1 万多个汶川地震灾后恢复重建项目进行了跟踪审计，共核减投资或结算额 740 多亿元，挽回和避免损失 260 多亿元。加强对中央扩大内需促进经济增长政策落实情况的监督检查，前移监督关口，使中央一揽子计划和政策措施取得成效。2011 年 9 月，对全国 20 个省（自治区、直辖市）贯彻落实加快转变经济发展方式决策部署情况，10 个检查组开展了为期半个月的集中检查，发现并记录了 222 个项目有关政策落实、资金管理、项目实施等方面 551 个问题，提出项目整改意见 572 条，提出意见和建议 53 条。截至 9 月底，各地区保障性安居工程平均开工率在 98% 以上，部分地区已全面或超额完成开工任务。① 甘肃省对全省扩大内需项目、灾后重建项目实施了多轮检查，截至 2011 年 11 月，省级共检查项目 3623 个，累计发现各类问题 2650 个。②

（五）人大、政协、民主党派及无党派履行监督职责

全国人大常委会听取审议了国务院一系列专项工作报告，加强对扩大内需资金实施情况的监督。2011 年 10 月 27 日，十一届全国人大常委会专题询问国务院关于城镇保障性住房建设和管理工作情况，受国务院委托，住房和城乡建设部、国家发展改革委、财政部等部委负责人到会回答了保障性住房保障范围、建设进度、分配管理等群众普遍关心的问题，并进行了网上直播。③ 新疆自治区第十一届人大对政府有关部门的工作开展质询，邀请政府有关部门负责人解答人大代

① 《中央加快转变经济发展方式集中检查工作综述》，2011 年 10 月 24 日《中国纪检监察报》。

② 哈建设：《甘肃围绕重点工作开展监督检查：不遗余力保发展》，2011 年 11 月 9 日《中国纪检监察报》。

③ 白龙、张洋：《人大常委会专题询问保障房建设和管理工作情况》，2011 年 10 月 27 日《人民日报》。

表提出的问题。政协委员对国家重大方针政策落实情况和人民群众普遍关注的重大问题进行巡视察看，反映社情民意，开展民主监督。2011 年 10 月，全国政协派团赴陕西省，视察公立医院改革和缓解看病贵、看病难等试点情况。[①] 监察部、中央统战部于 2010 年 12 月 24 日在京召开监察部第五届特邀监察员聘任大会。[②] 北京、上海、河南、广东、广西、山东、福建、四川、深圳等地修订完善了特邀监察员工作办法。

（六）社会监督逐步推进

2010 年 2 月 17 日，温家宝总理到中国政府网、新华网与海内外网民在线交流，传递了中国网络问政新风。目前全国 31 个省级纪检监察机关已全部开通举报网站，网上举报成为群众参与反腐倡廉的重要途径。不少地方还添加了公共服务和交流互动功能，将“市长信箱”、“专项投诉及举报”由简单的电子邮箱升级为互动系统，增强了举报、投诉、咨询等功能。截至 2011 年 10 月，辽宁省“民心网”开通 7 年来共受理群众投诉举报和政策咨询 238945 件，为民办事 112062 件，通过群众诉求办理还利于民 3. 46 亿元。[③] 北京市检察机关规定，对公民网上实名举报国家工作人员贪污、贿赂等犯罪的，经查实结案后对举报人可给予 10 万元的最高奖励。[④] 一些地区和单位实名举报率稳步攀升。南京市实名举报率由 5 年前的 19. 1% 上升到 55. 6% ，[⑤] 这表明社会公众民主监督意识和反腐败参与度、责任感增加，对惩治腐败的信心度增强。

---

① 《让“平价医院”的梦想成为现实》，2011 年 10 月 27 日《人民政协报》。

② 《何勇：特邀监察员是反腐败工作的一支重要力量》，2010 年 12 月 25 日《人民日报》。

③ 赫安泽：《辽宁民心网为民办事超十一万件》，2011 年 10 月 31 日《中国纪检监察报》。

④ 欧阳毅：《网上举报是拓宽监督渠道的重要举措》，2011 年 2 月 18 日《人民法院报》。

⑤ 《南京 5 年为 458 干部澄清是非　实名举报全国领先》，人民网，http：//js. people. com. cn/html/2011/10/10/36531. html，访问日期：2011 年 11 月 12 日。

三　推进对公共权力的科学规制

针对权力运行失范和容易滋生腐败的风险点，推进体制改革和制度创新，促进权力行使公开透明、规范高效。

（一）努力规范干部从政行为

2010 年以来，在行政审批制度、干部人事制度、司法制度以及财税、金融、投资、国有资产监管体制等重点领域和关键环节的改革中，中央密集出台了近 30 部反腐倡廉法规制度。为惩处领导干部违反规定插手干预工程建设领域行为，制定了《党员领导干部违反规定插手干预工程建设领域行为适用〈中国共产党纪律处分条例〉若干问题的解释》和《领导干部违反规定插手干预工程建设领域行为处分规定》。在“小金库”专项治理工作中，制定了《设立“小金库”和使用“小金库”款项违法违纪行为政纪处分暂行规定》和《关于规范商业预付卡管理的意见》。针对国有企业、农村基层干部，制定了《关于进一步推进国有企业贯彻落实“三重一大”决策制度的意见》、《农村基层干部廉洁履行职责若干规定（试行）》。各地各部门也加强了对用权者的制度约束和行为规范。重庆市在贯彻落实《廉政准则》中，于 2011 年 3 月部署了治理公务人员收送“红包”、领导干部超标用车、违规经商办企业的“三项治理”工作，截至 2011 年 6 月 30 日，全市收到公职人员上交的“红包”10312. 39 万元，处理超标车 6327 辆，纠正 255 名领导干部违规经商办企业行为。①

（二）探索党委权力配置与运行方式改革

各地进行了规制党委权力的探索。湖北构建了“五统一”监

① 戴南：《构建城防体系　打造廉洁重庆》，2011 年 10 月 11 日《中国纪检监察报》。

管机制，加强县委书记岗位风险预警防控机制，努力规范县委书记的权力配制与行使程序，确保县委书记廉洁履职。深圳市对"一把手"进行权力分解和权力设限，要求党政正职不具体直管人事、财务、审批、执法等事项，这些事项由班子其他成员分管，正职则监督班子成员行使权力。2009 年 3 月，中央纪委、中央组织部选取河北省成安县、江苏省睢宁县、四川省成都市武侯区等 3 个县（区）开展县委权力公开透明运行试点，从科学划分职责权限、规范权力运行程序、公开县委决策事项、创新监督制约机制等方面进行了探索。在认真总结试点单位实践经验的基础上，2010 年 11 月 9 日，中央纪委、中央组织部印发了《关于开展县委权力公开透明运行试点工作的意见》，在31 个省区市部署扩大试点工作。各地纪委、党委组织部认真研究，精心部署已有69 个试点单位制订方案，县委权力公开透明运行工作取得了进展。广东省"县委权力公开透明运行"试点单位南雄市探索与权力运行"阳光工程"相匹配的监督机制，将"两代表一委员"及各阶层代表和专门监督机关人员[①]按4∶5∶1 比例组成"阳光使者"监督队伍，截至 2011 年 10 月，覆盖市、镇（局）、村、组四级的两万多名"阳光使者"持证上岗，对受聘单位及其领导班子进行询问、质询和评议。[②]

（三）将绩效管理与干部问责有机结合

2011 年6 月10 日，监察部印发了《关于开展政府绩效管理试点工作的意见》，选择北京、吉林、福建、广西、四川、新疆、杭州、深圳等8 地进行地方政府及其部门绩效管理试点，选择国土资源部、

① "两代表一委员"指党代表、人大代表和政协委员；各阶层代表指农民、市民、工人、个体户、企业主、教师等；专门监督机关人员指人大、政协、纪检监察、司法、审计等人员。

② 《"阳光使者"工作机制突破监督难题》，2011 年10 月10 日《中国纪检监察报》。

农业部、质检总局进行国务院机构绩效管理试点，选择国家发展改革委、环境保护部进行节能减排专项工作绩效管理试点，财政部进行财政预算资金绩效管理试点，将绩效评估与行政问责、改善管理、提高效能结合起来，促进廉政和勤政建设。截至 2011 年 1 月，全国有 15 个省（自治区、直辖市）设立了绩效管理或绩效评估领导机构和办事机构，25 个省（自治区、直辖市）监察机关设立了行政效能监察专门工作机构。云南省推行效能政府软环境建设，健全效能投诉受理和整改公示制，纠正和查处行政不作为、慢作为、乱作为等问题。截至 2011 年 10 月，四川省近 4 年有 3999 个单位、3957 人因违反效能建设规定被问责，其中受到党纪政纪处分的有 703 人。① 湖南省岳阳市制定《有错与无为问责办法》，近年来共问责处理不作为、乱作为干部 1133 人，调整和处理“不在状态”的干部 417 名。②

（四）运用科技手段规范权力运行

各地区各部门运用现代科学技术，尤其是信息网络技术，把电子监察手段植入规范权力运行的制度设计和管理流程之中，提高预防腐败能力。上海市创新“制度 + 科技”的反腐倡廉新模式，以建筑有形市场、规划国土、政府采购、社保资金、出入境管理为重点，促使权力运行“大小有界、公开透明、网上留痕、全程受控”。山东省用 3 年时间建设电子政务服务、行政权力监察、公共资源交易监察、公共资金监察、廉政舆论监督、党风廉政教育等电子信息平台。海关总署研发了“海关执法廉政风险预警处置系统”，设置了风险提示、风险监控、风险处置等 12 个模块、240 多项功能，加速了执法标准化、流程管理规范化、业务处理信息化、作业系统网络化进程。中央企业

① 王景：《四川扎实开展效能监察》，2011 年 10 月 20 日《中国纪检监察报》。

② 新华社，北京 2011 年 1 月 5 日电：《采取有效措施　加大整顿力度——各地区各部门加强领导干部作风建设工作综述》。

和金融机构广泛建立 ERP 系统（内部业务管控系统），使工程项目立项、资金运行、合同实施等上线运行。

（五）规范自由裁量权以防控廉政风险

各地各部门纷纷对行政许可、行政处罚以及人财物等业务处理的自由裁量权进行限制。从 2007 年开始，福建省把规范行政自由裁量权作为规范权力运行的切入点，采取梳理裁量事项、明确裁量条件、分解裁量权限、量化裁量基准等手段，开展了规范行政自由裁量权预防腐败工作。[①] 湖南省于 2010 年 4 月 17 日正式实施《规范行政裁量权办法》，重点对行政审批、行政确认等 8 类行政行为裁量权进行系统规范。2010 年 10 月 1 日起，全国 3000 多个基层和中级人民法院全面试行《人民法院量刑指导意见（试行）》和《关于规范量刑程序若干问题的意见（试行）》，统一量刑方法和步骤。北京市把廉政风险防控向农村、国有企业、高校、社区等延伸，压缩自由裁量权，规范管理流程，推动首都廉洁发展。《北京市城管执法系统实施行政处罚自由裁量权一览表（草案）》涉及市容环境、市政管理等 280 余项处罚案由，其罚款额均由统一公式计算。截至 2011 年 9 月，31 个省（自治区、直辖市）中，部署廉政风险防控机制建设的有 21 个，试点的有 10 个；55 个中央纪委、监察部派驻机构中，部署的有 15 个、试点的有 12 个，在系统部署的有 17 个、试点的有 8 个；部分国有企业、金融机构、高校等企事业单位也启动了廉洁从业风险防控工作。[②]

四　加强对公共资金资源资产的监管

公共资金、公共资源和公共资产是容易滋生腐败的重点领域。各

① 闵纪：《自由裁量权不再“自由”》，《海峡通讯》2008 年第 2 期。

② 《中央要求加强廉政风险“重点防控”》，2011 年 9 月 11 日《瞭望新闻周刊》。

级党委政府不断健全体制机制，推进管理创新，力争从源头上堵塞漏洞，提高公共资金资源资产的使用效益。

（一）进一步规范公共资金管理

2010 年 5 月 4 日，国务院常务会议部署进一步推进财政预算公开工作，为 98 个中央部委公开出国（境）费、车辆购置及运行费、公务接待费“三公”经费和行政经费支出情况设定时间表。2011 年，“晒三公”① 在一定程度上提高了中央国家机关经费管理的透明度。截至 6 月底，90 家中央部门公开了 2011 年部门预算。② 各地区各部门“三公”经费财政预算在 2009 年缩减 158.06 亿元的基础上，2010 年又压缩 57.51 亿元，其中出国（境）费压缩 4.15 亿元，车辆购置及运行费压缩 17.02 亿元、公务接待费压缩 36.34 亿元。2010 年全国党政干部因公出国（境）团组、人次和经费数与 2006 ~ 2008 年三年平均数相比分别下降 47.1%、43.9% 和 32.6%。全国从 2007 年 7 月开始实施公务卡制度，利用“刷卡支付、消费有痕”的特点，促使公务消费置于阳光之下。③ 国务院机关事务管理局等部门研究修订了党政机关公务用车配备使用管理办法，提出 2011 年一般公务用车编制压减 1/3、确保在京中央国家机关公务用车总量零增长、实现节油 2% 的目标等“五条措施”。④ 2011 年 8 ~ 9 月，中央公务用车问题专项治理工作领导小组及办公室分三批、组成共 20 个督导核查组，通过召开座谈会、公安交管部门信息比对、随机抽取实地实车查验、财

---

① 指“三公”经费的公开，包括出国（境）费、车辆购置及运行费、公务接待费和行政经费支出情况。

② 戴南：《财政部：深化财政改革　落实牵头任务》，2011 年 10 月 12 日《中国纪检监察报》。

③ 财政部网站，http://www.mof.gov.cn/zhuantihuigu/czjbqk/czgl/201011/t20101102_345490.html，访问日期：2011 年 11 月 12 日。

④《资产管理司严控六项指标细化五条措施》，国管局网站，http://www.ggj.gov.cn/gzdt/201108/t20110831_275461.htm，访问日期：2011 年 11 月 12 日。

务资产账目核查等方式，对10个省区市和76个中央部门开展了督导核查工作。[①] 截至2011年11月，河北省共查出漏登的公车编制数764个、漏登车辆1000台；省直23个单位涉及违规借车198辆、换车11辆，已退回和换回175辆。[②] 从2011年10月10日起青海省级机关公务用车统一张贴公车标识上路，亮明身份接受群众监督。[③] 各地健全定点接待制度，将公务接待费纳入公务卡结算范围，对领导干部参加会议、学习、培训期间的费用支出进行审核。陕西省全面推行"廉政灶"制度，接待用餐一律不得上烟酒，单人单餐标准20元，实行一事一结和定期公开，已在全省1513个乡镇推开。[④] 推进地方预算公开和资金监管工作，2011年，湖南省将50项与民生关联度最高的专项资金纳入首批财政预算公开目录；[⑤] 海南省将24个财政惠民补贴资金列入"一卡通"发放范围，截至2011年7月，发放资金15亿元，惠及城乡居民124万人。[⑥]

（二）改革公共资源配置机制

扩展统一的资源配置平台。近年来，各地区各部门以规范公共资源交易为重点，在对违反交易程序默许、纵容、授意有关单位以各种名义违规低价出让国有土地，干预和插手依附于市政公用事业及设施的经营性项目（水、气、热、公交、污水或垃圾处理等）特许经营权等违规交易行为进行查处的同时，将分散的交易平台整合建成集中平台，以减少寻租机会。一些地方从实际出发，扩大公共

---

① 《党政机关公务用车问题专项治理工作全面进入纠正处理阶段》，国管局网站，http：//www. ggj. gov. cn/gzdt/201111/t20111101_ 276300. htm，访问日期：2011年11月12日。

② 臧胜业：《以公车治理实际成效取信于民》，2011年11月11日《中国纪检监察报》。

③ 李文宁：《青海省级机关公务车亮明身份接受监督》，2011年10月24日《中国纪检监察报》。

④ 《2010年厉行节约工作综述》，http：//www. pylz. gov. cn/show_ news. asp？id = 815，访问时间：2011年11月25日。

⑤ 邹太平等：《把每一分钱都用在刀刃上》，2011年10月11日《中国纪检监察报》。

⑥ 《实现"一卡在手　补贴到位"》，2011年10月14日《中国纪检监察报》。

资源配置有形市场。在进场项目上，由房屋市政工程拓展到水利、交通、电力等专业工程，有些地方扩展到政府采购、产权交易、国有土地使用权出让等。天津市创建“5+1”公共资源交易统一监管模式，将工程建设、土地交易、产权交易、政府采购、药品采购五个市场的计算机应用系统，与市行政许可服务中心的监管系统对接，2011 年 1~10 月受理公共资源交易投诉 8 件，已办结 7 件，查实 4 件，给予诫勉谈话 2 人，取消 2 家招标代理公司招标资格，给予 2 家单位行政处罚，对 2 个项目作出重新招标决定。① 一些地方创新招标投标管理模式和监管体制机制，例如湖北、安徽、四川、广西、青海等地设立了专门的招标投标监督管理机构，努力解决多头监管、同体监督问题。②

加强资源密集领域权力监督。在土地使用权出让方面，我国招标拍卖挂牌出让国有土地面积占总出让面积的比例，已从 2001 年的 7.3% 上升至 2009 年的 85.3%。③ 2011 年前三季度，全国立案查处本年发生的违法用地案件 1.6 万件，同比下降 4.3%；涉及土地面积 18.8 万亩（其中耕地 6.4 万亩），同比上升 3.8%。立案查处矿产资源领域违法案件 4944 件，同比上升 5.6%。④ 已立案查处的 1.6 万件违法用地案件，依法拆除违法构建物 849.6 万平方米，没收构建物 2689.8 万平方米，收回土地 4.5 万亩，其中收回耕地 9436.3 亩，罚

① 《天津创建“5+1”公共资源交易统一监管模式》，2011 年 10 月 12 日《中国纪检监察报》。

② 《攻坚克难　深入推进——工程建设领域突出问题专项治理工作综述》，《中国监察》2011 年第 14 期。

③ 所涉主要文件有：《关于加强房地产用地供应和监管有关问题的通知》，《国务院办公厅关于促进房地产市场平稳健康发展的通知》，《关于进一步加强房地产用地和建设管理调控的通知》。

④ 国土资源部调控和监测司：《2011 年前三季度国土资源有关统计数据》，国土资源部网站，http://www.mlr.gov.cn/zwgk/qwsj/201110/t20111026_1014259.htm，访问日期：2011 年 11 月 12 日。

没款19.7亿元，1964名责任人因违反国土资源法律法规被移送司法和纪检监察机关，733名责任人受到行政处分，839名责任人受到党纪处分，71名责任人被追究刑事责任。[①] 11月，国土资源部下发《关于加强城乡建设用地增减挂钩试点在线监管工作的通知》及《城乡建设用地增减挂钩试点在线监管系统建设方案》，要求各级国土资源主管部门开展增减挂钩试点信息化建设，将于2012年1月1日起正式运行增减挂钩试点在线报备系统。[②]

优化公共资源市场交易环境。福建省制定了《公共资源交易管理办法》，着力压缩权力寻租的空间。安徽省建成在线运行的综合评标专家库系统。[③] 一些地方加大硬件投入，利用大屏幕、手机短信通知系统、电子化标书等设备公开信息，接受各界评议监督；使用专家语音通知系统随机抽取并电话通知评标专家，保证评标前专家信息保密；使用询标变声处理系统，使评标专家和投标人在评标、询标答辩过程中不能相互识别；在开标室、专家评标室、答疑室、公共走廊等重点位置实施音频视频监控，促使交易过程公开透明。[④]

（三）加大公共资产监管力度

一些地方和部门导入公共资产管理理念，变被动粗放管理为主动精细管理，探索形成公共资产配置、使用、处置、评估、报告等监管流程。在资产购置方面，实行政府采购制度。2010年全国政府采购规

① 刘振国：《今年前9月全国违法用地总量同比上升》，2011年10月26日《中国国土资源报》。

② 《国土资源部发出通知：加强增减挂钩试点在线监管》，国土资源部网站，http://www.mlr.gov.cn/xwdt/jrxw/201111/t20111102_1020290.htm，访问日期：2011年11月12日。

③ 韩贺彬：《安徽省综合评标专家库系统建成运行》，2011年11月8日《中国纪检监察报》。

④ 王丛虎、余华：《建立公共资源交易中心　从源头上防治腐败的积极创新》，2011年5月17日《人民日报》。

模达到8442亿元，采购范围从单纯货物类扩大到工程类和服务类。[①] “十一五”期间，全国采购规模年均增长23.5%，累计节约财政资金4000多亿元。公开招标采购金额由2005年的1917亿元增加到2010年的6482亿元。[②] 2010年中央国家机关政府采购中心完成采购额168.61亿元，集中采购规模增长超过14%。中央各级单位通过中央国家机关政府采购中心实施的采购次数超过36万次。[③] 截至2011年2月28日，中央国家机关各部门及所属单位通过中央国家机关政府采购中心协议供货平台采购软件57335套，采购资金4454万元，较好地推动了中央国家机关软件正版化工作。[④] 一些地方把政府采购作为推进重点领域防治腐败和行业纠风工作的途径。陕西省2010年11月实现了基层医疗机构药品“三统一”[⑤] 全覆盖。截至2011年11月，陕西省级统一组织的两次集中采购药品总金额达397829.2万元，中标药品价格与国家零售指导价相比，降幅分别达到46.14%和50.84%。[⑥] 2011年第三季度，公安部加强对“金盾工程”建设和采购的管理监督，对涉嫌拉拢公安机关个别干部的22家IT行业公司的29名董事长、总经理提出严肃告诫，对两家公司分别作出在1年、3年内禁止参加公安部机关政府采购活动的决定。[⑦] 在资产处置方面，对闲置淘汰资产严格实行公开处置和公示

① 戴南：《财政部：深化财政改革　落实牵头任务》，2011年10月12日《中国纪检监察报》。

② 《2010年全国政府采购规模达8422亿元》，2011年5月27日《中国政府采购报》。

③ 《审计署行政事业审计司程光副司长在中央国家机关2011年政府集中采购工作会议上的讲话》，国管局网站，http://zyzfcg.ggj.gov.cn/article/show/27941，访问日期：2011年11月12日。

④ 《国务院机关事务管理局李宝荣副局长在中央国家机关2011年政府集中采购工作会议上的讲话》，国管局网站，http://zyzfcg.ggj.gov.cn/article/show/27943，访问日期：2011年11月12日。

⑤ 即“统一采购、统一价格、统一配送管理”。

⑥ 叱骁峰：《盯紧每一环　细究每一处——陕西加强药品集中采购监管工作》，2011年11月10日《中国纪检监察报》。

⑦ 董振宇：《公安部加强对“金盾工程”管理监督》，2011年10月8日《中国纪检监察报》。

制度，切断了部门利益链条，较好地治理了“小金库”和奢侈浪费现象。

五　推动公职人员诚信管理

推动公职人员诚信体系建设，是从源头上防治腐败的关键举措。近年来，加大公职人员诚信管理与建设力度，制度建设及行为约束取得进展。

（一）以反腐倡廉教育促道德自律

通过党纪法规教育、警示教育、岗位廉政教育、廉政考试等多种形式，教育引导党员干部和公职人员恪守从政准则和职业规范，强化公共伦理和自律意识。2011 年 11 月，中共中央办公厅转发了《中央组织部关于加强和改进基层干部教育培训工作的意见》，明确县（市、区、旗）直属部门机关干部、乡镇（街道）干部每年参加各类学习培训的时间累计一般不少于 100 学时或 12 天，其他干部一般不少于 40 学时或 5 天。国家公务员局制定《公务员职业道德培训大纲》，“十二五”时期计划对全体行政机关公务员和参照公务员法管理单位的工作人员轮训一遍，培训时间不少于 6 学时。[①] 吉林省、天津市等地作出了岗位廉政教育安排。吉林省通化市编写岗位廉政教育教案 80 余篇，制作岗位廉政情景案例 300 余个，彩排廉政“情景模拟短剧”50 余部。许多地方纪检监察机关与政法机关联合，依托监狱、法庭建立警示教育基地，通过旁听庭审、服刑人员现身说法等形式，教育引导党员干部引以为戒。全国现有省级警示

① 《中国将对公务员进行职业道德轮训》，新华网，http：//news. xinhuanet. com/politics/2011 - 11/02/c_ 111141798. htm，访问日期：2011 年 11 月 12 日。

教育基地 56 个、地市级基地 350 个，每年接受教育的党员干部 70 多万人次。[①] 中央直管企业把廉洁从业教育纳入企业培训，采取发放廉洁警示卡和《廉洁手册》、开展廉洁知识答题测试等方式，强化岗位廉洁意识。[②] 上海、浙江、新疆等 11 个省区市在部分地区进行试点，将考试合格作为干部任职必要条件。2010 年以来，青海省对新提任的 215 名正副厅级领导干部进行廉政教育测试。陕西省首次对 25 位拟任命的副厅级领导干部进行任前廉政法规考试，考试得 80 分为合格，截至 2010 年 8 月，已有 15658 名新任领导干部参加任前廉政法规考试，92 人因考试不合格暂缓提拔任用。[③]

（二）强化党员干部的党内诚信

中共中央办公厅、国务院办公厅印发了修订的《关于领导干部报告个人有关事项的规定》，出台了《关于对配偶子女均已移居国（境）外的国家工作人员加强管理的暂行规定》。2011 年 11 月，中央组织部印发了《关于加强对干部道德的考核意见》，加强对干部政治品质和道德品行的日常观察和科学考核。2010 年，各地各部门认真落实党员领导干部报告个人有关事项规定，全国 167 万多名乡科级以上领导干部报告了个人有关事项，其中 85 万多人报告了住房情况，60 余万人报告了投资情况，80 余万人报告了配偶、子女从业情况，根据申报情况纠正了一些违规违纪问题。据统计，全国 3.9 万多名领导干部主动上交现金、有价证券和支付凭证共计 3.8 亿元；查处违纪人员 2377 人，涉及违纪资金 2.42 亿元；查处违反规定为配偶、子女

① 周英峰、田颖：《全国已经建立 400 余个地方性廉政警示教育基地》，新华网，北京 2011 年 6 月 22 日电。

② 《中央企业廉洁文化建设巡礼（下）》，2011 年 10 月 9 日《中国纪检监察报》。

③ 张鑫、刘尚坤：《陕西省首次举行副厅级领导干部任前廉政法规考试》，中国网络电视台，http：//news.cntv.cn/20101126/101509.shtml，访问日期：2011 年 11 月 12 日。

及其他特定关系人在就业、投资入股、经商办企业等方面谋取不正当利益的领导干部191名；查处在住房方面违纪违规的领导干部141名，清理违规住房3181套，收回资金1.16亿元；查处违反廉洁从业规定的国有企业领导人员1272名。[①] 2011年5月17日，铁道部召开了全路电视电话会议，副局级以上领导干部均签署了《廉政承诺书》。[②]

（三）建设各级政府的政务诚信

2011年8月，中共中央办公厅、国务院办公厅印发了《关于深化政务公开加强政务服务的意见》，把政务诚信作为建设服务政府、法治政府和责任政府的重要内容，推进政务公开，提升政府公信力。目前，31个省区市设立政务（行政）服务中心2842个。政府网站、服务热线、电子政务、电子监察发展态势良好，在线办事和服务功能完善，实体和虚拟大厅相互促进。政务服务逐步向农村和社区延伸，服务功能下沉。全国有24849个乡镇（街道）建立便民服务中心，占乡镇街道总数的57.5%。[③] 一些地方政府以政务服务承诺及标准化取信于民。云南省按月通报省级机关服务承诺事项的落实情况，督促各部门“遵守承诺、言而有信”。2011年第二季度，云南省直行政机关共受理涉及服务承诺事项的报件363.8万件，无超时办结事项，限时办结率为100%，首问首办37291件，首问首办率98.2%，收到投诉246件，投诉回复率98.8%。[④] 天津市出台了《关于在全市公共服

---

① 姜洁：《2010年加强干部教育监督工作综述：让廉洁成为干部的从政准则》，人民网，2010年12月31日。

② 《盛光祖指出：实行廉政承诺　深入推进铁路科学发展》，中国中央人民政府网站，http：//www.gov.cn/gzdt/2011－05/18/content_1865969.htm，访问日期：2011年11月12日。

③ 《全国深化政务公开推进政务服务经验交流会在呼和浩特召开》，http：//www.hfxzzx.gov.cn/ContentDir/20107/13152039813.html，访问日期：2011年11月25日。

④ 《云南省省级行政机关2011年第二季度落实服务承诺情况通报》，云南省公务员局网站，http：//gwyj.ynhrss.gov.cn/readinfo.aspx？InfoId＝45e4aa558dc8409aad41086ea53c444a，访问日期：2011年11月12日。

务单位推行服务标准化，切实纠正损害群众利益不正之风的实施意见》，确定了服务质量、服务公开、服务评价等10项公共服务标准，在全市公安、教育、卫生、供水、供电等22个重点部门着力解决执法随意性过强、服务行业办事流程不统一、行为不规范等问题。[①]

（四）推进公职人员诚信建设

各地依据《公务员法》细化公职人员诚信建设实施办法，建立公职人员诚信档案，开展公职人员信用考核，实行公职人员信用报告，多渠道采集公职人员信用信息，加大对信用缺失行为的惩罚力度，创新公职人员诚信教育和培训。2010年，黑龙江省纪委、组织部制定了《黑龙江省公务员诚信守则》，并配套诚信培训、考核、奖励惩处等制度，建设“公务员诚信信息管理系统”，记录公职人员廉洁信用、守法信用、履职信用、纳税信用、公德信用、借贷信用等方面情况，并依托“诚信龙江”网和各单位局域网，建立面向社会的公务员信用平台。2011年1~9月期间，黑龙江省公共信用信息平台（诚信龙江网）访问量累计26万余次。[②] 2011年，江苏省南通市出台《公务员思想道德和社会诚信行为规范》，延伸公务员诚信管理范围，将“不见义勇为、搞婚外情、违章搭建”等不良行为纳入诚信监督范围。湖南省炎陵县将公职人员的社会信用情况作为诚信管理重点，在金融行业建立公职人员不良贷款数据库，进行银行间信用信息共享，税务、公积金管理部门对公职人员逃欠税和欠款情况，定期向纪检监察机关和组织人事部门通报，督促公职人员及时纳税还款。[③] 人

① 李文娟等：《创新社会管理　推行服务标准化》，2011年10月18日《中国纪检监察报》。

② 《诚信简报2011年第21期：黑龙江公共信用信息平台运行良好》，诚信龙江官网，http://www.hljcredit.gov.cn/info/cxjb/201110/t20111031_7255.htm，访问日期：2011年11月12日。

③ 《炎陵县采取措施加强公职人员诚信情况监控》，http://zzlzw.zznews.gov.cn/article/show.asp?id=4427，访问时间：2011年11月25日。

民银行征信系统已连通全国所有银行类金融机构，并与有关机构联网，为个人身份信息和企业组织机构代码信息提供授权在线核查。

六　推进社会廉洁文化建设

加强社会廉洁文化建设，努力推动全社会形成以廉为荣、以贪为耻的风尚和舆论氛围。

（一）培育廉荣贪耻的社会心理

2008 年 4 月起，中纪委、中宣部等联合组织开展了“扬正气促和谐”廉政公益广告创作展播评选活动，产生影视、广播、平面、漫画等 4 类作品 1289 件，在中央电视台、各地方电视台和其他媒体持续播出。2010 年 6 月 24 日起，以王瑛先进事迹为题材的电视剧《远山的红叶》在中央电视台开播，引起广泛关注。一些地方结合地域文化创作演出了戏曲电影《廉吏于成龙》、戏曲电视剧《况钟明断十五贯》、越剧《一钱太守》等一批优秀剧目。通过举办曲艺作品征集、楹联大赛、歌曲创作、故事会、廉政书画大赛，制作廉洁主题漫画、动漫和游戏软件等，促进廉洁文化产品日益丰富。在基层文化建设和精神文明创建活动中，通过排演地方戏、唱红歌、诵民谣、讲故事等方式，扩大廉洁文化的覆盖面和影响力。重庆市广泛开展“唱读讲传”群众性活动，群众参与度和满意度分别达 97.25% 和 96.51%。[①] 广东省国资委推进企业廉洁文化建设，约请 40 位省属企业董事长、总经理和 64 位纪委书记畅谈廉洁从业体会，组织省属企业领导人作廉洁从业专题报告 442 场次。[②]

---

① 何事忠：《“唱读讲传”活动是群众自我教育的好形式》，《红旗文稿》2011 年第 12 期。

② 《广东省国资委推进企业廉洁文化建设纪事》，2011 年 10 月 24 日《中国纪检监察报》。

（二）营造反腐倡廉舆论氛围

2010年12月29日，中国首次发表《中国的反腐败和廉政建设》白皮书。2011年4月12日，中央纪委首次面向驻华外交官举办开放日活动，邀请来自40多个国家近50名驻华高级外交官，实地了解中国共产党反腐倡廉建设情况。[①]《人民日报》、新华社、中央人民广播电台、中央电视台推出报道，宣传反腐倡廉进展与成效。中宣部编写了《七个“怎么看”——理论热点面对面·2010》，设专章探讨“怎么看腐败现象”，中央纪委宣教室编写了《反腐倡廉10个热点问题》，帮助干部群众理性看待反腐败形势。中央新闻媒体集中报道了杨善洲、钟世才、姜瑞峰、刀会祥等先进人物事迹。2011年10月25日，中央纪委监察部举行全国纪检监察系统先进工作者事迹报告会，杨正超、陈丽华、许年喜、郭光庆等介绍了基层纪检监察干部的感人事迹。[②] 十七大以来，中央纪委共组织新闻发布会30多次。[③] 2010年以来，各省区市纪委新闻发言人相继“就位”。各级纪检监察机关建立了舆情收集、研判和处置机制，反腐倡廉舆情信息网络初步形成，普遍建立了舆情信息员队伍。一批纪委书记、监察局局长走进网络直播间，解答群众提出的热点难点问题。

（三）促进市场环境的优化

许多地方和部门健全市场信息公开机制，加强行业信用管理，探索信用信息跨地区跨行业交换与共享，努力优化“防贪保廉”的市

---

① 王慧慧、周英峰：《中纪委首次面向驻华外交官举办开放日活动》，新华网北京2011年4月12日电。

② 姜洁：《全国纪检监察系统先进工作者事迹报告会在北京举行》，2011年10月25日《人民日报》。

③ 《吴玉良：中纪委建立新闻发言人制度6年来主要做了四方面工作》，中国共产党新闻网，http：//cpc. people. com. cn/GB/164113/12018790. html，访问日期：2011年12月10日。

场环境。完善信用档案、“黑名单”等制度，对有失信记录的单位和个人，在市场准入、经营资质、贷款审批、投标资格上予以限制。2011年10月，江苏省开通商业贿赂犯罪档案查询系统，将建筑工程、交通工程、水利工程、医药生产、医药购销、政府采购、图书购销、金融、电信等重点领域的信用信息进行归集利用和规范监管。[①]天津、上海、浙江、云南、宁夏加大投入，开发完善了市场诚信记录信息系统和统一的信用信息公开共享平台。福建、广东等地对市场中介机构和行业协会进行清理整顿、脱钩改制，健全了行业监管。近年来，广东省开展清理“黑中介”和“假中介”行动，出台《关于社会组织评估管理的暂行办法》及评估指标细则，对长期处于低信用等级和缺乏公信力的社会组织实行淘汰制。截至2011年11月，广东社会组织中已规范章程的19782个，占80.5%；已披露信息的18842个，占76.7%；已健全财务制度的19696个，占80.1%；已有90%的行业协会制定了行规行约，85%的职称类社团制定了行业规范。[②]

社会评价与专家学者建议

从实地调研和问卷调查看，我国反腐倡廉建设进入了整体推进、系统治理、创新发展的新阶段，各地区各部门都在推进惩防腐败体系建设，使人们对党和国家在惩治和预防腐败上所作出的努力给予肯定评价。80%以上的被访者表示，目前党和政府在惩治和预防腐败方面的工作“非常努力”或“比较努力”；63.3%的领导干部、62.8%的普通干部、52.9%的专业人员和61.2%的企业管理人员认为腐败在

① 陈月飞：《江苏开通商业贿赂犯罪档案查询系统》，2011年10月14日《中国纪检监察报》。

② 黄力等：《斩断权力与市场的灰色通道——广东省防治市场中介组织腐败“三亮剑”》，2011年11月9日《中国纪检监察报》。

一定范围内得到遏制；近60%的社会公众对今后5~10年我国反腐败“很有信心”或“较有信心”。

实地调研和问卷调查也显示，社会公众关注的难点焦点问题是：①对党政“一把手”监督仍不够有力。75.8%的受访者认为，对党政“一把手”及其权力运行缺乏有效监督。一些地区落马的“一把手”比例占被查处县处级干部的1/3左右，表明对权力大的党政“一把手”监督难问题仍然突出。②“小官大腐败”现象引发热议。原辽宁抚顺国土局顺城分局局长罗亚平、原山西蒲县煤炭局党总支书记郝鹏俊等涉案金额巨大。这些腐败“小官”与基层群众距离近、联系多，影响人们对党和政府的形象判断。③损害群众利益的现象屡禁不止。问卷调查显示，受访者认为食品药品不安全、征地拆迁侵害群众利益、学校乱收费高收费等问题有所恶化或明显恶化的比例分别为59.2%、37.8%和35.5%。④部分制度执行不力较突出。干部群众普遍认为，领导干部带头执行制度对于提高制度执行力最为重要。有24.1%的人认为，反腐倡廉制度建设效果较差，应继续提高制度的可操作性，对执行不力者问责。⑤对举报人保护不力妨碍群众参与反腐败。问卷调查显示，只有12.5%的人表示会实名举报，影响人们举报腐败的主要原因是担心受到打击报复。42.3%的人表示举报后受到打击报复的可能性很大。此外，加大对行贿人打击力度的社会呼声也较高。

2012年是落实《建立健全惩治和预防腐败体系2008~2012年工作规划》的收官之年。中国社科院“反腐倡廉建设课题组”专家学者认为，中国反腐倡廉建设从理念和举措上需在以下方面着力。

第一，确立“廉洁发展”理念。贯彻中共十七届六中全会精神，把廉洁文化植入社会主义核心价值体系之中，在落实科学发展观的实践中，把廉洁发展作为科学发展的基本内涵，让廉洁发展的要求体现在民生建设的各领域和全过程，推进公共服务均等化和收入分配制度改革，防止由不廉洁带来社会财富分配的不公正现象。

第二，培育对贪腐行为的零容忍社会心理。建立健全举报人保护和奖励机制。加强跨国打击腐败犯罪、追赃追逃等国际合作，让腐败分子无处藏身。加大对行贿人打击力度，依法剥夺腐败收益，使腐败分子得不偿失。既办好大要案，也做到“小腐即惩”，体现对腐败行为的零容忍态度。

第三，提高监督党员干部关键制度的执行力。坚决执行《中国共产党党员领导干部廉洁从政若干准则》和《关于领导干部报告个人有关事项的规定》这两个关键制度，通过民主评议监督、定期抽查等手段，以选人用人、工程建设、司法执法、土地出让、产权交易等腐败易发多发领域为重点，进行执行力和真实性检查，并严格执行管理不力而发生案件的责任追究制度，强化对党员干部从政行为的监督。

第四，拓展专项治理工作领域。加大征地拆迁、教育医疗、社会保障、食品药品安全、环境保护、安全生产等涉及社会民生领域的腐防治败防治力度。实施针对公款吃喝和公款送礼的专项治理，用严格明确的制度规范公职人员行为。

第五，推进科技反腐和网络反腐。充分认识“科技防腐”的战略价值，大幅提升反腐倡廉建设的科技含量，对“科技反腐”和“网络反腐”进行统一设计和科学规划，制订具有指导性、针对性和操作性的实施方案。

分项报告

Sub-reports

B.2

我国“小金库”专项治理的实践成果与理性思考

中国社会科学院反腐倡廉建设课题组 *

“小金库”是指违反法律法规及其他有关规定，应列入而未列入符合规定的单位账簿的各项资金（含有价证券）及其形成的资产。[①]改革开放以来，我国曾先后在1989年、1995年开展了两次“小金库”专项治理工作。2009～2011年，又开展了有史以来范围最大、力度最大、成效也最大的“小金库”专项治理工作。

---

* 课题组组长：高培勇、王延中。副组长：高波。执笔人：高波、于树一、杨柳、范三国。

① 中央治理“小金库”工作领导小组组长、财政部部长谢旭人同志在全国“小金库”治理工作电视电话会议上的讲话（2009年4月24日）。另本文所引用数据均来自中央治理“小金库”工作领导小组办公室。

一　“小金库”专项治理的谋划方略

按照“标本兼治、重在治本”的要求，深入开展“小金库”治理工作，坚决查处和纠正各种形式的“小金库”，是从源头上治理腐败的重大举措。2009年4月，党中央、国务院决定在全国范围内部署开展“小金库”治理工作。中央纪委、监察部、财政部、审计署会同有关部门成立了中央治理“小金库”工作领导小组，首先进行顶层设计及整体规划，多次组成工作组深入有关地区和部门调研指导，并实行分类指导，分步推进，深化改革，完善制度，为求取实效提供了有力保障。

这次为期三年的集中治理“小金库”，建立在对“小金库”性质、表现形式及其危害的深刻分析基础之上。治理前进行的调研分析认为，随着经济社会的发展变革，财政财务会计制度日益完善，财政审计等监督的力度不断加强，“小金库”呈现一些新的特征：一是多发高发态势，从审计查处情况看，“小金库”涉及金额居高不下且逐年增加，违法违规现象较为普遍；二是“小金库”资金来源更加复杂，违规方式更加隐蔽，出现了虚报冒领套取财政资金、利用企业破产改制之机侵吞侵占、通过虚假票据虚列支出等手段，以现金形态由个人保管转为化名账户公款私存，或向下属及关联单位转移“小金库”资金；三是“内部人共谋”、“少数人控制”等。

“小金库”的存在，不仅导致会计信息失真，扰乱社会主义市场经济秩序，造成国家财政收入和国有资产的流失，而且违背科学发展观的要求，扭曲了市场对资源的合理配置，削弱了政府宏观调控能力，影响了经济平稳较快发展。与此同时，“小金库”已成为铺张浪费、奢靡享受、违法乱纪的重要资金来源，诱发滋生了一系列的腐败现象，严重败坏了党风政风和社会风气，成为反腐倡廉建设中群众反

表 1　历次清查或专项治理“小金库”界定的变化

年份	“小金库”概念的界定	文件依据
1989	所有机关、团体、企业和事业单位，除了党费、团费、工会会费、稿费提成和职工互助金等项目外，凡侵占、截留国家和单位的收入，化大公为小公、化公为私，未在本单位财务会计部门列收列支、私存私放的各项资金	国务院《关于清理检查“小金库”的通知》
1995	凡违反国家财经法规及其他有关规定，侵占、截留单位收入和应上缴收入，且未列入本单位财务部门账内或未纳入预算管理，私存私放的各项资金	国务院办公厅《关于清理检查“小金库”意见的通知》（国办发〔1995〕29 号）
2009	违反法律法规及其他有关规定，应列入未列入符合规定的单位账簿的各项资金（含有价证券）及其形成的资产	中共中央办公厅国务院办公厅《关于深入开展“小金库”治理工作的意见》（中办发〔2009〕18 号）

映强烈的突出问题。因此，中央决定采取切实有效的措施，实施为期三年的专项治理，进一步深化财政、金融、国有资本运营管理体制改革，完善财政、财务、会计和资金管理，规范收入分配秩序，逐步建立健全防治“小金库”的长效机制。

表 2　2009～2011 年专项治理列举的“小金库”主要表现形式

范围	“小金库”的表现形式	文件依据
党政机关和事业单位	①违规收费、罚款及摊派设立；②资产处置、出租收入设立；③以会议费、劳务费、培训费和咨询费等名义套取资金设立；④经营收入未纳入规定账簿核算设立；⑤虚列支出转出资金设立；⑥以假发票等非法票据骗取资金设立；⑦上下级单位之间相互转移资金设立	《关于在党政机关和事业单位开展“小金库”专项治理工作的实施办法》
社会团体和公募基金会	①隐匿会费收入设立；②截留行政事业性收费设立；③截留捐赠收入设立；④用资产处置、出租收入设立；⑤以会议费、劳务费、培训费等名义或以假发票、假合同等手段套取资金设立；⑥虚列其他支出转出资金设立；⑦其他形式	《社会团体“小金库”专项治理实施办法》

续表

范围	“小金库”的表现形式		文件依据
国有及国有控股企业	(1)隐匿收入设立	①用销售商品、提供劳务等营业收入设立；②用资产处置、出租、使用收入设立；③用股权投资、债权投资取得的投资收益设立；④用政府奖励资金、社会捐赠、企业高管人员上交兼职薪酬，境外企业和中外合资企业中方人员劳务费用结余等其他收入设立	《国有及国有控股企业“小金库”专项治理实施办法》
	(2)虚列支出设立	①虚列产品成本、工程成本、采购成本等营业成本设立；②虚列研究与开发费、业务招待费、会议费、销售手续费、销售服务费等期间费用设立；③虚列职工工资、福利费用、社会保险费用、工会经费、管理人员职务消费等人工成本设立	
	(3)转移资产设立	①以虚假会计核算方式转移原材料、产成品等资产设立；②以虚假股权投资、虚假应收款项坏账核销等方式转移资产设立；③以虚假资产盘亏、毁损、报废方式转移资产设立；④以虚假关联交易方式转移资产设立	
	(4)其他形式		

根据中央领导小组的部署，各地区各部门立足于源头治理腐败，系统地研究安排防治“小金库”工作，形成了齐抓共管、共同推进的工作机制。

1. 在治理对象上，突出重点，逐步拓展，形成系统推进、纵深发展的态势

2009 年，首先集中治理党政机关和事业单位的“小金库”；2010 年，集中治理社会团体和国有及国有控股企业“小金库”，并进行国有及国有控股金融企业“小金库”专项治理试点工作，同时采取“五查五看”等有效措施，深入推进党政机关和事业单位治理工作“回头看”，重点是自查自纠“零申报”和重点检查“零问题”的地区和部门；2011 年，把治理“小金库”与厉行节约、遏制消极腐败、“三公消费”治理、会计信息质量检查等工作一并部署，并要求与纪检监察、财政监管、审计监督、税务稽查、出资人监管、行业监管等日常监督工作相结合。专项治理工作采取“抓重点，重点抓”策略，即抓住重点领域、重点部门和重点单位。如明确2009年中央和地方各级“小金库”治理领导机构的重点检查对象是：执收、执罚权相对集中的部门和单位；教育、卫生、交通、民政等与人民群众利益密切相关的部门和单位；宾馆、培训中心、招待所、出版社、报社、杂志社等与党政机关、事业单位有隶属关系的单位等。2010年对国有企业的重点检查范围是：关系国家安全和国民经济命脉、在国民经济中处于基础和支柱地位的企业或单位；供水、供气、供热、供电等与人民群众生活密切相关的企业或单位；投资链条较长、分支机构多的企业或单位；未纳入合并报表范围的表外资产金额较大的企业或单位等。在对社会团体部署“小金库”专项治理的重点检查对象时，在类型上，将行业性社会团体作为检查重点；在与政府部门的关系上，将有政府资助特别是有财政拨款、有政府购买服务项目、履行或代行政府职能特别是有行政事业性收费项目的社会团体和公募基金会作为检查重点等。

2. 在治理策略上，打防结合，疏堵并重，积极营造综合治理的社会舆论环境

中央成立了治理“小金库”工作领导小组和领导小组办公室，加强对方案制订、自查自纠、重点检查、案件移送、宣传报道、信息沟通等工作的督促指导和组织协调。一些地区将专项治理工作纳入党风廉政建设责任制检查考核和年度评优，强化奖惩措施。各地区各部门坚持舆论先行，通过各大媒体及时向社会宣传治理措施、时间安排、方法步骤、防治对策等，公布举报电话、举报信箱和保障奖励措施，搜寻问题线索。注重提高治理工作透明度，采取召开会议、新闻发布及工作简报等形式，向社会公布专项治理进展情况。2011年4月，中央治理办开展了“小金库”治理新闻报道纵深行活动，《人民日报》等5家媒体深度报道部分地区和单位“小金库”治理工作；5

月，《人民日报》、《中国纪检监察报》、《中国财经报》等10家媒体开展了防治“小金库”知识有奖竞答活动，全国共有近8万个单位、242万人参与竞答活动，使治理工作更加深入人心。一些地区和部门面向社会组织电视访谈、专题讲座、问卷调查、案件曝光；有的地区利用广播电视“政风热线”等栏目开展系列报道。专项治理工作开展以来，中央治理工作小组多次召开专家研讨会和业务培训会，发挥财政、审计、法律等方面专家学者的智力支持作用，组织多个课题组，从教育、制度、改革、监督等方面深入研究“小金库”问题产生的根源，着力建立防治“小金库”长效机制。《人民日报》、《中国纪检监察报》等联合开展了防治“小金库”长效机制建设有奖征文活动，先后收到有质量的征文900多篇。三年来，在各地区各部门、新闻媒体和社会公众的共同参与和大力推动下，宣传工作贯穿于治理工作始终，营造了良好的舆论氛围。

二　集中治理“小金库”的政策措施

“小金库”产生的原因复杂，涉及体制机制性问题和小团体利益等，有多重社会背景，历史原因叠加，是长期积累下来久治难愈的“顽症”，呈现复杂性特点。治理“小金库”涵盖诸多方面，涉及深刻的利益调整。2009年4月14日，中共中央办公厅和国务院办公厅下发了《关于深入开展“小金库”治理工作的意见》。中央治理“小金库”工作领导小组成立后，负责指导协调全国范围内“小金库”治理工作，研究制定有关治理政策措施，协调解决重要问题，办公室设在财政部。中央领导小组先后下发《关于在党政机关和事业单位开展“小金库”专项治理工作的实施办法》、《社会团体“小金库”专项治理实施办法》、《国有及国有控股企业“小金库”专项治理实施办法》及《国有及国有控股金融企业“小金库”专项治理试点实施方案》，列举了“小金库”在党政机关、事业单位、企业、社会团体的表现形式，确定了依法处理、宽严相济的处理原则，明确了动员部署、自查自纠、重点检查、整改落实等四个阶段，出台了举报事项受理及奖励、违纪违规行为处理处罚、查处假发票、加强长效机制建设等一系列指导意见和管理办法。中央领导小组办公室建立了举报“直查制度”，对线索明确、金额较大、情节严重的举报件直接核查，提高了办理时效。各地区各部门注重依据实际情况，把握各阶段的重点问题和薄弱环节，有针对性地制定符合实际的有效对策措施，落实中央专项治理工作决策部署。专项治理工作的主要政策和措施有以下几点。

（一）鼓励自查自纠

鼓励自查自纠是这次治理的一个突出特点。中央领导小组专门明确了“自查从宽，被查从严”的处理政策，凡在一定时限内自查自纠问题的，可对单位和个人从轻、减轻或免予处理或处罚。各部门各单位对所属单位进行内部检查发现的“小金库”问题，视同自查自纠。为此，各地区各部门积极开展了自查自纠工作，努力把问题解决在自查自纠阶段。2009 年 4～11 月，全国自查上报“小金库”17346 个，涉及金额 56. 37 亿元。中央治理“小金库”工作领导小组指导各地各部门深入自查自纠，建立风险防控长效机制。各地区各部门严格落实承诺制、公示制和责任制，自查自纠总结报告及报表由单位主要领导签名确认，促进了责任落实。一些地区和部门在自查自纠中建立健全财务内部公示制度，主动接受干部群众监督；有的还运用信息手段为强化监督提供技术支撑，提高了内控制度的执行力。

（二）奖励举报

一般来说，“小金库”较为隐蔽，内部人知情，采取鼓励举报人的机制，既有利于发挥内部人、知情者的监督作用，也有利于发动群众参与治理工作。2009 年部署专项工作后，为鼓励群众举报“小金库”问题线索，中央纪委、财政部、监察部、审计署印发了《“小金库”治理工作举报奖励办法》，公布了举报电话、举报邮箱、网址和举报通信地址，鼓励“内部人”和知情者举报。对举报有功人员，根据单位性质的不同和查出并已入库金额或收缴财政的“小金库”资金数额，给予 3% ~5% 的奖励，奖金最高额为 10 万元。这一激励机制有效拓宽了举报渠道。2009 年 4 ~ 11 月，各地区共受理举报 5927 件，其中署名举报 1647 件；中央领导小组办公室受理举报 792 件，其中署名举报 314 件。2010 年 1 月至 12 月上旬，全国共受理举报 2755 件。中央领导小组制定了《举报事项管理办法》，并认真受理办理举报核查工作，保证举报事项件件有交代、事事有着落。在对各单位重点检查时，各检查组进一步宣传了奖惩政策，设立举报信箱、公布举报电话，受理举报 103 件。

（三）严格开展督导和重点检查

中央治理办及各地区各部门把监督检查作为专项工作的重要措施，抽调强有力的专业人员组成检查组，以重点检查、督导抽查等方式促进落实治理工作。三年来，中央治理工作领导小组各成员单位部级领导带队，先后三次开展有针对性的调研督导和检查工作，有力地解决了工作开展不平衡问题，促进了治理工作深入开展。至 2009 年 11 月底，全国组成 11244 个检查组，对 124562 个单位开展了重点检查，检查发现“小金库”5538 个，涉及金额 45.21 亿元；2011 年初，结合对社会团体和国有企业的治理进行督导，对党政机关和事业单位“小金库”治理进行检查验收，重点检查验收各地区各部门整改落实和责任追究是否到位，长效机制建设是否得到有效推进，以巩固党政机关和事业单位治理成果。2011 年 7 月份，中央治理办及各地区各部门结合举报核查，对不重视、走过场地区和单位开展督导抽查，重点关注自查自纠“零申报”、重点检查“零问题”的部门和单位。中央纪委党风室、财政部监督局、审计署行政司负责人带队，对陕西、湖北、天津进行了督导。财政部、国资委、银监会、证监会和保监会对68个中央单位及1099户企业进行了检查。一些地区直接对县（市、区、旗）进行督导抽查；一些部门对直属和二级甚至三级以下单位全面检查，形成了高压态势，“小金库”滋生蔓延势头得到有效遏制。据不完全统计，截至2011年8月底，督导抽查新发现“小金库”2206个，涉及金额10.75亿元，不仅有效发挥了震慑作用，而且进一步掌握了“小金库”问题的特点和规律，为源头治理创造了有利条件。

（四）严肃追究责任

专项治理着力加大问责和对顶风违纪的惩治力度，提高违法违纪的成本，增强专项治理的震慑作用。对于中共中央办公厅、国务院办公厅印发《关于深入开展“小金库”治理工作的意见》后继续设立“小金库”的，一律先根据规定免去有关责任人的职务，再根据党纪政纪处分规定和有关法律法规严肃追究责任。2011年4月14日，中央治理办向15个中央部门移交了一批“小金库”问题线索，要求深入核查并严肃追究相关人员责任，9月底已基本落实到位。据不完全统计，截至2011年8月底，各地区各部门因设立“小金库”和使用“小金库”款项受到行政处罚1942人，组织处理3242人，党纪政纪处分1862人，移交司法机关处理623人，纠正违规资金118.54亿元。2009年以来，广西有关部门按照职责共对284名有关责任人进行了责任追究，其中行政处罚67人，组织处理29人，党纪政纪处分145人，移交司法机关43人。2011年初，中央纪委监察部、财政部、审计署等牵头单位联合公开曝光了12个典型案例，各地各部门也对“小金库”案例予以曝光，发挥典型案件的警示作用，引起了社会积极反响。

（五）整合资源扩大治理功效

各地区各部门将中央纪委全会、国务院廉政工作会议提出的工作任务，与落实“小金库”专项治理工作同步推进。针对一些党政机关、事业单位、社会团体和国有企业购买各类消费卡问题，将“小金库”专项治理与整治收送商业预付卡即购物卡问题结合起来解决；一些单位和部门在领导干部任职培训、干部在职岗位培训中开设防治“小金库”的有关课程，建立和完善警示教育制度，利用“小金库”违法违纪典型案例，对领导干部进行提醒、告诫和警示；一些地方和部门将防治“小金库”业务培训纳入财政局长、财政所长和财会人员岗前培训和再教育日程，取得了积极效果；一些国有企业和金融机构把“小金库”风险作为公司全面风险管理的一项重要内容，开展管理缺陷诊断，编制全面风险管理报告，对“小金库”治理起到预防作用；在“小金库”治理中，特别关注部门银行账户清理和“公务卡”改革，注意“小金库”治理与其他相关工作的统筹协调，积极推进综合治理，收到事倍功半之效。

表3　2009年以来“小金库”专项治理主要工作推进一览

时　间	“小金库”专项治理工作措施
2009年4月上旬	中共中央办公厅和国务院办公厅下发了《关于深入开展“小金库”专项治理工作的意见》，当年重点治理党政机关和事业单位的“小金库”
2009年4月下旬	中央纪委、监察部、财政部、审计署牵头，中央组织部、中央宣传部、公安部、人民银行、税务总局、银监会等部门参加，成立了中央治理“小金库”工作领导小组
2009年6月	举办全国“小金库”治理工作培训班
2010年	增列民政部、国资委、证监会和保监会为中央治理“小金库”工作领导小组成员单位，集中治理社会团体和国有及国有控股企业“小金库”
2010年6～8月	开展防治“小金库”长效机制建设有奖征文活动
2010年9月	举办社会团体和国有及国有控股企业“小金库”治理工作培训班

续表

时　　间	“小金库”专项治理工作措施
2010 年 11 月	社会团体和国有企业、国有银行“小金库”治理重点检查工作全面、有序展开
2010 年	采取“五查五看”推进党政机关和事业单位“回头看”，重点是“零申报”和“零问题”对象
2011 年 3 月	2011 年“小金库”专项治理工作实施方案出台，开展全面复查、督导抽查、整改落实、机制建设和总结验收 5 个阶段的工作，将防治“小金库”长效机制建设作为根本任务推进
2011 年 4 月	开展全国“小金库”治理工作培训，中心内容是防治“小金库”长效机制建设
2011 年 5 ~ 9 月	开展防治“小金库”知识有奖竞答活动
2011 年 7 月	2011 年“小金库”治理督导抽查工作正式启动

三　“小金库”专项治理的效果分析

自 2009 年我国开展“小金库”治理工作以来，按照中央的部署和要求，各级治理机构努力把“小金库”专项治理放到党和国家工作全局中来思考和谋划，紧紧围绕防治“小金库”长效机制建设这个根本任务开展工作，以重拳出击之势严肃查处了一大批“小金库”案件，初步构建起卓有成效的防治体系。具体而言，“小金库”专项治理工作的成效主要体现在如下四个方面。

（一）查处了大量违规违纪问题，“小金库”多发势头得到明显遏制

首先，从总量和结构分析，截至 2011 年 8 月底，全国共发现“小金库”58225 个，涉及金额 266.54 亿元；据不完全统计，各地区各部门因设立“小金库”和使用“小金库”款项受到行政处罚 1942 人，组织处理 3242 人，党纪政纪处分 1862 人，移交司法机关处理

623人。其中，自查自纠发现“小金库”35154个，占比约为60%，涉及金额132.03亿元，占比约为50%；被查发现23071个，占比约为40%（见图1），涉及金额134.51亿元，占比约为50%。这些数据表明：从数量上看，自查自纠阶段发现的“小金库”数量明显多于通过检查发现的数量，说明自查效果明显，有利于实现自查自纠的目标；从金额上看，自查自纠和通过检查发现的“小金库”金额基本相当，一定程度上说明“小金库”问题通过自查自纠方式并不能完全暴露出来，加大重点检查力度十分必要。

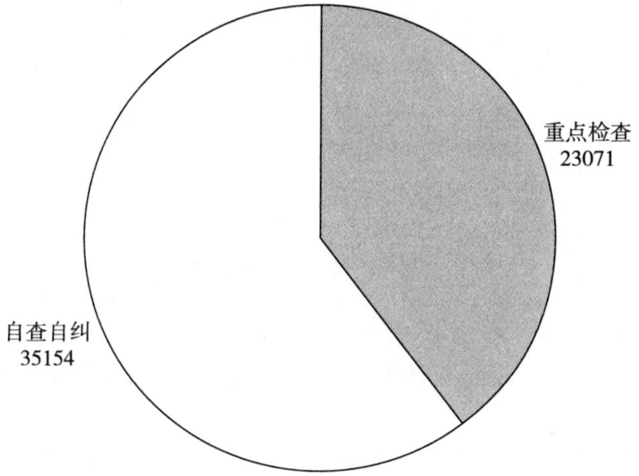

图1　自查自纠和重点检查发现的“小金库”数量

其次，从年度分析看（见图2、图3），截至2009年底，全国共发现“小金库”23702个，涉及金额108.33亿元。2010年，新发现“小金库”27036个，涉及金额130.47亿元，无论从数量还是金额来看，当年的进展尤其显著。2011年，新发现“小金库”7487个，涉及金额27.74亿元（统计截至8月底，下同）。这些数据表明：“小金库”专项治理工作成效迅速显现，通过细致部署、全面和扎实推进，2009年和2010年已发现80%以上的“小金库”，2011年进入巩固治理成果、全力推进长效机制建设阶段。

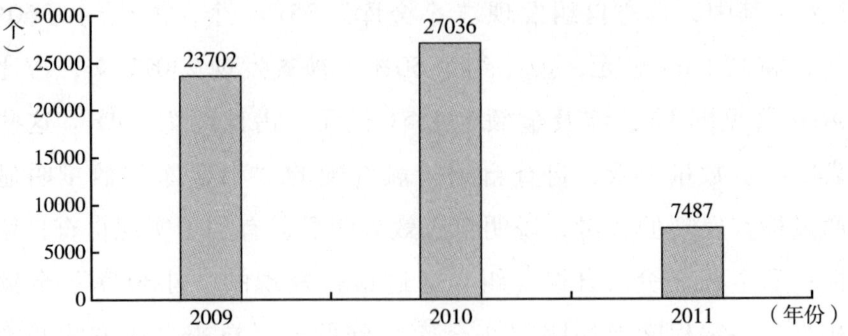

图 2　近三年发现的“小金库”数量

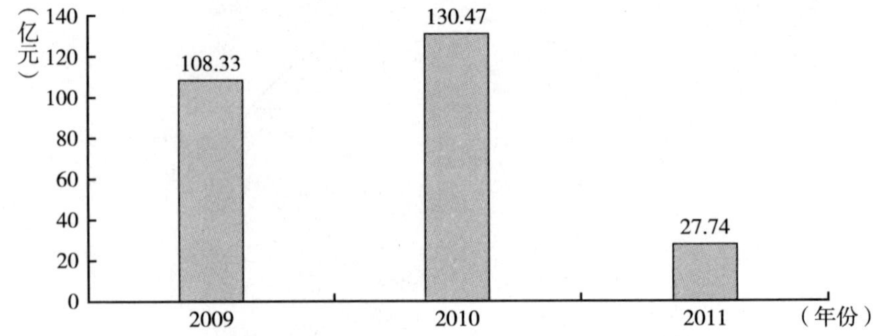

图 3　近三年所发现“小金库”涉及的金额

再次，从被查单位分析，2009 年和 2010 年，共发现党政机关和事业单位“小金库”30273 个，涉及金额 136. 97 亿元，共发现社会团体和国有企业“小金库”20465 个，涉及金额 101. 83 亿元。在考虑时间等误差因素和 2011 年治理情况的前提下，这些数据表明：两种来源的“小金库”数量和金额大体相当，说明本次“小金库”专项治理范围扩大到社会团体和国有企业的决策部署值得肯定。

（二）全社会对“小金库”危害性的认识得到提高

根据党的十七届四中全会的部署，把治理“小金库”作为反腐倡廉建设中人民群众反映强烈的突出问题之一着力加以解决。各地区各部门均从加强党的执政能力建设和作风建设的高度，充分认识

“小金库”问题的严重危害性和治理工作的重要性、紧迫性。历时三年的“小金库”专项治理工作，使领导干部廉洁自律意识、遵守财经纪律意识得到显著增强，社会风气得到有效净化。在“小金库”专项治理过程中，利用“小金库”典型案例，对广大党员干部进行提醒、告诫、警示，增强各单位主要负责人的责任主体意识和廉洁从政意识，自觉筑牢思想道德防线。

在中央领导小组的总体部署下，各地区各部门深入开展政策法规培训，加强警示教育，增强了各级党政机关、事业单位、国有企业和社会团体领导干部厉行节约、艰苦奋斗、廉洁自律的自觉性。同时，注重开展领导干部和会计人员的财务管理与内部控制培训，提高领导干部、财务人员对“小金库”问题危害性的认识，增强法纪观念和专业素养，促进了国有资产和资金规范、安全、廉洁与高效运行。目前，教育防范机制正着力建立健全，使相关教育制度化、常态化。

（三）经济社会健康发展的环境和财经秩序得到净化规范

“小金库”专项治理有效防止了国家财政收入和国有资产的流失，纠正了“小金库”对市场资源配置的扭曲，提高了会计信息的真实性、准确性、全面性、权威性，健全和完善了有关财经法律、法规和规章制度，规范了社会主义市场经济秩序，体现了科学发展观的要求。同时，“小金库”专项治理加强了政府宏观调控能力，提高了公共资金的使用效率，使有限的资金与资源最大限度地推动经济平稳较快发展、最大限度地保障和改善民生，为经济社会全面、健康、可持续发展创造了条件。如对党政机关和事业单位，主要是加大对重点部门和单位的检查力度，包括垂直管理单位、执收执罚权比较集中的部门，以及依附于党政机关、有服务性收费业务和一个机构几块牌子的事业单位。由于减少了不合理的收费和罚款而为企业发展“减负、减压”；由于社会团体和国有及国有控股企业，在组织领导、人员关系、经济往来、财务核算等方面，均与党政机关和事业单位有着千丝万缕的联系，“小金库”专项治理过程中，有针对性地制定和完善相关政策制度，积极推进社会团体管理体制改革，完善企事业单位财政财务制度，为企事业单位和社会团体发展创造了有利条件。

（四）推进了一些深层次的体制改革，完善了一批管用有效的制度

通过“小金库”专项治理行动，我国调整完善了一些制度办法，逐步解决一些与当前经济社会发展不相适应、不相协调的深层次体制机制问题。具体体现在以下几点。

1. 制度防线不断拓展

制度建设是有效预防和治理“小金库”的根本之策。针对容易滋生“小金库”的薄弱环节，中央领导小组成员单位制定或完善了80项制度。财政部研究制定了《中央单位教育收费收缴管理暂行办法》、《医院会计制度》、《基层医疗卫生机构会计制度》等制度办法。国资委、银监会、证监会和保监会分别研究起草和出台了《关于加强中央企业各类表外资金资产管理的通知》、《关于银行业金融机构严格执行财务制度和财经纪律的通知》、《关于加强证券公司账户规范日常监管的通知》、《保险公司理赔费用管理办法》等一系列制度和监管措施，规范资产或行业管理。各地区各部门普遍加强了现金、账户、资产、非税收入以及会议费、培训费等方面的管理，共制定和完善制度8327项，起到了很好的源头治理作用。全国纳入治理范围的111.9万个单位，共计制定或完善39.64万个管理制度和办法，长效机制建设取得突破性进展。

2. 财政改革不断深化

一方面，健全了中央和地方财力与事权相匹配的财政体制，深化了部门预算、国库集中支付、国有资产管理、政府采购等财政体制改

革。另一方面，增强了财政预算透明度，促进了公共资金在阳光下公开透明运行，完善了政府财政预算公开和单位财务公开等制度，把公共资金的收入和使用置于各级组织、广大党员干部、人民群众和社会舆论的监督之下，大力推动国库集中支付动态系统建设，强化对预算执行情况、财政资金支付情况的日常动态掌控；国有企业和金融机构大力推进 ERP 业务支撑等系统建设和财务集中管理，加强系统管控，实现流程的全程透明化管理，减少了人为干预。

3. 合规管理不断强化

在经营性资产管理改革方面，强化了中央企业表外资金资产的管理，明确了中央企业管理的社保资金。工会经费等表外资金资产的管理要求，从源头上规范了国有资产经营、配置和处置行为；在收入分配制度改革方面，进一步规范了公务员津贴补贴；在经费支出制度改革方面，积极完善和推进了公务消费和公务接待制度改革，严格控制行政成本支出；在行政审批制度改革方面，减少了行政审批项目和各类非税收费等。在财务会计管理制度改革方面，加强了账户、现金、发票和专项资金管理，完善了内控和监督机制，严格执行了相关制度。

4. 监督效能不断凸显

通过“小金库”专项治理，财政监管、审计监督、税务稽查等监督检查机制得到了有效结合和完善，这些监督机制共同发挥作用，显著加大了“小金库”设立的成本和获得违法收益的难度，从而强制性地降低了“小金库”的需求。同时，各项专项监督检查制度也得到了强化，信息手段得到了有效运用，破除了公共部门与经济社会委托代理关系中的信息不对称和“内部人控制”局面，提高了监督效率。

四　“小金库”专项治理的启示与思考

党和政府历来十分重视“小金库”的防治工作，本次为期三年的专项治理继承了以往清理和整治“小金库”的基本经验，同时探索出一系列新的做法和经验，给我们带来诸多有益启示。

（一）启示

启示之一：提高对“小金库”危害性的认识，把防治“小金库”摆在更加突出的位置

各地区各部门高度重视“小金库”专项治理工作，普遍认识到治理“小金库”是贯彻落实科学发展观、完善社会主义市场经济体制、推进反腐倡廉建设的重要举措，把“小金库”治理工作摆在更加突出的位置抓紧落实。通过深入广泛地政策引导和宣传动员，广大干部群众对“小金库”治理的政策以及“小金库”产生根源、社会危害、惩戒措施等认知更加清晰，参与“小金库”治理工作的主动性得到明显提高，为“小金库”治理工作的深入推进提供了思想保证和舆论支持。

启示之二：将问题发现机制与问责机制相衔接，保持治理高压和惩处刚性

各级治理机构坚决贯彻落实中央关于“小金库”专项治理的决策部署，查处机制动真格，处理问题不手软，在广泛开展自查自纠与整改落实的同时，建立完善“小金库”问题财政处理处罚规定以及违法违纪问责机制，既注重处理事，又注重追究人；既注重查办案件，又注意掌握政策界限；既注重面上工作推进，又注重发挥典型案件的教育警示作用，促使治理措施有力、有序、有效。

启示之三：把防治“小金库”作为惩防体系建设重要内容，使专项治理“落地生根”

各地区各部门把治理“小金库”责任和任务纳入党风廉政建设责任制，成立专门治理机构，形成了“党委统一领导，党政齐抓共管，部门各负其责、协同配合，纪检监察组织协调，社会各界和人民群众广泛参与”的“小金库”治理领导体制和工作格局。在集中开展专项治理工作的同时，把治理“小金库”作为构建惩防体系的重要抓手，广泛开展财经纪律教育培训，深入推进财政体制机制改革和制度建设，严肃查处违纪违规问题，切实保证了“小金库”专项治理各项工作的系统推进和有效落实。

启示之四：跟踪研判“小金库”产生的深层原因，注重提高治理措施的针对性和执行力

在“小金库”治理过程中，各地区各部门注重依据实际情况，通过总结治理工作、梳理具体问题，准确把握治理“小金库”的重点问题和薄弱环节，剖析产生“小金库”问题的深层原因，针对存在的体制机制不健全、规章制度不完善、收入分配不合理、权力运行不公开、风险防控不严密、思想认识不到位等问题，有针对性地研究和制定对策措施，完善制度办法，着力从源头上解决“小金库”问题，并注意发挥专家学者的智力支持作用，也为党和政府制定出台政策法规提供了实践和决策依据。

启示之五：治标与治本相结合，注重防治“小金库”长效机制的源头设计与持续构建

各地区各部门坚持标本兼治，注重源头治理，既严肃查处违纪违规行为，又注重全面研究分析现行制度与管理中存在的问题与漏洞，深化财政、金融、国有资本运营管理等体制机制改革，完善财政、财务、会计、资金管理和收入分配等制度，创新监督检查手段，积极构建防治“小金库”长效机制，为巩固“小金库”治理成果，源头防止并杜绝“小金库”问题发生提供了机制保证。

（二）思考

从源头上铲除“小金库”是一项长期而艰巨的任务，目前正在推进的长效机制建设需着力解决以下几个问题。

1. 牢固树立对“小金库”的科学长期防控理念

持续三年的“小金库”专项治理工作虽已取得显著成效，但“小金库”不易根除，且易反弹复发，防治“小金库”并非一时之计。应充分认识到防治“小金库”是一项长期性、艰巨性的任务，持续开展宣传教育工作，加强对党员领导干部和国家工作人员的廉政教育和法制教育，促使其增强自律自制能力，强化遵纪守法意识，使抵制设立“小金库”成为一种内化于心的自觉行为。

2. 把防治“小金库”与廉政风险防控有机结合

规范权力运行，优化职权配置，明确岗位职责，细化工作流程，建立健全民主决策制度，防止财权、事权运行的失范失序所可能引发的不廉洁风险。从思想道德、制度机制、岗位职责、业务流程、外部环境等廉政风险入手，排查行政收费、工程建设、财务收支、资产管理、政府采购、赞助捐赠等各领域的内控风险点，探究防治“小金库”长效机制建设的重点领域、改革方向、有效方法和务实举措。

3. 加强监督和专项治理的科技支撑

建立包括财政监督、法律监督、审计监督、行政监督和社会监督等在内的多层次监督体系，明确监督职责，实现电子化监督“无缝衔接”，对预算执行情况、财政资金支付情况、预算单位银行账户情况等加强动态监控，做到早预警、早发现、早纠正。创新监督管理方式，特别注重运用现代信息手段，大力发展电子信息监控系统建设，积极构建资金动态监控系统平台，发挥财政部门、金融系统直接转拨支付、资金监控功能，切实提高监督管理效率。

4. 深化防治“小金库”长效机制建设

加快预算管理制度改革，强化预算编制科学化、精细化管理，细化预算编制内容，将绩效目标管理融入预算核审环节，提高财政资金使用效益。健全对国有资产出租出借、对外投资收益、行政事业收费等收入的管理，将所有预算外收支均纳入预算管理，建立完整公共预算体系。研究制定公共部门国内业务接待费管理办法，完善会议费、培训费、劳务费和咨询费等管理办法，对容易滋生“小金库”的各项费用加强管理。规范津补贴和职务消费，建立阳光津补贴制度，消除部门横向攀比、搞“小金库”自我补偿的动机。应加强对“小金库”刑事可罚性研究和法制建设。完善非营利组织财务会计制度和社会组织财务管理制度，建立外部审计制度，强化对社会组织的财务监管。

B.3

制止公款出国（境）旅游专项工作及其成效评析

中国社会科学院反腐倡廉建设课题组*

20世纪80年代我国实行改革开放的基本国策后，广大公职人员大规模走出国门，进行对外交流和国际合作，学习引进先进技术、管理经验。实践证明，因公出国（境）学习、考察、培训在拓宽领导干部视野、学习新知识新技术、提高职业能力方面起到了重要作用。但是在部分公职人员特别是党员干部中，也逐渐形成了一股不正之风，即以因公出国（境）学习、考察、培训为名，行公款旅游之实，或变相消化因公出国（境）旅游费用，不仅浪费了公共资源，更败坏了党风政风，还诱发多方面的腐败，成为社会关注的热点问题。

2008年以来，中央纪委、监察部、外交部会同有关部门启动了制止公款出国（境）旅游专项工作（简称“专项工作”）。经过努力，专项工作取得了明显的阶段性成果。2008年，全国因公出国（境）人数出现明显下降，较2007年减少12.2%；2009年，全国党政干部因公出国（境）团组数、人次数、经费数与2006～2008年3年平均数相比，分别下降49%、45.5%、37.6%，节约经费16亿元；2010年，全国党政干部因公出国（境）团组数、人次数、经费数与2006～2008年3年平均数相比，分别下降47.1%、43.9%、32.6%，节约经费数十亿元。[①]

---

* 课题组组长：高培勇。课题组副组长：高波。执笔人：高波、冯静（中国社会科学院副研究员）。

① 数据来源：本报告相关数据均来自制止公款出国（境）旅游专项工作部际联席会议办公室。

一　形成协作监管合力

制止公款出国（境）旅游专项工作政策性强、涉及多个部门、多个环节。如果部门之间监管权限分工不清晰明确，各环节监督配合不顺畅，往往会造成监管职责落实不到位。多方联动、协调行动是专项治理工作取得成效的基础。

2008 年 2 月，中央纪委出台了《关于中央和国家机关贯彻落实 2008 年反腐倡廉任务的分工意见》，建立了由中央纪委、监察部、外交部、中央组织部、中央对外联络部、中央外办、财政部、审计署、国家预防腐败局、国家外专局等 10 个部门参加的“制止公款出国（境）旅游专项工作”部际联席会议，（下称部际联席会议）形成共同负责、协同配合的治理机制，明确了相关部门的监管权责；同时设立了专项工作部际联席会议办公室（简称“专项工作办公室”），实现多部门沟通。专项工作办公室梳理现行因公出国（境）管理文件，通过网络问卷调查问计于民，研究上海等地制度加科技的管理模式，探索建立因公出国（境）管理信息系统。通过落实责任，专项治理组织机构框架初步形成，促进了治理工作迅速推进。

各级纪检监察机关与外事、财政、公安、审计等部门加强沟通配合，结合实际落实专项工作部署。河北、上海、福建、湖南等省市建立审批部门会审制、例会制等。天津市将长效机制向基层单位延伸，推动各区县成立专项工作联席会议及办事机构。甘肃省在建立专项工作联席会议的基础上，对各成员单位的重点任务进行分工，建立任务审批和经费审核联动机制。最高人民检察院实行外事工作领导小组集体对因公出国（境）任务把关审批制度。公安部纪委监察局与国际合作局一道负责建立制止公款出国（境）旅游专项工作协作机制，开展监督检查，严肃责任追究。国家外国专家局组织协调各引智归口管理部门会同外事部门，对因公出国（境）培训项目进行全面调查统计和严格监管。

二　强化制度约束

相关管理制度不完善、不健全，是导致公款出国（境）旅游屡禁难止的关键因素之一。温家宝总理就此问题作出重要批示：“公款出国旅游问题存在多年，关键在于缺乏严格的制度和财政上的硬约束，单靠审批，难以管住。”堵塞制度漏洞，加大因公出国（境）违纪违法行为成本，是遏制此类现象的重要前提。

1. 国家颁布顶层制度

2008 年，中共中央办公厅、国务院办公厅颁布了《关于进一步加强因公出国（境）管理的若干规定》，规定了因公出国（境）管理工作的基本原则和相关要求。中央纪委联合有关部门下发《关于开展贯彻落实“两办规定”制止党政干部公款出国（境）旅游专项工作的通知》，落实了监管职责。2010 年，中央纪委印发了《用公款出国（境）旅游及相关违纪行为适用〈中国共产党纪律处分条例〉若干问题的解释》，监察部、人力资源和社会保障部联合印发了《用公款出国（境）旅游及相关违纪行为处分规定》，明确了惩处公款出国（境）旅游及相关违纪行为的政策界限。

2. 部门完善专项制度

在部际联席会议协调下，各部委密切配合，陆续制定了一批加强因公出国（境）管理的规章制度。2008 年，财政部、外交部、监察部、审计署、国家预防腐败局联合印发了《加强党政干部因公出国（境）经费管理暂行办法》，2010 年，财政部印发了《财政部关于进一步加强党政干部因公出国（境）经费管理的通知》，实行因公出国（境）经费先行审核制度，强化了预算约束。外交部等部门联合印发了《关于进一步加强跨地区跨部门团组管理的通知》，中联部下发了《关于加强预算管理和节减外事经费若干问题的通知》，对外事经费管理、报批程序、审核把关内容及各部门职责作出具体规定，每月通报出访情况，点评出访工作成绩和不足。外交部、中央外办联合印发了《关于因公出国（境）团组规范使用中介机构的通知》。

3. 地方创新执行制度

北京市实施《党政机关干部因公出国经费管理暂行办法》，将因公出国经费全部纳入预算管理，对出国经费的预算、使用、核销及监督检查作出明确规定。江苏省颁行《加强党政干部因公出国（境）经费使用情况审计监督的意见》，要求在预算执行和财政财务收支审计、党政领导干部经济责任审计时，对因公出国（境）经费管理和使用情况进行审计或审计调查。湖北、江西等省制定了因公出国（境）经费管理办法、审核审批工作细则等规范性文件，对因公出访人员未经批准擅自延长在外停留时间提出处理办法，进一步严肃了因公出访的纪律要求。辽宁省实行《省直机关因公出国（境）机票定点管理暂行办法》，对省直行政机关和事业单位使用财政性资金购买国际机票，实行政府集中采购。

4. 各方健全配套制度

各地各部门将专项治理工作与加强领导干部廉洁自律和廉政风险防范管理有机结合，扩大了综合治理效果。国家广电总局制定了《司局级及以下干部出国（境）向纪检监察机关备案制度》，对总局公务员和总局任命的干部出国（境）情况，要求每半年向总局纪检监察机关报备案。国家林业局建立干部因公出国（境）审查的问责制，做到哪个环节出问题哪个环节承担责任。山西省出台了《关于对国家工作人员中登记备案人员因私出国（境）证件进行集中保管的通知》，集中保管因私出国（境）证件，包括普通护照、往来港澳通行证、大陆居民往来台湾通行证。陕西省提出了超时绕道团组书面检查、分管领导和经办人诫勉谈话、口头警告、取消资格、费用由个人承担、问题严重的对一把手实施责任追究、单位“一票否决”等六条处理办法。辽宁省鞍山市建立因公出国（境）备案制度，要求所有因公出国（境）团组在出境前必须到市纪委备案，并建立党政干部公开承诺制度，将“不公款出国（境）旅游”列入承诺内容。北京市把因公出国（境）管理工作纳入廉政风险管理范围，将因公出国（境）的各项指标完成情况作为考核外事部门廉政风险防范工作的主要内容。

专栏一　各部门、地区制定的制止因公出国（境）旅游的规章制度

中共中央办公厅完善了《中办机关因公出国（境）管理规定》；国务院办公厅研究修订《国务院办公厅机关出国（境）管理办法》；最高人民检察院建立完善《关于检察人员因公临时出国（境）管理工作暂行规定》；住房和城乡建设部制定《司局级及以下人员因公出国（境）管理办法》；民政部制定《民政部因公出国（境）审批联动机制职责分工》；国家知识产权局制定《出访团组国（境）外活动情况核查规定》；交通运输部完善《关于进一步加强局级及以下人员因公出国（境）管理的若干规定》；国家林业局出台《国家林业局司局级及以下干部因公出国（境）管理规定》等。

资料来源：贯彻落实“两办规定”制止党政干部公款出国（境）旅游专项工作部际联席会议办公室，《制止党政干部公款出国（境）旅游专项工作简报》，2008～2011年。

三　严密监管流程

出国任务审批、预算审查、经中介机构办理出国业务是公款出国

（境）管理的关键环节，管住了这些环节，也就抓住了专项治理的主要问题和问题的主要方面。

1. 严格计划任务审批

为了从源头上遏制公款出国（境）旅游现象，必须规范任务审批审查，强化监管，特别是对出国任务的必要性、出国日程安排、出国人员身份、专业构成等问题加强审核。在专项治理中，外交部及各地区各部门的外事主管部门均加强了外事任务的审批审核工作。2008年，经外交部审核报批的省部级人员出访团组1090个，比2007年下降23%，推迟或取消省部级团组87个，减少团组成员111人，减少出访时间397天，减少出访国家68个，核查制止纠正了30余起违规团组案。2009年第一季度，审核部委部级出访团组156个，审核地方省级出访团组51个，取消或推迟团组5个，减少国家数7个，减少停留天数42天。针对公款出国（境）存在问题较多的双跨团组和培训团组，中央纪委、外交部、外事办等联合出台了《关于进一步加强跨地区跨部门团组管理的通知》，加强培训团组管理。对双跨组团和培训团组的组团要求、审批程序、审批原则及各类型团组提出详尽要求，在理顺审批权限的同时细化审查规定，提高审批门槛，严格审核要求，对于企图以双跨团组和培训方式规避监管进行公款出国旅游的行为起到防控作用。

专栏二　因公出国（境）网上审批和“科技防腐”

上海形成因公出国（境）综合管理信息系统。此系统按照一站申请、动态查询，协同办理、数据共享，实时预警、全程管理的目标进行开发建设，有效整合了因公出国（境）审批和护照签证管理两个原各自独立的信息系统，融合了财政部门的经费审核、组织部门的政审、纪检监察机关的实时监察要求，形成集申请、审批、查询、监督、统计分析为一体的统一的因公出国（境）综合信息系统。

浙江对省级预算单位实行公务卡结算方式，利用公务卡消费“阳光透明”的特点，依托国库单一账户体系和现代信息网络技术，提高因公出国（境）国内部分经费支付透明度，加强了财政监督和单位财务管理。

深圳推行因公出国（境）网上申报和流水审批办法，将外事管理部门的审核信息与社会保险管理部门的公职人员个人信息并网，用电子技术甄别出国（境）报件，防止公职人员“搭车”出国（境）。国资委推行外事工作网上办公和网上审批，实现外事审批的自动化，加强对外事工作的网上监督。

资料来源：贯彻落实“两办规定”制止党政干部公款出国（境）旅游专项工作部际联席会议办公室，《制止党政干部公款出国（境）旅游专项工作简报》，2008～2011年。

2. 严格经费预算审核

因公出国（境）预算经费审核及公共资金的使用与监管，因公出国（境）经费来源、任务与经费的匹配、经费实施标准，是审查的核心内容。各地区各部门以颁布实施《加强党政干部因公出国（境）经费管理暂行办法》为契机，将因公出国（境）经费纳入预算管理，细化因公出国经费控制和预算约束，从源头上控制利用预算外资金公款旅游行为。中组部通过对因公出国（境）经费预算及用汇额度的双重控制，审计部门对外事经费的使用和管理进行审计，确保因公出国（境）经费支出在近三年平均数的基础上压缩20%。广东省实行党政机关干部因公出国（境）人数定额管理，对突破控制指标的一律不予审批。海关总署坚持海关系统出国经费从中央财政下拨的因公出国专项经费中列支，建立出国（境）经费信息共享和联动机制，对经费使用情况进行监督。黑龙江省印发《省级党政机关事业单位工作人员因公出国（境）经费审批手册》，要求一个单位一本手册，单位申请、核销因公出国（境）用汇时必须携带此手册，派出单位、财政部门、外事部门三方将经费先行审批与外事任务审批双控结合起来。新疆自治区将因公出访经费纳入预算，严格控制团组规模和天数，不准挪用其他预算资金，报外事部门审批时必须说明经费来源，回国报销费用时须有明细单据。西藏自治区建立经费审核与任务审批联动机制，对因公出国（境）团组全程管理。

四　选择和规范中介机构

以贯彻落实《关于因公出国（境）团组规范使用中介机构的通知》为契机，各地各部门严格规范相关中介机构的资质条件和运营方式，堵塞通过中介机构运作进行公款旅游的漏洞。一些地方积极推行因公出国选用中介服务机构公开招标制度，防治“中介腐败”，节约经费支出。天津市制定了中介机构选择、使用和规范管理办法，河南省召开规范因公出国（境）服务中介机构管理工作座谈会，研究规范因公出国（境）团组使用中介机构工作，省外侨办对省辖单位推荐的服务中介机构严格评估审核，明确一批资质高、信誉强、服务好的中介机构。安徽省对出国（境）使用中介机构情况进行了监督检查。

五　量化管理优化结构

针对党政干部因公出国（境）规模不清、结构不明的情况，专项工作办公室首次建立了全国党政干部因公出国（境）数据统计制度，为科学制定因公出国（境）管理政策提供基本数据，也为规范因公出国（境）管理工作奠定基础。

1. 控制出国（境）总量数据化

专项工作开展后，针对党政干部因公出国（境）规模底数不清问题，专项工作办公室建立了党政干部因公出国（境）数据统计，比较全面地掌握了全国党政干部因公出国（境）团组数、人次数、经费支出等第一手数据。在准确掌握数据的基础上，严格实行党政干部因公出国（境）总量控制，2009 年提出全国因公出国（境）经费支出要在前三年平均数基础上压缩 20%，并相应减少团组数和人数。2010 年，按“控制总量、突出重点、保压结合、服务发展”原则，要求各地区各部门巩固压缩成果，继续严格控制因公出国（境）经费和人数。

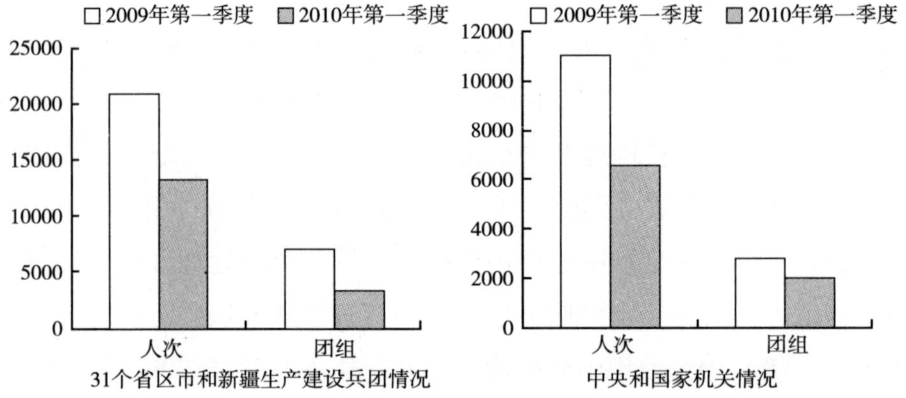

图 1　2009 年、2010 年第一季度党政干部因公出国（境）数据

2. 优化出国（境）结构

通过总体控制和量化管理，在确保对外开放和经济社会发展需要的前提下，较短时间内大幅减少了公款出国（境）团组，坚决禁止其他没有实质任务的因公出国（境）团组出境。在统筹国内发展与对外开放保证外交、国际合作、商贸等重点工作的同时，因公出国（境）规模和人数均大幅下降，结构进一步优化，公款出国（境）旅游现象得到有效控制，公共资金使用效率明显提高。2009 年，辽宁省既坚决制止党政干部公款出国（境）旅游，又实行分类指导，有保有压，注意主动为有实质性任务的招商团组服务，全省因公出国

（境）团组、人次与前三年同期平均数相比分别下降了43%和54%，减少出国（境）经费6192万元，当年实际利用外资额150亿美元，同比增长24.8%，位居全国第三位。安徽省重新核定2010年度因公出国计划，大幅度压缩招商引资、文体交流等大型因公出国团组中的党政干部人数，审核后的省直单位团组数和人数分别压缩了36.2%和34.9%，各市团组数和人数分别压缩了19.26%和29.23%。

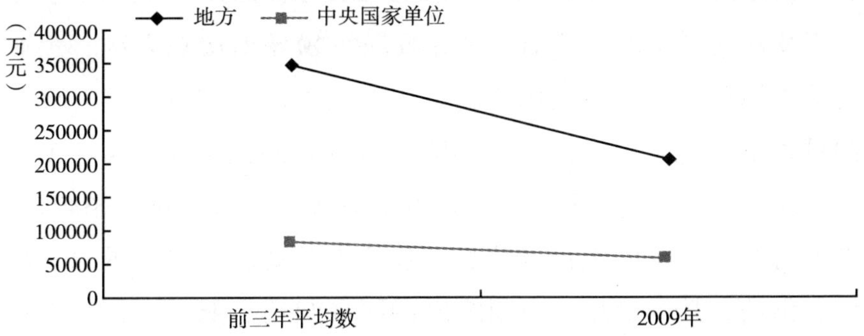

图2　2009年全国党政干部因公出国（境）经费与前三年降幅比

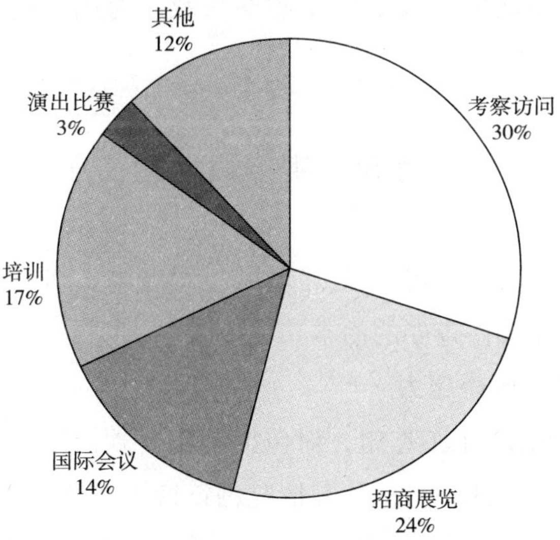

图3　2009年全国党政干部因公出国（境）任务构成

3. 信息管理精细化

上海市浦东新区开发建设的外事审批管理系统，利用网络信息技术和电子监察手段，对全区党政干部因公出国（境）情况实行即时监管。该系统可提供任选时段浦东新区因公出访的全面数据分析，内容包括审批批准总批次、总人次，否定团组总批次、总人次；任选时段各类型人员的出访情况，含出访人员的姓名、出访国家、出访时间、出访理由等详细信息，并可查询到团组出访的经费总额、费用来源、用款标准以及支出明细；对党政局级领导出访总人次、企业市管干部出访总人次和党政机关出访总人次可进行重点统计。该系统专门设置了“重复出访提示”功能，可及时制止重复出访、多次出访。浦东新区还开发了证件管理系统，该系统通过与审批系统相连，自动及时获取出国团组批件信息，包括人员情况、出访国家、出访时间、出访天数等信息。当团组出访回来归还护照时，须按规定在该系统内填入出境日期、入境日期、实际出访地、实际出访天数等有关信息，如果出现增访国家或绕道、延长在外停留期限的现象，系统自动显示增访国家或地区及逾期天数，对出访违规现象实现了网上监督。

六　强化问责形成治理高压

为防止公款出国（境）旅游顶风违纪现象，各地区各部门以惩促防，着力发挥案件查办的治本功能。

1. 保持公开督查压力

广东省组织23个工作组，对包括制止公款出国（境）旅游在内的党风廉政建设责任制目标落实情况进行检查考核，严肃查处并曝光了一批公款出国（境）旅游案件。湖南通过听取汇报、集体座谈、个别谈话、查阅资料等形式，对全省各地区各部门的制止公款出国

（境）旅游工作进行检查。江苏、重庆和水利部、国家广播电影电视总局建立了因公出国信息公示制度。有的单位每月初将各单位因公出国（境）团组出访的执行情况、出访总结、护照管理和出现的问题等情况进行通报。交通运输部实行部管干部出国（境）任务报部纪检组备案制度。民政部要求出访团组回国后将出访报告同时报送监察局，年终评选优秀考察报告并予奖励，对未提交出访报告的团组予以通报。贵州省将有价值的出访报告刊登在《贵州日报》“领导干部出国考察报告”专栏中，正面引导领导干部提高因公出访工作质量。成都市在部分因公出国（境）出访任务较多的单位试行后续评价制度，因公出国（境）团组回国后要及时向组团单位上交出访报告，组团单位召集相关部门组成评价组，对照该出访团组行前制订的出访计划和回国后提交的出访报告、出访经费使用、出访成果应用、廉洁自律等情况评价打分，有效减少花销庞大效果不佳的出访活动。武汉市实行团长承诺制，围绕出访环节进行监督，承诺书一式三份，由市纪委监察局、市外办和本人留存，市外办归档，纪检监察机关的一份存入团长个人廉政档案，以便及时跟踪监督。

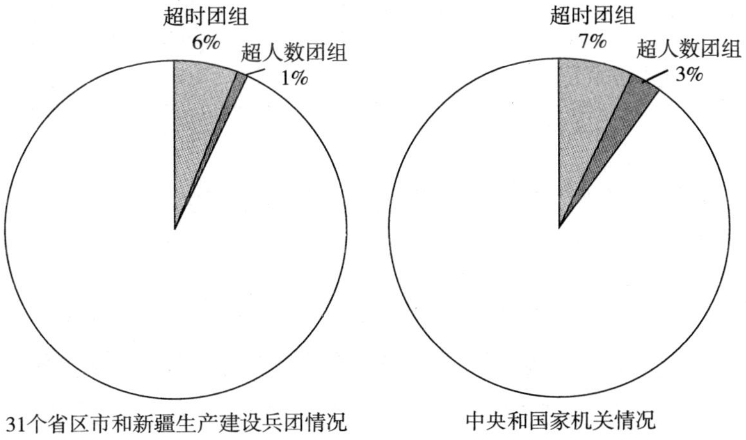

图4　2010 年第一季度党政干部因公出国（境）双跨团组超时、超人数统计

2. 加大案件查办力度

中央纪委会同有关地区和部门查办公款出国（境）旅游案件，及时处理顶风违纪问题。对吉林省原煤炭工业局长期大规模组织公款出国旅游，山西省交口县人大使用企业赞助款组织公款出国旅游，海南省盐务局组织公款出国旅游，安徽省安庆市外办通过中介机构购买邀请函并编制虚假日程骗取批准组织公款出国旅游，江苏省总工会违规组织劳模、先进工作者通过因私渠道出国（境）旅游，卫生部国际交流与合作中心利用出国培训之机组织公款旅游等一批公款出国（境）旅游案件进行了严肃查处，对一些重要线索转办督办。浙江省温州市外办成功制止了该市瓯海区原区委书记谢再兴杀人后假借出国考察伺机外逃。通过查办案件，有力震慑了公款出国（境）旅游组织者和参与者，遏制了公款出国（境）旅游的歪风。

3. 进行案例警示教育

借助各种新闻媒体，通报公款出国（境）旅游案件。特别是中央电视台《焦点访谈》栏目曝光了公款出国旅游典型案件后，引起社会极大反响，收到警示教育效果。重庆市分区县、市级部门、国企和高校三个批次，对因公出国（境）专管员进行集中培训教育。宣传警示教育，使各级党政干部抵制公款出国（境）旅游的自觉性增强，扭转了把因公出国（境）作为待遇相互攀比的错误观念。

课题组专家学者的建议

通过三年的集中治理和建章立制，专项工作已于 2011 年 3 月结束，转由中央外办、外交部等职能部门进行常态化管理。鉴于禁止公款出国（境）旅游是系统工程，受制于固有的公共资源分配秩序、财政预算安排方式、行政审批程序以及政务公开程度等多维因素，此项工作须置于整体改革之中，与多项源头治理相结合，构建综合治理长效机制。

第一，通过改革进行源头治理。防止行政机构运用公权以管辖企业的经费和资源出国（境）旅游，防止部分领导干部借下属事业单位名义出国（境）旅游的行为，改变固有的公共资源配置方式，切断因公出国（境）与级别资历之间高度挂钩，依据现实的工作需求配置因公出国（境）的资源。

第二，推进因公出国（境）信息公开化。建立完善因公出国（境）信息公开制度，视情况向单位内部或社会公众公开审计出国费用清单，公示公开出国考察调研成果，将因公出国（境）置于群众监督、社会监督、舆论监督之下。

第三，改进因公出国（境）绩效评价。重视因公出国（境）团组考察培训取得的实质效果，对出国（境）成果及实效进行“后评价”，完善全国因公出国（境）管理综合信息系统，确保数据准确、统计高效，逐步实现因公出国（境）管理网络化，为进行绩效评估提供数据支持，建立和完善有关奖惩机制，对效果好的单位给予鼓励，对名不符实缺乏实质内容的进行批评。对因公出国（境）工作跟踪调研，进一步强化财政、纪检监察、外交、组织、审计部门的审核审批、经费约束、监督查处，增强制度的执行力。

B.4

当前我国科技反腐的发展及推进对策

中国社会科学院“科技反腐”课题组*

“科技反腐”是信息化建设在反腐倡廉领域的延伸和应用。近年来，不少地区、部门和单位不同程度地进行了“科技反腐”的实践探索，涵盖政务公开、行政审批、市场监管、财政收支、政府采购、工程建设、医药购销等诸多领域和关键环节。前不久，中国社科院课题组先后对上海、江西、湖北、广东、山东、银监会以及中化集团等地区和单位进行了专题调研。

一　当前我国科技反腐的发展态势

“科技反腐”的基本态势与发展现状是，内涵丰富，形式多样，成效初显，但总体上仍处于探索建设阶段。

（一）经济发达地区和大城市先行

依托经济发展优势和较高的信息化水平，浙江、上海、天津、深圳、广州、青岛等沿海地区“科技反腐”起步较早，处于全国领先水平。一是普遍开展网上政务公开和电子政务服务，利用政府门户网

---

* 课题组组长：李秋芳。课题组核心成员：孙壮志、高波、辛向阳（中国社科院马研院研究员）、陈建波（中国社科院马研院助理研究员）、申恩威（中国社科院财贸所研究员）、高洁、王继锋、田坤。执笔人：李秋芳、王继锋、辛向阳、陈建波、高波、高洁、田坤、赵岚。

站、网上服务平台和集中办事大厅，提高权力运行的透明度和公共服务效能。青岛市先后投入上亿元，形成了纵向延伸市、区市、乡镇（街道）、村（居委会），横向部门间相互联通的电子政务应用体系，基本实现了纵向到底、横向到边的一体化的网络政府，政府职权和工作动态全部上网。二是建立以行政审批为主的电子监察系统，运用科技手段对政府的管理、服务职能进行标准化管理和在线监督。通过门户网与内部网共建、业务网与监察网对接的方式，形成“开放的公共权力运行系统”，实现信息在管理者与被管理者之间、服务者与被服务者之间、监督者与被监督者之间的共享与互动，缩减主观因素对信息传递的影响，降低因信息垄断、信息隐瞒、曲解等行为引发的腐败和低效率。如深圳以创建行政审批电子监察系统为突破口，先后建成行政审批电子监察、重大投资项目审批电子监管、政务信息资源共享电子监督、政府绩效评估和政务公开电子监测等五大系统。三是利用网络开展政民互动，通过网上举报投诉、政风行风评议、网络舆情监控分析等，畅通民意表达渠道和政府信息来源，提高公众对反腐倡廉建设的参与度。山东省依托“明镜信息网”建立了信访举报网站和行政效能投诉栏目，全省 17 个市和 140 个县（市、区）也全部建立了纪检监察信访举报网站，搭建民主评议政风行风网络平台，形成省、市、县三级纪检监察网上举报体系，实现政风行风评议的网络自动化。济宁市在民主评议中通过计算机随机选取预定数额的评议代表，市属广播电台、电视台和局域网对民主评议活动进行全程直播，评议代表现场填写测评卡，读卡机现场汇票统计，当场公布评议结果。

（二）以重点领域和关键环节为重点

对公共资源交易、公共资金使用、公共权力运行等重点领域和土地出让、政府采购、招投标监管、行政审批等关键环节，进行网络化建设与改造，通过流程再造、制度固化、无缝对接、关键控制和全程留痕，实现跨地区、跨部门、全过程监控和动态预警，增强对关键部位监督的实时性、针对性和有效性。上海以建筑有形市场、规划国土、政府采购、社保资金、出入境管理为重点，对权力配置和运行实行精细化管理。针对政府采购周期长、价格高、过程不透明导致的"集中采购、集中腐败"等问题，上海市探索建立以"全覆盖、全流程、全上网、全透明"为主要特征的上海市政府采购电子平台。通过公开招投标方式，确定进入网上大卖场的供应商和通用类商品，将供应商的资质情况和商品价格、供货方式、售后服务等内容在网上公开，进行实时跟踪和诚信考核。采购人员在预算批准后，可直接进入网上大卖场进行选购，并通过在线议价、反拍、团购等多种竞价手段，降低采购价格。电子采购系统会对采购过程中的违规行为进行自动记录和预警，监管部门也可利用电子系统对所有交易情况进行全过程动态监管。2009 年 7 月 1 日平台正式运行到 2010 年 8 月，已经扩大到商品种类 654 种、供应商 12569 家、采购人 1034 家、代理机构 119 家、评审专家 2253 名的"大市场"。实施电子集市采购后，采购周期从以往 1 个多月缩短到当天，采购平均价格从原来高于市场价降低到低于市场价约 10%。青岛市建立了"四项公共资金电子监察系统"，通过与资金主管部门业务系统间的无缝对接，实时采集业务系统中的信息数据，对资金收缴、管理、使用等关键环节实施网上及时、动态、全程监控。该系统具有四项功能：资金总量监控。可以实时监控资金收支总量、变化情况，实现对各项资金收支情况的实时监控和预测分析。大额资金运行监控。可以对资金管理机构的收入户、支出户、财政专户银行资金的进出以及在不同银行的存放情况进行监控和综合分析比对，及时掌握各单位银行存款进出情况与业务办理情况。全员业务操作和效能监控。可以实时监控资金主管部门及各经办机构工作人员操作使用业务系统的权限、正在办理的业务明细、审批的内容及过程，及时对异常登录、违规操作用户进行预警，同时对工作人员办理业务时限进行监控。异常报警和网上督办。通过在电子监察系统中设置不同预警指标，实时提示问题信息，监督者根据提示进行督查。

（三）中央企业和金融机构构建大内控系统

广泛建立 ERP 系统，即内部业务管控系统，使工程项目立项、资金运行、合同实施等上线运行，以此提高管理的精细化水平，促进权力的规范运行。通过运用信息技术，把部门或行业的操作规范、制度约束、廉政要求固化为业务审批操作规程，设置操作权限，规范自由裁量标准，强化对高风险岗位的技术控制，确保所有业务活动全过程公开透明和监督受控。在强化资金和结算集中管理方面，中化集团 ERP 系统中内设了 5 个子系统：①银行账户管理模块：由开户单位和集团资金部 5 位管理者和操作者审核把关，集团系统内所有全资及控股企业须通过“银行账户标准数据系统”完成所有银行账户的开户、销户、冻结、解冻等申请和审批，分 8 个操作步骤确保了整个过程的合规受控和公开透明；②资金预算管理模块：通过设置相关控制程序，实现了集团公司对成员单位年度预算申请、预算批复、预算调整、预算使用及时点执行情况的分析评估和跟踪查询；③融资集中管理模块：要求集团公司资金部根据使用单位需求及时反馈银行可用额度，与其签署银行补充融资协议，并由资金部负责监控银行可用额度使用情况，以实现对外部银行可用资源额度信息的准确掌握，以及对使用单位银行可用资源、授信合同信息及其使用情况全面的分析评估、跟踪查询和管控处理；④资金收付款模块：以收款通知和付款申请为基础，具体承办人发起，在系统中履行登记、审批程序，在逐级审核过程中，对于超出或未列入预算的支付，系统自动用红色提示，并根据各单位审批流程，提升审批级别。⑤结算集中管理模块：涵盖了五大国际结算业务流程，在审批成员单位国际结算业务申请的同时，通过以信用证和票据管理为主，向集团内部提供国际结算业务和国内结算管理服务，确保各类业务结算和信用证及票据管理的时效性、安全性、可靠性和规范性。

二 部分地区与单位“科技反腐”的实践探索及特点

（一）上海市的“科技+制度”

上海市“科技反腐”工作紧扣“制度”主线，通过科技手段与制度的有机结合，提升制度效用。主要体现：一是在制度设计中增加科技含量，提高制度的执行力和科学化水平。以有形建筑市场、规划国土、政府采购、社保资金、出入境管理为重点，依托科技手段建立专业化的交易平台和监管制度，对权力配置和运行进行精细化管理。二是在制度执行中引入科技手段，规范制度执行。如浦东新区环境保护和市容卫生管理局建立行政处罚网上运行系统，对行政处罚自由裁量权内容分类、处罚幅度分档、违法情节分要素，细化裁量标准，实际情况录入后，电脑根据不同档次的权重自动生成处罚金额。上海浦东新区环境保护和市容卫生管理局对行政处罚自由裁量权实行标准化管理，其重点是对行政处罚自由裁量权实行“一点（以违法行为为基点）三分（行政处罚自由裁量权内容分类、处罚幅度分档、违法情节分要素）”管理。执法人员只需根据违法行为的实际情况进行选择，电脑即可根据不同档次的权重自动生成处罚金额。同时，任何一个处罚案件的流转过程、文书制作、审批意见等信息均会被系统自动“登记在案”，并可在网上实时监管，大大压缩了行政处罚的自由裁量空间。

（二）湖北省的“科技＋招投标”

湖北省把电子招投标系统建设作为促进招投标市场规范、提高招投标效率、防治招投标领域腐败的重要手段，利用现代科技手段，实行网上招标、网上投标、评标专家电子语音通知，不仅能够实现招投标信息的实时发布、公开透明，还能够对招投标活动进行节点控制和全程监督。在评标专家管理环节，湖北省自主开发了专家库总库管理系统，通过系统规范专家库管理和专家行为，防止评标专家不公正评标。一方面，实现评标专家的电子化抽取。湖北省评标专家总库平台具有USB用户锁登录、专家分专业随机抽取、按设置条件自动回避、多通道语音自动通知、输入文字转换语音合成、接收电话反馈信号、自动手机短信通知确认、子库与总库远程联网抽取等功能，实现了专家抽取自动化、规范化，以及专家资源的共享。另一方面，实行专家网上征集和动态管理。在招标投标信息网上开通了专家网上申报窗口，面向全省公开征集评标专家，打破了行业部门界限，增加了专家库的人数和规模。同时，加强对入库专家的考核，对长期不能参加评标、联系方式变更后不能通知到的专家直接予以清退，对不称职的、违法违纪的专家一律清除出专家库，保证了专家库的质量。在评标环节，通过远程监控系统可实现开标评标过程的影音同步监督，并可在互联网上在线视频，接受公众监督，较为有效地防止了暗箱操作和人为影响。

（三）江西省“科技＋公共资源交易”

江西建立了省、市、县、乡四级联动的公共资源交易网络，整合了工程招投标中心、政府采购中心、产权交易中心、地产交易中心、林业产权交易中心等有形市场。该系统由产权交易网络竞价、评标专家语音通知、电子远程监控、多媒体信息发布、通信设备屏蔽和传声等子系统组成，覆盖了公共资源交易的全部环节，有效地防止了人为因素的影响。为配合统一公共资源交易中心建设，江西省完善招投标交易制度，实行网上报名和招标文件电子化管理，推行资格后审，建立标后跟踪管理和押证管理制度，有效防止围标串标；完善信息公开制度，交易中心通过本中心的门户网站及 LED 电子多媒体发布系统等不间断地发布各类信息，充分保障投标人的知情权。各地出台了公共资源交易的操作和监督规程，明确了每一个交易环节的具体操作要求和监督部门的监督职责，切实规范了交易和监督行为。南昌市出台并实施了《公共资源交易违规行为问责办法》，严格责任追究。在总结各地实践的基础上，省监察厅牵头组织起草了《关于进一步规范工程建设项目招标投标活动的若干规定》，针对工程建设招标投标中存在的突出问题，着眼于一些重点环节和关键部位，对招标投标活动各方主体提出一些刚性的操作要求，从而规范招标投标行为，遏制招投标活动中违法违规问题的发生。2009 年 1 月至 2010 年 6 月，全省公共资源进场交易项目 30000 项，成交金额 1786. 45 亿元。其中，省属项目交易 1120 项，成交金额 523. 83 亿元；市级 8014 项，成交金额 728. 07 亿元；县级 15169 项，成交金额 526. 29 亿元；乡镇公共资源交易站承接交易 5697 项，交易金额 8. 26 亿元。

（四）山东省的“科技 + 监督”

山东省“科技反腐”工作的重点是建设涵盖电子政务服务、行政审批、公共资源交易、公共资金监管、舆论监督、党风廉政教育等六大功能的综合电子监察系统。在实施过程中，山东省注重对“科技反腐”进行统一规划和系统推进，成立了运用现代科技手段预防腐败领导小组，并专门下发文件，自上而下协调部署综合电子监察系统建设，提供必要的资金和技术支持。该系统纵向覆盖省、市、县（市、区）三级，横向涵盖公共权力运行、公共资源交易、公共资金监管的各个领域，在全省范围内形成信息共享、安全可靠、运转顺畅、监督有效的预防腐败网络。该网络系统使监察系统与业务系统无缝对接，真正实现“嵌入式”监督。一方面，充分发挥派驻纪检监察机构的监督作用，构建部门内部监管系统，由派驻纪检监察机构负责对所在部门业务办理情况开展电子监控。同时，纪检监察机关和业务主管部门通过监察系统与业务系统的有机结合，利用标准接口实时抓取数据，实现了外部的双层监督。青岛市住房公积金业务及电子监察系统建设基于“一个法人，一个版本，一个网络，一个中心”的管理理念，将各个子系统有机链接，提高工作效能，实行痕迹化管理，使得数据永远可以追溯，便于明确责任，同时建立起市纪委（监察局）－市管理中心主要领导－纪检组长－监察室的上下、内外的四重监督管理模式，有效防范了各种资金风险的出现。

（五）广东省的“科技＋办案”

广东省纪检监察机关利用计算机及网络技术建成了从中央纪委、省纪委、各地级以上市纪委及县（市）纪委四级联网的纪检监察信访信息管理系统，建立网上统一信访举报平台，开通了12388举报热线，为群众举报提供了安全、便捷、高效的通道，实现信访信息实时共享，对案件或案件线索的有关数据资料实行全面高效的分析、评估、排查和审结。[①] 广东省纪检监察机关以安全保密计算机网络为基础，开通办案工作点智能化系统，工作范围覆盖全省21个地级以上市，实现远程的案件指挥、案情通报、协查联络、实时决策等功能。利用先进的高科技设备构建谈话、记录、分析、取证以及办案现场

① 陈一兵：《利用先进的信息技术创新反腐倡廉工作模式》，《信息化建设》2008年第2期。

内外指挥交流一体化的取证工作平台，有效提高发现证据、固定证据、搜集证据等重要办案环节的工作能力和效率。此外，广东省还研发应用纪检监察机关互联网舆情检索系统，加强反腐倡廉舆情网络信息的收集、研判和处置。借助反洗钱机构的“资金流动监测分析系统”和检察机关的“行贿犯罪档案查询系统”，加大惩治腐败力度。①

（六）中化集团的“科技＋企业管理”

中化集团的 ERP 管理系统通过各项业务的线上设计、线上运行、线上监管，把管理制度固化成业务审批操作规程，以电子程序的逻辑隔离方式，将公司各类业务操作中需要审核把关的重要步骤和环节分解为不同的子系统，按制度约定加以控制，使各操作环节在系统内完成闭环衔接，形成业务决策、审批、执行、操作及信息流、资金流、单据流和物流集中统一的信息化管理平台，确保了所有业务活动全过程的公开透明和监督受控，以管理的科学化推动了反腐倡廉建设的实效化。以国内贸易业务为例，中化集团 ERP 系统设定的建立内贸预算单、签订国内采购合同、风险部门风险控制等 5 大业务管理模块，由系统自动记录处理所有业务数据和财务数据。根据该管理模块和流程控制，每一单国内贸易业务的操作须经 13 个步骤，涉及 5 个不同部门的相关管理者和业务人员对 19 项审批环节进行把关，系统收集到的各类基础业务信息达到 53 条。整个操作过程的集体参与、公开透明和相互制衡，不仅从根本上消除了经营管理无序、业务财务脱节和信息阻断、财务处理滞后等诸多问题，而且也在很大程度上从源头消除了商业贿赂、以权谋私的行为动机和实践可能。

---

① 《广东纪检监察机关全方位运用科技反腐》，2010 年 10 月 20 日《中国纪检监察报》。

三 “科技反腐”的战略价值

（一）“科技反腐”有利于保障权力科学配置、规范行使和安全行使，促使权力回归公共本质

权力缺乏有效监督和制约，是腐败现象易发多发的重要原因。“科技反腐”为完善权力配置、规范权力运行、防止权力滥用提供了契机和有效实现方式。一方面，通过“清权”、“确权”和权力流程再造，合理划分和科学配置各部门的权力和职责，有效防范权力过度集中带来的风险。另一方面，权力“线上运行”有利于实现权力行使的透明化和格式化，使抽象的权力变得“可视”、“可控”、“可查”、“可纠”，大大压缩“暗箱操作”和权力滥用、私用的空间。“科技反腐”的目的是，用“无情”的电脑管住“有情”的人脑，切实保障权力的科学行使、规范行使和安全行使，使公开、公平、公正的理念逐渐内化到人们的心里，促进公共权力属性的本质回归，实现权为民所用的目标。

（二）“科技反腐”有利于破解传统消极文化困扰制度执行力的难题，实现权力行使者的“自我解放”

“熟人社会”、“人情文化”对制度的巨大消解作用，是我国反腐败斗争面临的一大难题。制度执行中往往会面临家属情、同学情、老乡情、同事情等一系列人情因素的干扰，消解制度执行力，也使权力行使者面临两难选择。借助现代信息技术，促进权力行使的公开化、透明化和标准化，最大限度地压缩自由裁量权，筑起抵御人情文化侵蚀的“防火墙”，维护制度的权威性，从而使制度的刚性约束逐步内化为权力行使者的道德约束，使其“不能为”、“不敢为”、“不愿为”，真正从权力风险中解放出来，起到保护干部的作用。一是有助

于对制度操作的活性化分解。把一些“挂在墙上”、“写在纸上”的制度法规分解成可操作的方法、步骤和程序，把以往难以执行的“死规定”改造成便于操作的“活制度”；二是保证对制度约束的刚性化执行。通过格式化的电脑程序，规定制定执行者的操作权限和操作流程，可以有效减少制度执行中利益因素、人情因素的影响，提高制度的刚性约束力；三是便于对执行结果的数字化评估。通过数字化设定执行标准和对制度执行过程和结果的信息采集，可以对制度执行者的效能进行量化测试和评价，形成激励机制；四是便于制度效果的即时化反馈。运用现代网络技术和统计分析软件，可以即时搜集不同群体对制度本身及制度执行中的客观评价，通过对反馈信息的分析研判，不断完善制度内容，提高制度本身的科学性。

（三）“科技反腐”使现代科技手段嵌入公共权力运行、资金监管和资源交易环节，促进了监督手段的变革

传统监督方式由于受到时间、地域、体制等因素的限制，监督效果难以充分发挥。现代信息技术和网络技术，通过电子监察系统和业务系统的协同构建，突破了传统监督方式的时空局限，拓展了监督领域和范围，把现代科技手段嵌入权力运行的各个环节，通过大量信息数据在系统之间高速传递和相互印证，进行实时监控和有效预警，使内部监督和外部监督能够有机结合，实现对重点领域和关键环节的嵌入式监督，提升监督效能。以上海市食品药品监督管理局开发的“公共财政资金安全管理系统”为例，该系统能够做到“部门预算”的财政资金使用全程控制；系统与网银对接，任何资金流动统一银行结算，信息即时反馈；原始凭证完整录入数据库，完整显示；预算执行中每次经费使用经系统实施；预算编制、执行、核算、决算和分析全程控制管理；全员使用公务卡，有效地减少了制度漏洞，遏制了腐败现象的发生。

四　当前“科技反腐”实施中亟待改进的问题

（一）对“科技反腐”的战略意义认识不足

一些地区、部门和单位的主要领导，并没有从促进惩防体系建设、提高反腐倡廉工作科技含量的高度来充分认识“科技反腐”的重要性，认为只是管理方法和手段的改进，变手工操作为计算机操作，对反腐败总体形势不会产生太大影响。少数人甚至认为是政绩工程，花钱费力但效果不大。

（二）存在部门利益保护及信息孤岛

“科技反腐”需要打破地区和部门之间的封闭状态，实现反腐倡廉信息和资源在更大范围内的整合，才能充分发挥现代信息技的系统优势。一些部门和单位担心会触动现有的权力结构和既得利益，对“科技反腐”采取消极抵制态度，使信息资源只能在本系统内纵向流动，部门之间的横向联系不够，信息资源综合利用率低。

（三）发展不均衡，运用的广度和深度不够

在起步较早地区和单位，“科技反腐”已经在多个领域推开，成效明显；而一些欠发达地区则处于小范围试点阶段。尤其在软件开发和维护的投入方面，悬殊较大，从数十万元到上亿元不等。目前“科技反腐”主要运用于一些群众反映强烈、腐败易发高发的领域，网络系统的信息量明显不足；仅涉及对执行权、监督权的程序性规范，较少涉及决策权；在打击腐败调查取证方面，也应用得不够。

（四）系统之间缺乏有效整合

由于设计思路不一，重点不同，方法各异，各系统之间缺乏同质性，纵向横向联系不足，各地区普遍重建设轻整合，存在重复投入、数据库之间缺乏接口等问题，“科技反腐”的边际效用仍未充分发挥。

五 进一步推进“科技反腐”的几点思考

第一，进行权力与科技手段的顶层设计，制定“科技反腐”规划和实施方案。针对我国现阶段潜规则消解明制度、人情文化困扰制度执行力等问题，要认识到“科技反腐”的战略价值，大幅度提升其地位，来一场“科技反腐革命”。“科技反腐”是一项复杂的系统工程，涉及体制改革、制度建设和组织、人员、技术、资金等多方面问题，建议中纪委、监察部会同有关部门，在广泛调研的基础上，对“科技反腐”进行统一设计和科学规划，制定具有指导性、针对性和操作性的实施方案，保证科技反腐的有序推进。

第二，整合各部门资源，提高“科技反腐”信息的利用率。对既有数据资源进行科学整合，在党纪执法监督和行政权力运行部门之间建立起跨地域、跨部门的监控体系和信息共享平台。可率先在银行系统、公安系统、民政系统等与纪检监察系统之间实现互联互通、信息共享，除涉及国家安全和保密的信息以外，全部纳入，加大“科技反腐”的信息整合和资源利用效率。

第三，拓宽运用领域，推动“科技反腐”向纵深发展。进一步拓展科技手段的运用范围，实现权力运行各个环节的全方位覆盖。用电子软件把能够规范和公开的权力及运行程序都设计进去、固化下来，做到积极利用，科学安全发展，实现资源科学配置和权力运行的流程再造，在发现案件线索、查处腐败案件方面，最大限度地发挥网络信息共享、电子留痕的作用，显著提高监督和办案效率，强化制度执行力，使反腐败工作整体跃升到一个新的水平。

第四，财政合理投入，促进“科技反腐”的均衡发展。根据实际情况，制定“科技反腐”的财政支持标准，对欠发达地区科技反腐提供必要的财政倾斜。同时，整合各部门和地区科技创新资源，建立“科技反腐工程”援助机制，将发达地区开发的软件系统改造后，支援中西部地区，避免重复开发造成的资金浪费。

第五，严格管理规范，保障网络安全与信息安全。一是加强对软硬件的维护、监督与管理，切实保证保密网、业务内网与互联网的物理隔离，严格设置操作人员的管理权限，做好系统信息的备份，防止不法分子利用远程登录恶意篡改、盗窃和破坏数据库内容。二是着力培养操作人员的安全意识和保密意识，提高系统管理员对信息系统的维护水平。

地区报告

Regional Reports

B.5
山西在多重压力下走出的反腐倡廉建设之路

山西省反腐倡廉建设课题组 *

省情的差异直接决定了反腐倡廉建设选择路径的差异。山西反腐倡廉建设的实践特色在于：以惩防体系建设为重点，从省情出发，抓住主要矛盾，以煤焦领域为切入点，通过重点工作的成效带动全局工作的发展、关键环节的突破带动整体建设的推进，提升了惩防体系建设的综合效能。

---

* 课题组组长：李中元（山西省社科院院长、研究员）。副组长：孟萧（中国社科院中国廉政研究中心特约研究员）、贾桂梓（山西省社科院副院长、研究员）、张稳科（山西省纪委政策法规研究室主任）。成员：丁润萍（山西省社科院马研所所长、研究员）、那志茂（山西省纪委政策法规研究室副主任）、庞丽峰（山西省社科院马研所副所长、助理研究员）、郭秀兰（山西省社科院马研所助理研究员）、程淑兰（山西省社科院马研所助理研究员）。本报告由山西省社会科学院马克思主义研究所执笔。

一 决策部署

山西在探索构建具有地方特色、以惩治和预防腐败体系建设为重点的反腐倡廉建设的实践中，按照科学发展观要求，结合省情实际，作出了决策部署。

（一）对发展稳定的“四大重压”保持清醒认识

素有“煤海”之称的山西，是国家重要的能源和老工业基地、产煤大省。山西煤炭、焦化、冶金、电力四大传统产业占省内工业增加值的80%以上，仅煤炭就占其中的60%。依傍丰富的自然资源优势，山西经济发展长期形成了“以煤为中心”的典型的资源型经济结构，导致了产业结构单一畸重、基础设施建设落后、经济社会发展水平总体低下、生态环境破坏严重、矿难频发、社会矛盾突出和信访问题积重等不良循环链条。因煤而兴，又因煤而困，给3500万山西人民带来了“四大重压”。

发展之压。2010年7月29日，新到任的省委书记袁纯清发表了《以转型发展为主线，为实现山西经济社会跨越发展努力奋斗》的讲话，提出山西“面临的最大问题是发展不足，面临的最突出问题是新产业发展和新项目储备不足，面临的最紧要问题是干部队伍对大发展思想准备不足。”由美国次贷危机引发的全球性金融危机把山西震跌到了历史最低谷：连续8个月负增长，2009年第一季度GDP同比下降20.6个百分点，降到-8.1%的冰点。山西资源型经济的脆弱神经几近崩溃。

安全之压。山西多煤窑，曾经矿难多发，一度重特大矿难尤甚。2001～2007年的7年间，山西发生煤矿事故150起以上，每年死亡矿工百人以上。2008 年以后，才开始大幅回落。[①] 煤矿安全问题，直接关系到人民群众的生命与切身利益。矿难背后，多与官煤勾结、官商勾结、入股牟利、权钱交易、索贿受贿等诸多腐败问题相纠葛，出现了开黑煤窑、经营黑煤车、开黑煤场、煤检站吃“黑水”、黑记者经营“封口费”、黑官员与黑社会搞“黑吃黑”等，一连串被揭露出来的丑恶现象，令人触目惊心。2006 年底，山西省国土资源厅曾租用警用直升机对本省的黑口子进行监测，查明山西境内共存在 14 个非法采矿重点、热点地区，涉及 7 个地级市 14 个县市区。仅 2006 年，山西先后有 7 名安监局长因此落马，其中两名被判刑。[②] 2008 年娄烦尖山铁矿“8·1”排土场垮塌重大责任事故，2008 年襄汾县新塔矿业公司“9·8”特别重大尾矿库溃坝事故，更引起全国震惊与强烈关注。

民生之压。山西是我国高耗能、高污染经济增长模式的一个样本。在“唯 GDP 论”增长的背后，付出的是黑色 GDP 的沉重代价。到 2010 年底，山西 GDP 能耗两倍于全国，万元 GDP 耗能和二氧化硫排放相当于全国平均数的 2 倍以上。[③] 山西有两项全国第一：城市大气污染全国第一；新生婴儿缺陷率全国第一。山西省发改委和省社科院共同主持的一份研究课题显示，1980 ~ 2005 年，山西因产煤而导致的破坏面积已达 2 万多平方公里，生态环境损失高达 3700 亿元，水资源储量由建国初期的 130 多亿吨减少到现在的 97 亿吨，人均水资源占有量居全国倒数第一。高强度、粗放式的煤炭开采，造就了少数煤老板的暴富与风光，而没有给居民带来整体富裕，太行山、吕梁

---

① 王昕主编《2011 年：山西煤炭工业发展报告》，山西出版集团、山西经济出版社，2010，第 123 ~ 124 页。

② 王克勤、庞皎明：《山西煤窑真相调查》，搜狐网，2007 - 07 - 11。

③ 汪晓波：《从山西资源诅咒看整个中国经济转型》，2010 年 12 月 15 日《四川新闻网 - 成都商报》。

山、晋西北及边远山区的贫困状态还远没有解决。山西可持续发展能力排全国倒数几位。2009 年山西城乡居民收入分别排全国第 23、22 位，数量和增速在中部排末位。

反腐之压。2008 年，山西集体访大幅上升。中央纪委信访室共收到山西来访 1497 批 2651 人次，批次和人次在全国排第 4 位；其中集体访 80 批 1096 人次，分别在全国排第 2 位和第 1 位。反映比较突出的是土地征用、企业改制、涉法涉诉、乡村干部作风等方面的问题。[①] 2002～2007 年，全省国土资源系统查处煤炭资源方面的违纪违法案件 16 起、涉及 51 人，副处以上干部 6 人；全省煤炭管理部门查处违纪违法案件 4 起、8 人，副处以上干部 5 人；山西煤矿安全监察系统查处违纪违法案件 6 起、12 人，副处以上干部 7 人；全省煤炭运销系统共处理违纪工作人员 2259 人，开除 315 人；全省法院系统审理各类经济犯罪案件 5518 起，煤焦领域的腐败案件有 133 起，占总数的 2.41%；全省检察系统办理自侦案件 5148 件，涉及煤焦领域的案件 494 起，占总数的 9.6%。[②]

（二）以“体系反腐”为转型发展保驾护航

山西必须转型发展，否则没有出路；要转型发展，必须创造良好的发展环境，打掉煤焦领域的腐败黑手，构筑惩治和预防腐败的铜墙铁壁。2008 年是山西遭受金融危机重创的多难年，亦是“体系反腐”寻求突围的转折年。

山西高层达成共识：惩防体系建设迫切需要从矛盾最集中、问题最突出、人民群众反映最强烈的领域着眼，实现率先突破。找准切入点是关键之举。山西优势在煤，发展靠煤，问题也集中在煤，煤是绕

① 金道铭：《在省纪委九届四次全会闭幕式上的讲话》，2009 年 2 月 25 日。

② 《关于山西省煤焦领域党风廉政建设情况的调研报告》，晋纪呈〔2007〕26 号，2007 年 11 月 29 日。

不过的一道坎。煤焦领域的腐败不除，矿难无止，资源不保，生态难好，民无宁日。

早在2006年10月新一届省纪委第一次全体会议就明确提出，要扎实推进惩治和预防腐败体系建设，必须严查煤焦领域腐败。2007年，省纪委监察厅组织11个调研组，各级纪检监察机关及有关部门组织56个调研组，深入91个重点产煤县及11个主要涉煤部门的106个单位和289个煤焦企业，进行了10个月的调研，比较全面地掌握了煤焦领域腐败现象易发多发的深层原因。2008年7月，省委、省政府果断决定，用两到三年的时间，在全省集中开展煤焦领域反腐败专项斗争，明确提出，“以煤焦领域反腐败专项斗争为切入点，加快构建具有山西特色的惩治和预防腐败体系”①。

2009年4月15日，山西省政府下发了《关于进一步加快推进煤矿企业兼并重组整合有关问题的通知》。仅一年多的时间，山西就顺利完成了从“小煤窑”步入“大矿时代”，从“带血的煤炭”步入“安全生产新时代”，从“资源浪费严重环境污染”步入“资源节约环境友好新时代”，从“单一资源依赖”步入“转型跨越发展时代”。这一系列质的飞跃，煤焦领域反腐败专项斗争的作用功不可没。省长王君讲过一句经典话，“如果资源整合推不动，可以从腐败中找找原因”。

腐败问题涉及面广，要紧紧抓住要害，牵住牛鼻子，抓住战略重点，整体推进以“特色体系反腐”为内核的反腐倡廉建设工作。山西选择的重点除了煤焦领域外，还相继确定了以下四项重点工作。

——把农村基层党风廉政建设（简称“农廉”）作为体系建设之要。早在2007年10月15日，中央纪委《办公厅通报》刊登了山西

① 中共山西省纪委　山西省监察厅：《以煤焦领域反腐败专项斗争为切入点，深入推进惩防体系建设》，2010年5月24日。

“农廉”工作的做法。随着山西农村党风廉政建设的不断深化，山西“农廉”成为全国反腐倡廉建设工作上的一面旗帜。

——把“保障扩大内需促进经济平稳较快增长政策措施落实”列为新的重点工作，之后延伸为“从维护改革发展稳定大局出发，围绕党委政府的中心工作，确保重大决策部署贯彻落实监督检查”。

——在转变干部作风上下工夫。2009 年 8 月，山西省委做出了《关于大力学习弘扬“右玉精神”的决定》；2010 年，召开全省兴起学习弘扬右玉精神新高潮大会，要求全省党员干部弘扬以执政为民、尊重科学、百折不挠、艰苦奋斗为核心的“右玉精神”。

——突出“惩防”两端。防，从廉政教育入手，突出干部岗位廉政教育和警示教育，逐步构建起廉政教育文化体系。惩，依法惩治，“高压”惩治，以惩促防，绝不姑息迁就。

随着反腐败斗争的深入，山西反腐败斗争的覆盖面逐步拓展至非煤领域、工程领域、国有企业、大专院校。

省纪委在推进惩防体系建设的实践中，总结提出了“七个有机结合”的要求：①坚持以重点突破带动整体推进，将解决重要领域和关键环节多发易发的腐败突出问题和人民群众反映强烈的身边腐败问题有机结合起来。②坚持以制约和监督权力为核心，探索创建有实效、低成本、可持续的防范风险机制，将源头治理腐败与再造权力运行机制有机结合起来。③坚持围绕中心、服务大局的原则，将围绕贯彻落实中央重大决策部署开展监督检查，与确保全省煤炭资源整合，顺利推进开展煤焦领域反腐败有机结合起来。④坚持以人为本的核心理念，加大干部廉政教育的制度建设和设施投入，将惩治打击腐败分子“一小撮”与教育挽救干部“一大批”有机结合起来。⑤坚持以制度建设和制度创新为基础，将过期制度的清理废除与提高新建制度的执行力有机结合起来。⑥坚持走群众路线，充分发挥人民群众参与反腐败斗争的积极作用，将反腐倡廉建设科学化与紧紧依靠人民群众、尊重基层群众的首创精神有机结合起来。⑦坚持以加强干部作风建设为有力抓手，将狠下工夫转变干部工作作风与推动全省经济社会转型跨越发展有机结合起来。

二 实践探索

山西坚持以改革创新精神推进反腐倡廉建设，探索出符合山西实际、突破传统反腐方式、充满生机活力的新做法，为山西转型跨越发展提供了有力保证。

（一）构筑煤焦反腐的“防火墙”

开展自查自纠。山西省煤焦领域反腐败专项工作重点围绕煤焦领域资源审批、生产能力核定、证照办理、项目核准等环节存在的违规审批、设租寻租、暗箱操作等6方面问题展开自查自纠。其主要做法是：对在自查自纠阶段主动说清问题并认识和纠正错误，情节较轻的，以批评教育为主，情节较重的，依纪依法从轻、减轻或免予处分。对问题严重又拒不自查自纠的一经查实，从严处理。对涉嫌违法犯罪的，移送司法机关处理。把加强教育、查办案件、制度建设贯穿于专项斗争的全过程，把改革的推动力、制度的约束力、教育的说服力、监督的制衡力、惩治的威慑力有机结合起来，切实纠正解决一批突出问题，揭露查处一批典型案件，建立健全一批规章制度，做到边查边纠边改边建。专项斗争依靠群众，但不搞群众运动。

查处腐败问题。山西把清理和追缴各类基金、价款、税费等违法违纪资金作为惩治煤焦领域腐败的重要工作内容，严肃查处了一批党员领导干部利用职权收受巨额贿赂、利用“公权”充当“保护伞”、“收黑放黑”、在煤炭生产和销售过程中利用职权挪用公款等案件以及在国有煤矿产权转让过程中失职渎职，造成巨额国有资产流失的案件，力求斩断“官煤”式腐败链条。“用铁的意志‘严查’，用铁的手腕‘严治’，用铁的决心‘严管’，用铁的纪律‘严惩’，用铁的措施‘严关’。”这是临汾市在“治煤”上的坚决态度，也代表了山西全省掀起煤焦反腐风暴的决心和信心。到目前为止，已经严肃查处了省煤焦集团原总经理高玉斌、晋煤集团原副总经理李海明、省安全生产监督管理局原局长巩安库、阳泉煤业集团原董事长王体轩等一批大要案件，遏制了煤焦领域腐败现象易发多发的态势。

强化预防机制。山西省建立了“三手”联动的煤焦领域预防腐败机制：一是岗位廉政教育培训。分期分批对市、县政府分管领导和煤炭、国土、安监、财政、工商等要害部门，以及资源审批、证照办理、生产、运输、销售、监管等关键岗位1000多名工作人员和涉煤涉焦中介组织的负责人集中进行了岗位廉政教育培训。对煤炭资源整合与煤矿兼并重组主体及关键环节、重点岗位1400多名负责人，进行廉政教育。二是建立廉政岗位风险排查机制。组织相关部门认真排查廉政岗位风险点，对容易滋生腐败的风险环节和风险岗位，强化权力运行监控。三是创建电子监察系统。全省涉煤涉焦的审批项目中，煤炭厅已经纳入电子监察范围，省直部门30个厅局的政务大厅纳入了电子监察平台，539项行政审批事项已纳入电子监察系统，304项可以实时监控，从源头上加大了防止腐败的力度。

加强制度建设。山西省健全制度网络体系，完善煤焦领域制度执行贯彻落实机制。两年来，省市共建立各类煤焦反腐制度608项，其中省级105项，市级503项。省政府先后出台了《关于加快推进煤矿企业兼并重组的实施意见》、《山西煤矿企业兼并重组流程图》。省专项办重点抓了15个方面的具体制度建设，如，煤矿“六证”和焦炭配额网上审批等制度，省专项办和省纪委监察厅出台的“十严格”、“十严禁”规定。积极推动煤焦产业管理体制机制改革。出台了《关于对煤炭运销票据管理使用和煤焦站点执业行为中突出问题专项治理实施方案》，集中治理多头印票、非法制票、倒买倒卖、异地用票、伪造票据、违规使用票据等突出问题，大力推广公路煤炭运销站点实施“三权制衡”管理模式。山西对参与煤矿兼并重组业务的社会中介组织率先进行专项整治。出台了《关于对社会中介机构参与煤矿兼并重组服务行为中存在的突出问题集中进行专项整理的实施方案》，严查涉煤涉焦中介机构在资源评估、安全评价、检测检验、环境评价等业务中存在的违规操作、虚假评估、商业贿赂等问题。

（二）打造支撑农村和谐稳定的“农廉网”

农村党风廉政建设是农村经济发展与和谐社会建设的强力保障。2011 年 4 月，山西省委正式出台了《关于建立健全农村惩治和预防腐败体系的实施意见》。全省建立了省、市、县、乡四级由纪委书记和政府分管农业的副职为双召集人的农村党风廉政建设联席会议制度，设立了联席会议办公室；省纪委、11 个市和 81 个县（市、区）纪委内部专门成立了农村党风廉政建设室，为“农廉”工作顺利开展提供了组织保证。全省把落实有关城中村、矿产资源型农村、矛盾突出村（难点村）专项制度作为重点，建立健全重大事项集体决策、“四议两公开”、“三务公开”、“三资”管理等民主决策和监督制度，特别是抓住清产核资这个核心，强化农村集体资金、资产、资源管理。在责任落实方面，坚持把农村党风廉政建设列为县、乡党委和政府党风廉政建设责任制考核的重要内容，并制定了落实“县委是关键、乡镇是基础、农民群众是主体”要求的责任考核办法，对那些组织领导不得力、工作任务不落实，或发生大规模集体上访和群体性事件的，实施严格的责任追究。

为落实强农惠农政策，形成贯彻执行情况监督检查工作的长效机制，全省紧紧围绕农业和农民直接补贴政策、农村土地政策、支农惠农资金管理使用和林权制度改革、小型水利建设政策落实情况加强监督检查。对发生严重问题的单位和个人实行责任追究，并在各类评先评优活动中对其实行“一票否决”。还统一印制了《强农惠农政策明白卡》，出台了《关于规范设立农村纪检委员和纪检监督小组的指导意见》，充分发挥支部纪检委员、纪检监督小组在农村民主政治建设和社会管理中的作用。

2009年以来，山西运城以互联网为支撑，投入资金1500余万元和电子设备4000余台，创建了一个覆盖全市13个县（市、区）、153个乡（镇、办），3190个行政村的涉农信息公开平台。开设了QQ服务平台，群众通过视频通话的形式与相关领导进行“面对面”反映问题和答疑解惑。民间广泛流传的“过去办事来回跑，现在只需用鼠标；鼠标轻轻点、政策在眼前，连上网络线、难事也好办”的顺口溜就是对“阳光农廉”的真实写照。

（三）以监督检查推动“廉洁发展”和转型跨越

2009年以来，中央分五批安排山西扩大内需项目投资额531亿元，全省确立了175项省级重点工程，计划投资6500亿元用于拉动经济增长。山西省建立了“扩大内需促进经济增长及重点工程建设监督检查联席会议”制度，11个地级市及下属各县（市、区）都成立了相应机构，建立了“点”与“面”结合的监督网络体系。“点”即抽调由厅级领导带队、工程技术人员、财务审计等专业人员组成监督检查组，围绕“查开工、查投向、查程序、查内容、查资、查管理”进行检查，最大限度地发挥对经济的拉动作用。“面”即省、市、县三级以纪检监察机关牵头，有关部门配合进行全方位、全过程、全覆盖的监督检查，全省形成纪检监察机关牵头、有关部门参与、各司其职、各负其责的工作格局和主体责任明确、工作各有侧重、条块结合、上下联动、纵向到底、横向到边的监督网络体系。在扩内需促增长和工程建设领域突出问题专项治理中，开展了9轮次的监督检查，发现和纠正了一批突出问题。自2010年以来，全省共派出510个监督检查组、18500余人次参加监督检查工作，对12670个项目进行了检查，检查项目数占全部建设项目总数的93%。发现存在问题的项目数2068个，存在问题3599个，整改到位项目1761个，整改到位问题3094个，提出意见建议1495条。①

近年来，山西省以集中开展工程建设领域突出问题专项治理工作为契机，切实加强工程建设领域反腐倡廉制度建设。针对领导干部插手干预工程领域建设的行为，山西省纪委专门发出通报，要求领导干部不得违反规定插手介绍工程，工程建设领域的突出问题必须以制度建设为核心进行集中治理，并积极查处领导干部插手经济活动和工程建设领域的腐败案件，严肃查处了省委水利厅原副厅长孙廷容挪用农网改造资金案。

为了在工程建设中更好地对权力进行监督，全省各地不断创新工程建设监督管理模式，督促各级把主要精力投入扩大内需促进经济增长上来。一是凸显监督重点。把工程建设中“五个是否”作为监督检查工作的重点，对地方配套资金到位、问题整改情况落实、开工率等“三个百分百”进行专项检查。比如，大同市出台的《强化责任落实扩大内需新增专业投资项目分解的通知》，按照“三盯、三查、四不放过”要求，开展全过程、全方位的监督检查。二是寓服务于监督之中。针对建设项目推进中遇到的拆迁补偿矛盾、资金短缺和审批手续不到位使工期拖延等情况，2010年6月，省联席办组织召开了省城十大建筑公司土地审批手续问题协调会，推动解决项目手续审批办理、配套资金拨付等问题，加快整改进度。三是寓预防腐败于教育培训之中。自2010年至今，省联席办向省直有关部门、市县政府下达《督查建议书》490份，提出整改意见760余个。对于有关部门

①《全省贯彻中央扩大内需促进经济增长政策落实及重点工程监督检查情况工作总结》。

和市县在建项目推进中认识不到位，行动迟缓等问题，采取约谈、诫勉谈话的方式，责成地方政府主要领导人和项目主管单位加强整改。共约谈市、县政府领导和部门责任人86人，对扩大内需及工程建设领域601名领导干部开展岗位廉政教育。

开展对涉农资金管理使用情况的专项检查，发现违纪违规资金2.3亿元。严肃纠正和查处损害农民土地权益、哄抬农资价格、制售假劣农资等坑农害农行为，对97人进行了责任追究。严肃查处了“问题奶粉”案件，40人受到责任追究。查处公路“三乱”问题245件，631人受到严肃处理。对社保基金、住房公积金的监管力度不断加大，民主评议政风行风工作进一步深化。晋城市建立了“百姓热线·纠风台”、《行风大家谈》、“晋城明镜网”等六个监督平台，畅通群众诉求渠道，引导群众有序监督。不断改进方式和方法，着力解决劳动和社会保障、征地拆迁、矿产资源开发、企业改制、涉法涉诉、住房保障、食品药品安全等涉及民生的突出问题和人民群众反映强烈的上学难、出行难、看病难、负担重等问题，严肃查处少数基层干部滥用职权、涉黑涉恶、侵吞国家和集体财产等行为。

（四）重拳出击，“高压”惩治

山西始终保持惩治腐败的高压态势，坚持把查办案件摆在反腐倡廉工作的突出位置。随着煤炭需求的增长并拉动价格的提升，原本一些默默无闻的“官场小人物”频频成为腐败大案的主角。近年来，山西省严肃查处并剖析了临汾经济技术开发区公安分局原局长郝强、灵石县公安局副局长史双生、繁峙县检察院原副检察长穆新成、运城市交通局运管处原处长仝霄、阳泉市城区公安分局巡警大队原大队长关建军、保德县建设局原副局长李志强、太原市水务局原局长都洁等一批发生在基层的严重违纪违法典型案件。

（五）以行为教育促进作风转变

山西在加强反腐倡廉教育工作中，坚持一手抓以“右玉精神”为代表的正面典型，一手抓反面典型案例警示教育。

从2010年8月起，山西全省开展了“查岗风暴”，旗帜鲜明地整治干部不良风气和官场不良习气。省纪委及时研究制定了“五个不准”，集中开展“整肃工作纪律，狠刹不良风气”专项行动。在专项行动中，把省直、市直、县直党政机关和党员领导干部作为重点检查对象。做到纪检监察干部现场制作谈话笔录、公安干警现场核对人员身份、摄像记者现场录像取证“三位一体”，加快对违规违纪人员身份的识别速度，努力做到快查、快报、快处。在处理过程中坚持“一把尺子量到底”的原则。省纪委、省监察厅适时召开了2次新闻发布会，通报专项行动的进展情况，对工作时间在休闲娱乐场所活动的565名国家公职人员进行了严肃处理，对19起典型案件进行公开曝光。

山西省还制定出台了《山西省坚决制止领导干部大办婚丧喜庆事宜和借机敛财行为的规定（试行）》，及时制止了136起大操大办行为，严肃查处了19起顶风违纪的典型案件。公务用车、公务接待等费用比上年同期减少4.48亿元；因公出国（境）团组数、人数和经费支出比2006～2008年三年平均基数下降了39%、82%和60%。

近年来，山西不断加强领导干部作风建设创新，以学习“右玉精神”为抓手，促进干部作风转变，营造干事创业氛围。许多地方组织宣讲团、建立学习园地，把学习“右玉精神”与学习弘扬“太行精神”、“吕梁精神”、“纪兰精神”、“双良精神”以及学习身边的先进典型结合起来。全省11个市、118个县、125个省直单位的24387名党员干部赴右玉县进行考察学习，有的单位还在右玉建立干部教育基地。广大党员干部对照“右玉精神”，寻根源、做剖析、定措施、抓整改、扫清思想障碍、形成发展共识。太钢集团坚持从企业实际出发，弘扬右玉精神，努力实现三个转变，建设全球最大的不锈钢企业。推广右玉“一线工作法”。坚持领导在一线指导、督查在一线跟进、问题在一线解决、成效在一线体现、工作在一线评比，对群众迫切要求解决的热点和难点问题，现场办公定人定时定向解决。

截至2010年底，全省共投资3亿元，整合和新建各具特色的廉政教育基地170个，其中，9个基地被山西省纪委命名为第一批省级廉政教育基地，八路军太行纪念馆、平顺县西沟展览馆成为全国第一批廉政教育基地。全省共组织岗位廉政教育160期，培训党员干部近10万人次；省纪委分15批对4365名重点领域、重点岗位、重点环节的公职人员进行了岗位廉政教育。利用基地开展丰富多彩的教育活动300余次，受教育人数达180万人次。运城在市县两级建立了一批各具特色的廉政警示教育基地。永济市廉政教育基地设在党校院内，以传播古代廉政故事、运用高科技进行警示教育而闻名；夏县的廉政教育基地设在看守所，身临其境，用心良苦。运城全市已有4万余名党员干部在廉政教育基地接受精神“洗礼”，坚持用“身边的事”教育“身边的人”。

三　成效经验

山西省反腐倡廉建设，积累了丰富而宝贵的经验，为推进山西改革发展稳定大局和转型跨越发展“清淤疏堵”、“保驾护航”，得到了人民群众的认同。

（一）综合效能初步显现

1. 煤焦领域取得阶段性成果

山西煤焦领域反腐败专项斗争取得“六个一批”的重大阶段性

成果，使煤焦领域腐败现象易发多发的势头基本得到遏制。

——教育挽救了一批党员干部。3000多名省市县涉煤部门和企业的“一把手”、关键人员接受了岗位廉政教育。近1000个单位申报问题999件，涉及资金39.39亿元，4000多名党员干部主动申报问题3881件，涉及资金2599.12万元。[①]

——清理收缴了一批违规违纪资金。截至2010年底，清缴基金、价款和税费等违规违纪资金322.46亿元。[②]

——揭露查处了一批典型案件。挖出襄汾“9·8”事件背后的腐败问题，周杰、段波、张金凤等51名腐败分子被绳之以法；[③] 严肃查处冯其福、王亦农、王雁峰等一批党员干部违法违纪案件；严肃查处了郝鹏俊等一批基层“小官大贪”案。

——发现整治了一批突出问题。违规审批资源、非法倒卖国有资源，漏缴、欠缴、挪用、私吞煤炭基金及党员干部入股办矿、收受贿赂等问题的整治工作已初见成效。

——建立完善了一批规章制度。针对煤焦领域暴露出的突出问题，全省已出台1863项制度，从上到下覆盖了煤焦领域各个层面。

——实施推进了一批改革措施。“六证”审批由串联审批改为并联审批，时限由原来的2~3个月缩短为15个工作日。全省公路煤炭运销管理站“三权制衡”改革取得良好效果。

2. 农村群众上访明显下降

山西抓住“三资”、“三务”等突出问题，阳光晒权，群众监督，矛盾减少，上访下降。全省农村党风廉政建设领导机制和工作机制进

---

① 《山西省煤焦领域构建惩防体系的基本情况》，中国社科院惩防体系调研座谈会资料，2010年5月30日。

② 《山西省煤焦领域构建惩防体系的基本情况》，中国社科院惩防体系调研座谈会资料，2010年5月30日。

③ 《山西襄汾9.8尾矿库溃坝事故查处情况公布》，中广网，2010年1月21日。

一步完善。2010 年底，全省 1196 个乡镇中共有 831 个乡镇设置了专职纪检副书记，设置率达 69.5%。全省在村级组织设立纪检委员和纪检监督小组 27950 个，设置率达 98.7%。[①] 2010 年，发现和纠正强农惠农资金使用管理中违纪违规资金 3.46 亿元；查处乡村党员干部违纪违法案件 2631 件，党政纪处分 2673 件，移送司法机关 58 人，问责 701 人。[②] 全省农村政策得到较好落实，一些突出问题得到有效解决，农村党员干部作风进一步转变，农村集体访数量呈下降趋势。2009 年，农村赴京、赴省集体访批次分别比 2008 年下降 26.5%、24.6%，2010 年赴省进京集体访同比下降 19% 和 16%。[③] 全省矛盾突出村的数量从 2009 年的 2228 个减少到 155 个，2010 年进一步下降。[④]

3. 经济效益总体上行

2009 年山西省全社会固定资产投资 5033.5 亿元，比上年增长 38.5%，比全国平均增幅速度提高 8.4 个百分点，全国排名第二。2010 年全社会固定资产投资为 6352.6 亿元，增长 27%，高于全国 23.8% 的平均水平。固定资产投资的快速增长对撬动山西经济逆转做出了较大贡献。[⑤] 煤焦反腐专项斗争助推了煤炭经济发展。2010 年全省煤炭销售收入 5441 亿元，同比增长 44.48%，比 2005 年增长 2 倍多；煤炭工业增加值 2400 亿元，同比增长 45.28%，比 2005 年增长

---

① 《李正印同志在全省农村党风廉政建设第七次联席会议上的讲话》，高平市阳光农廉网，2011 年 3 月 7 日。

② 《李正印同志在全省农村党风廉政建设第七次联席会议上的讲话》，高平市阳光农廉网，2011 年 3 月 7 日。

③ 《强化分类指导　注重解决问题　深入推进农村党风廉政建设工作》，《全省反腐倡廉建设创新经验交流材料》，2010 年 11 月。

④ 《李正印同志在全省农村党风廉政建设第七次联席会议上的讲话》，高平市阳光农廉网，2011 年 3 月 7 日。

⑤ 《全省贯彻中央扩大内需促进经济增长政策落实及重点工程监督检查情况工作总结》，晋督字〔2011〕2 号。

2.5 倍；煤炭工业增加值占全省工业增加值的比重达到 55.8%；全年利税实现 1136 亿元，同比增长 35.24%；上缴税费 816 亿元，同比增长 37.84%，上缴税费占全省财政收入的比重达到 45.08%。[①]

4. 生产事故得到控制

山西强力推进煤矿重组整合和煤焦领域反腐败工作，煤矿安全形势明显好转。2009 年全省煤炭生产百万吨死亡率为 0.3283，同比下降 22.39%，比全国的 0.892 低0.5637；[②] 2010 年，山西省煤矿安全生产形势趋稳向好，全年煤矿共发生事故 63 起、死亡 139 人，同比减少 8 起、63 人，分别下降 11% 和31%。[③] 全省煤炭生产百万吨死亡率为 0.187，与 2005 年的 0.905 相比，五年下降八成，[④] 达到全国领先水平。曾经矿难频发的临汾市，2007 年煤矿百万吨死亡率高达 6.34。整合重组后，全市在矿井减少产能提高的情况下，煤矿百万吨死亡率由 2008 年的 1.18 下降到了去年的0.23。[⑤] 2010 年全省因安全生产事故受处分的人数与 2008 年的 720 人相比，下降近五成。[⑥]

5. 民生利益受到维护

2010 年，开展涉农资金管理使用情况的专项检查，发现了违纪违规资金 2.3 亿元。严肃纠正和查处损害农民土地权益、哄抬农资价格、制售假劣农资等坑农害农行为，对 97 人进行了责任追究。取消涉企行政事业性收费项目 141 个，涉及金额 4410.4 万元；查处涉企乱收费、乱罚款和各种摊派问题涉及金额 3963.8 万元，23 人受到责任追究。全省二级以上医疗机构药品集中招标采购 55.7 亿元，占医

---

① 刘存瑞：《提升产业水平　建设煤炭强省》，2011 年 5 月 26 日《经济日报》。

② 《2009 年山西煤炭逐季增长》，新华网山西频道，2010 年 2 月 4 日。

③ 《2010 年山西省发生煤矿事故 63 起同比下降 11%》，新浪网公益频道，2011 年 2 月 10 日。

④ 《中新社记者对话山西省长王君》，中国煤炭新闻网，2011 年 1 月 26 日。

⑤ 《告别小煤窑　我省挺进“大矿时代”》，太原新闻网，2011 年 5 月 26 日。

⑥ 《2010 年山西 353 人因安全事故受责任追究》，中国新闻网，2011 年 1 月 24 日。

院用药总量的96.3%，降价幅度31.4%；67%的政府举办的乡镇卫生院和社区卫生服务机构实现基本药物集中招标采购，降价幅度达40.7%。查处各级各类学校乱收费问题涉及金额3644.5万元，处分责任人员118人。查处公路“三乱”问题245件，631人受到严肃处理。[①] 加强对“五个全覆盖”等重点民生工程和全省6346所中小学校舍安全工程项目实施专项监督检查，确保了民生工程真正惠及于民。截至2010年底，两年全覆盖实现程度为139.0%。其中，建制村通水泥（油）路全覆盖率为100.0%，中小学校舍安全改造全覆盖率为269.8%，村级卫生室全覆盖率为100.0%，村通广播电视全覆盖率为104.8%，农村饮水安全全覆盖率为120.5%。[②]

（二）本地特色初步成型

在基层反腐倡廉建设的创新实践中，山西逐渐形成了一些特色鲜明、富有成效的创新做法与经验，值得关注。

1. 泽州的“三权制衡”

晋城煤销泽州公司把三权制衡原理运用于公路煤销站点的管理改革中，以分解权力来削减站点的自由裁量权。把公路营业站的原有职能划分为业务经营权、管理验票权和监督稽查权，并将这“三权”上划到公司，由分管公路业务的副经理、分管考核的副经理和纪检书记分别负责，业务独立、人员独立、责任独立，分属三条互不交叉的管理渠道。从而有效地遏制了收黑放黑等久治不愈的顽疾，大大提高了公路煤销收益。泽州公路煤销站点“三权制衡”改革之所以能够取得成功并在全省煤销集团推广开来，就是因为他们抓住了铲除腐败的关键点、重要环节，改变了职能部门既当“裁判员”又当“运动

① 金道铭：《2011年中共第九届山西省纪律检查委员会第六次全体会议工作报告》。
② 《山西省2010年国民经济和社会发展统计报告》，2011年3月9日《山西日报》。

员”的双重角色，从权力制衡来规范、制约、监督权力的正确行使，建立起了合理有效的权力运行机制。

煤销公司公路站点“三权制衡”管理机制，站点违规违纪明显减少，行业风气得到改善，有的地区实现了零投诉。拥有100多辆大型运煤车辆的柳林县飞通运输公司董事长马南体会很深，过去公司的车辆也是送黑钱的被迫参与者，实行这种制度后在源头就办妥了各种手续，不用再送黑钱了。运煤司机普遍反映各公路站点的“收黑放黑”现象杜绝了。

2. 运城的“阳光农廉”

阳光是最好的防腐剂，公开是最好的监督。互联网传播速度快、范围广、透明度高，是“科技反腐”的重要升华。以阳光农廉网为载体的公开监管体系，基本涵盖了农民关心的热点问题。以“科技+监督”的运作模式，让群众心里有一本明白账，也还了村干部一个清白，干群矛盾缓和，群众对干部的工作也就多了一份理解和支持，对党和政府的信任感增强。运城阳光农廉网开通前10个月，就堵住农村不合理开支和防止集体资产资源流失4.09亿元，涉及对农村干部的信访量同比下降了36.5%。[①] 到2010年底，“阳光农廉网”点击量已达79.3万人次，为化解社会矛盾、维护农民权益、保障农村和谐稳定发展发挥了积极作用。

运城“阳光农廉网”实实在在办在了老百姓的心坎上。群众普遍反映：阳光农廉网晒出了底气，晒出了正气，晒出了和气，“网”住了邪念，“网”出了真情。河津市北午芹村的一些村民讲：过去承包集体水井签订合同，白天签的是10年，晚上“走动走动”，就可能会改成20年；低保单不透明，许多不该保的也保了……现在有了阳光农廉网，一下子就把干部的手脚“网”紧了。

---

① 《山西涉农信息将实现网络大公开　农廉网全省推开》，新华网山西频道，2010年11月13日。

3. 大同的“阳光拆迁”

大同市秉持“惠民拆迁、阳光拆迁、依法拆迁、廉洁拆迁、和谐拆迁”五大理念，坚持“政策指导、制度约束、监督跟进”三管齐下，妥善处理各种矛盾，严肃查处违纪违法行为，扎实做好拆迁工作。为防止拆迁过程中可能出现各种腐败问题，各级纪检监察机关提前介入、跟踪监督、全程参与，严格督查现场验房、排号、公示、看图、选房等拆迁政策条规落实到位，防止和杜绝拆迁中发生不正之风。信访部门及时介入，在拆迁指挥部成立信访工作组，街道设立信访接待室，随时接待群众来访，及时解决问题，使矛盾化解在基层和萌芽状态。三年来，拆迁涉及住房33072户，没有发生一起群体性赴省进京上访事件。[①]

大同市“阳光拆迁”经验体现的是政府真正以老百姓安居乐业为出发点，在充分考虑拆迁对象切身利益的前提下，科学制定拆迁政策，用制度来保证拆迁的公开透明，用监督促进拆迁的阳光公正，用信访及时化解拆迁过程中出现的矛盾。

4. 太原的“五大机制”

为提高反腐倡廉建设科学化水平，太原市围绕惩防体系建设这条主线，以教育、制度、监督、改革、纠风和惩治为内容，重点抓了构建廉政风险防控机制、权力运行监督机制、民主公开机制、制度落实机制、问责追究机制“五大机制”建设，以廉政风险排查为基础，以权力运行监督为核心，以民主公开为途径，以制度落实为目的，以问责追究为手段，以整体构建、行业构建、专项构建、联合构建和科技促建“4+1”构建方式为途径，以党风廉政建设责任制为保障，以最大限度降低腐败发生率为目标，初步建立健全了具有太原特色的

---

① 《以行政审批制度改革和城市和谐拆迁为着力点创优大同“转型发展、绿色崛起”良好环境》，《全省反腐倡廉建设创新经验交流资料》，2010年11月。

惩防体系。2010 年，全市共排查出风险部门 236 个、风险处（科、室）879 个、风险岗位（环节）1847 个，建立权力公示流程图 217 套，清理制度 2572 项。①

太原市构建“五大机制”就是要实现廉政风险防控，建立以重点领域、重要部门和关键环节为重点的科学、规范、完整的制度体系，有效地遏制了工程建设、土地管理、资金管理、行政审批、干部任用等一些重点领域、重要部门和关键环节等“重灾区”的腐败问题。

5. 晋城的“四联”工作机制

晋城市在加强基层组织建设中，就“如何更有效地履行查办案件和监督职能”创新工作机制，全面实行“四联”工作机制。即：联系上报，基层纪检监察组织在实施监督和查办案件中的重要情况和问题要直接向县级纪检监察请示、报告，有效防止基层压案不查、瞒案不报问题的发生。联查联审，按区域相近、地域相邻，划分若干片区，成立片区联查联审小组，采取异地办案方式，增强办案力量，提升办案效果。联所联察，整合乡镇财政所、经管站、矛盾调处中心等力量，建立乡镇纪委联席会议制度，定期不定期地对各基层站所、集体企业、重点项目及村级事务进行联合督查。联组联督，把监督职能延伸到村级小组，联合组成村级纪检监督小组，全程参与村级重大事务的监督。陵川县运用“四联”工作机制，仅 20 天就完成了对全县 329 名违反计生案件的调查处理，处理违纪党员 35 名。②

近年来，村官职务犯罪频频发生，群众意见很大，社会矛盾突出。晋城遵循县域和农村党风廉政建设规律，建立了横向联席办案、纵向加强管理的监督网络。横向建立行政区联查联审、联所联察；纵

---

① 《构建“五大机制”绸缪一流反腐环境》，中国廉政网，2010 年 9 月 27 日。

② 《分类指导　整体推进　全面加强基层纪检监察组织建设》，《山西省反腐倡廉建设创新经验交流资料》，2010。

向加强县、乡、村三级纪检监察组织建设，建立村级纪检监督小组，全程参与村级重大事务，强化了对村（社区）两委主要成员的监督，有效地减少了农村腐败案件的发生，稳定了农村经济社会发展。

四　未来发展

由于体制、机制、制度不完善等深层原因，山西腐败现象仍呈现新动向、新特点，反腐倡廉建设任务任重道远。需潜心研究未来新形势下腐败演变的特点和规律，不断推进反腐倡廉理论创新和实践创新。

腐败问题由来已久，根深蒂固，既有历史原因，又有现实原因，既有客观因素，又有主观因素，造成社会廉洁环境不优的现状非一朝一夕形成，优化社会廉洁环境也需时日。主要表现为：腐败分子的违纪违法手段越来越隐蔽，其敛财方式由直接转向间接，由现货交易转向期货交易，由有形转向无形。社会群体“零容忍”心理尚未形成，不少人对某些贪腐行为认可、默许，甚至觉得不以为然。与此同时，人民群众对腐败的关注度日益提高，对反腐倡廉建设提出更高的要求。各种社会关系和人情关系网交织，增加了办案的难度和风险。

目前，山西省煤焦领域惩治和预防腐败体系基本框架初步确立，全省惩治和预防腐败体系基本框架也在稳步推进，正致力于推进惩防体系示范网建设。为加快构建具有山西特色惩防体系基本框架的进程，更加发挥好惩防体系的综合效能，在2012年底前，山西将抓紧建立健全“四统一”长效机制。具体内容包括：建立健全保障科学发展与维护群众利益相统一的长效机制；建立健全权力阳光行使与严格监督制约相统一的长效机制，把规范和制约权力作为反腐倡廉建设的核心和关键，把预防腐败的要求落实到权力结构和运行机制各个环节；建立健全严肃惩治腐败与加强廉政教育相统一的长效机制，把惩戒与教育作为加强反腐倡廉建设的重要手段，以坚决惩治腐败促进廉政教育，做到教育大多数，惩治极少数；特别要建立健全严格执行制度与充分运用科技相统一的长效机制，加快建设惩防体系示范网，不断提高惩防体系建设的科技含量。运用“制度 + 科技”、“人控 + 技控”等有效形式，以现代信息技术为支撑，构建前期预防、中期监控、后期处置的廉政风险防控机制，实现权力流程科学化、权力行使阳光化、权力监督常态化、权力制衡刚性化。

山西省将着眼于经济社会发展大局，加快重点领域的立法和建章立制工作。尽快出台《关于以改革创新精神进一步推进具有山西特色的惩治和预防腐败体系建设的若干意见》、《山西省财政预算公开实施细则》、《山西省财产申报公开制度》等法规；建立健全煤焦领域重点环节和关键岗位的日常监管、干部交流和责任审计制度、资源价款确定、煤炭工业可持续发展专项资金使用审批拨付等方面权力的制约机制、运行程序、有效监督和问责制度。建构包含反腐倡廉教育机制、权力运行监控机制、预防腐败工作机制、纠风工作长效机制、惩治腐败工作机制在内的涵盖多个领域的反腐败法律体系。同时在建立“两库”（案件资料库和专业人才库）的基础上，逐步建立起一套对腐败实行预警和科学评估的体系。将健全法规制度执行的监督检查机制，加大对制度执行的问责力度，更加重视和发挥群众监督、舆论监督、社会监督的作用，畅通监督渠道，完善群众举报投诉制度。支持新闻媒体对违法或者不当行政行为进行曝光，对人民群众检举、新闻媒体反映的问题，行政机关认真调查、核实，及时依法作出处理，并将结果向社会公布。正确对待和认真做好行政诉讼工作，积极引导人民群众通过法定渠道反映诉求、解决纠纷。

反腐倡廉建设将更加注重顶层设计、体现系统性，更加注重统筹推进、惩防并举。采取综合治理的方式，亦即运用改革的办法、民主的方法、经济的手段、市场的机制和科技的成果防治腐败，切实提高反腐倡廉建设科学化水平。要把不想腐败的教育机制、不易腐败的防范机制、不能腐败的约束机制、不敢腐败的惩治机制、不必腐败的保障机制、不愿腐败的道德自律机制融合到反腐倡廉工作中去，提高防治腐败的综合效能。“惩治于已然，防患于未然”，用法治来约束贪官。

路漫漫其修远兮，吾将上下而求索。利用作为“国家资源型经济转型综合配套改革试验区”的大好时机，山西反腐倡廉建设将会迈出新步伐。

B.6

建设“廉洁重庆”为民生导向的发展护航

重庆市反腐倡廉建设课题组*

重庆，是一个富于改革创新精神的城市。近年来，重庆各项经济社会发展指标全国领先，引人瞩目。2010 年度获评全国最安全、最稳定城市，公众安全感超 95%；一大批国内外知名企业诸如惠普、IBM、茂德、富士康、广达、英业达等纷纷来渝“开疆扩土”；2010 年重庆 GDP 增长 17.6%，居西部第一、全国第三，人均 GDP 迈上 4000 美元新台阶。宜居、畅通、森林、平安、健康“五个重庆”建设齐头并进，聚合起重庆经济社会发展的强力引擎，在积聚发展后劲，增强对人、财、物等发展资源的吸引力，实现重庆科学发展等方面都可圈可点。

一 中央部署和经济起飞呼唤建设“廉洁重庆”

2007 年全国“两会”期间，胡锦涛总书记代表党中央对重庆

---

* 课题组顾问：刘晓文（西南政法大学廉政建设与腐败治理研究中心研究员）。课题组成员：程文迪（重庆市纪检监察学会副会长）、杨国祥（重庆市纪检监察学会副秘书长、重庆工商大学廉政研究中心特约研究员）、刘东（中国作家协会会员、重庆市纪检监察学会副秘书长）、侯平（讲师、重庆市纪检监察学会秘书处干事）、彭波（重庆市纪检监察学会秘书处干事）、黄晓霞（重庆市纪检监察学会秘书处干事）、许可（重庆市纪检监察学会秘书处干事）、程绪鹏（重庆市杂文学会会员）、赵玉周（重庆大学经济与工商管理学院研究生）、郑兴林（重庆市纪检监察学会秘书处特约干事）、李书均（重庆市纪检监察学会秘书处特约干事）。执笔人：侯平、许可、程绪鹏、赵玉周、郑兴林、李书均。

的发展做出了“314”总体部署，概括起来就是：明确三大定位——努力把重庆加快建设成为西部地区的重要增长极、长江上游地区的经济中心、城乡统筹发展的直辖市；提出一大目标——在西部地区率先实现全面建设小康社会目标；交办四大任务——加大以工促农、以城带乡力度，扎实推进社会主义新农村建设；切实转变经济增长方式，加快老工业基地调整改造步伐；着力解决好民生问题，积极构建社会主义和谐社会；全面加强城市建设，提高城市管理水平。

重庆在践行“314”进程中推出了“五个重庆”、“民生十条”、内陆开放高地建设、城乡统筹发展等一系列发展举措，经济实力实现重大跨越，国家中心城市功能明显增强，内陆开放高地开始崛起，综合配套改革实现突破，社会民生持续改善。2009 年面对全球金融危机，重庆“后入水，先上岸”，实际利用外资不降反升，达 40.4 亿美元，以 47.8% 的增幅居全国第一，被美国《时代周刊》评为亚洲最佳投资潜力城市（第七位）。2011 年上半年，重庆规模以上工业实现增加值 1541 亿元，同比增长 22.8%，全社会固定资产投资完成 3035 亿元，同比增长 30.1%，外贸进出口总值为 91.5 亿美元，同比增长 78.4%，实际利用外资 29.19 亿美元，同比增长 136.7%，增幅列全国第一。

越是在经济社会大发展的时期，越需要高度重视和深入推进反腐倡廉建设，遏制腐败现象的滋生蔓延。因此推进“廉洁重庆”建设是重庆经济社会大发展大跨越中的必然选择。就“廉洁重庆”这个话题，重庆市委书记薄熙来有过很多论述，其中，干部“一要干事，二要干净”和“做清官是大智慧”令人推崇。他说：当干部的一定要把握好自己，既要干事、干好事、干成事，还要干干净净地干事；人生的道路虽然漫长，但紧要的关头只有几步，不贪不占，心安理得，自己轻松，家人安稳；一些干部利令智昏，到头来“竹篮打水一场空”，断送前程，还祸及子孙，做贪官没有好下场，等等。重庆市长黄奇帆说：“越是经济大发展，越需要廉政大保障，廉政建设抓得越紧越实，经济建设的步伐就越顺越快。”

二　借“唱红”“打黑”促廉反腐

2009年6月，重庆启动了两场攻坚战：一是大规模的“唱读讲传”①红色文化活动；二是公安、武警果敢亮剑，开展打黑除恶专项斗争。

“唱读讲传”活动开展以来，提振了社会精气神，使重庆人形成了积极、健康、向上的精神风貌。调查显示，被调查者中有86.46%认为唱红歌能给人以精神力量，86.36%的认为读经典能给人以思想力量，84.99%的认为讲故事能给人以榜样力量，81.22%的认为传箴言能给人以思想启迪。国家副主席习近平评价：“重庆‘唱读讲传’活动，是对广大党员和干部进行理想信念教育的良好载体，也是生动的群众工作。”重庆开展打黑除恶行动以来，摧毁涉黑犯罪团伙355个，抓获犯罪嫌疑人5047名，破获了近10年来累积的刑事案件3.9万起，其中命案600多起，还打掉了重庆市司法局原局长文强、市公安局原副局长彭长健、市高级人民法院原副院长张弢等一批黑恶势力“保护伞”，在国内外都引起了轰动。个中缘由并不仅仅在于重庆打黑除恶的力度与效果，更在于重庆将打“保护伞”作为打黑除恶的要害和核心，纪检监察机关及时、深度介入，实行打黑除恶与反腐败同步推进，既打黑除恶，更反腐肃贪，使得打黑除恶的深度和广度都产生了巨大的飞跃。中央政法委书记周永康批示：“打击、铲除黑恶势力，是让老百姓过上安宁日子的民心

① 即唱红歌、读经典、讲故事、传箴言。

工程。”“唱红”扶正、“打黑”祛邪，二者相得益彰，给老百姓营造了一个平安环境。据重庆市社情民意调查中心调查，重庆公众安全感指数2010年达到95.89%，创历史新高。重庆市社会治安综合治理工作，在全国的综合考评中，列各省（自治区、直辖市）第一位，连续两年成为全国优秀。“唱红打黑”不仅实实在在地激发和凝聚了重庆人的精气神，更为开展“廉洁重庆”建设奠定了基础，营造了积极向上的社会氛围。

三　转变作风增进干群关系

2010年初以来，重庆市为了改进党风政风，在全市各级机关干部中广泛开展了以“三进三同”、“结穷亲”、“大下访”① 为主要内容的密切联系群众“三项活动”。开展“三项活动”的初衷，是为了解决“为什么人的问题”，可谓切中肯綮。“三项活动”各有侧重，相互呼应，形成一个有机整体。“大下访”推动领导干部“眼睛向下”、“工作向下”。截至2011年8月底，已有32.3万名机关干部和其他人员参加“三进三同”，与53.4万户困难群众家庭结“穷亲”，帮扶钱物5.02亿元，送脱贫致富项目24.4万个，解决具体困难17.6万个，主动走访群众92万人次，各级财政投入78.8亿元，解决各类矛盾纠纷11万余件。重庆市行政效能投诉中心已对610件投诉进行了及时调查处理。行风热线“阳光重庆”节目660余期为老百姓解决各类实际问题万余个，解决率达95%，群众满意率达90%以上。开展“三项活动”，在思想上、感情上拉近了与人民群众的距离，为推进“廉洁重庆”建设提供内在动力。

---

① 三进三同：进基层、进村子、进农户，与农民同吃、同住、同劳动。结穷亲：与困难家庭结成长期帮扶关系。大下访：访问群众疾苦、帮助解决困难。

四 贴近社会需求建设廉政文化

重庆精耕细作反腐倡廉教育，围绕“弘扬红岩精神、做群众贴心人”，“加强党性修养、弘扬良好作风”，“清廉从政、服务发展”，“贯彻《廉政准则》、加强作风建设”等主题，在全市集中开展主题教育月活动，让党员干部持续普遍地接受廉政教育。充分运用“红岩精神”等红色资源，广泛开展廉政文化“六进”活动。弘扬王瑛①、邓平寿②、杨龙全③等先进事迹，反思解剖文强、张弢等反面典型，深入开展岗位廉政教育，积极营造“廉荣贪耻”的社会风尚。

将廉洁元素有机融入全市开展的“唱读讲传”活动中，是重庆廉政教育的主要抓手。近年来，累计开展红歌传唱活动 18.1 万场、参与市民超过 1.1 亿人次，成功举办中华红歌会 2 届，编辑出版《读点经典》35 辑发行量逾 2000 万册，开展经典诵读展演活动 7.9 万多场、故事会 11.8 万场、参与市民 2735 万人次，2.8 亿人次转发箴言 3 亿余条。在重庆廉政故事大赛活动中，收到来自全国 21 个省区市讴歌新时代勤廉兼优先进典型的作品近 2000 件，评出 37 篇优秀廉政故事、11 位重庆廉政故事大王和 10 位重庆优秀廉政故事员。在“唱读讲传”的正气声里，“崇廉鄙贪”的社会意识在重庆蔚然成风。

重庆市廉政教育基地是以警示教育和示范教育为主要内容的综合性廉政教育基地，于 2010 年 3 月正式运行。基地占地面积约 12000 平方米，由主体建筑和外部景观两部分组成，展馆面积 2700 平方米。

---

① 已故，四川省南江县原县委常委、县纪委书记。

② 已故，重庆市梁平县虎城镇原党委书记。

③ 重庆市武隆县双河乡党委委员、纪委书记。

展览采用实物、照片、图表等表现形式，综合运用声、光、电等科技手段，以全球和历史的视角，从古今中外腐败与反腐败案例、党的反腐败历程、正反两个方面的典型、重庆的反腐败探索等方面进行全面展示，对腐败现象和反腐败历程进行梳理，深刻剖析腐败成因，通过讲述勤廉故事树立廉洁典型。结合职务犯罪服刑人员的现身说法，彰显反腐倡廉教育的直观性、生动性和有效性，给予参观者强烈的心灵震撼和感情共鸣。截至2011年11月底，有8万多名党员干部主动前往接受教育，2010年10月，原中央政治局常委、中央纪委书记吴官正说这是“我看过的办得最好的廉政教育基地之一”。

重庆着力用文化的力量来提升反腐倡廉的效果，先后两批命名重庆红岩革命纪念馆、重庆歌乐山革命纪念馆、刘伯承同志纪念馆、聂荣臻元帅陈列馆、杨尚昆旧居、杨闇公故居、赵世炎故居、李蔚如烈士陵园、邓平寿陈列馆等14家有较高廉政教育价值、带有鲜明重庆特色的院馆，为市级廉政教育示范基地。在城市建设中有机融入廉政文化元素。大渡口区以群众易于接受的浮雕、木雕画、剪纸窗花、廉政石林等多种艺术表现形式，打造了以弘扬中华传统文化为主题、具有廉政文化元素的中华美德公园；綦江县打造了滨河景观廉政文化十里长廊；沙坪坝区修建了廉政文化步道；南川区打造了滨河廉政文化石栏雕塑；九龙坡区、开县等在核心街区建成廉政文化一条街。与城乡环境相协调、与自然生态相融合的廉政文化设施，有效增强了廉政文化的覆盖面和感染力。

五　靠制度监督努力让权力运行“不脱轨”

近年来，重庆市坚持用制度堵塞滋生腐败的漏洞和灰色交易渠道。在执行全国性廉政法规制度的同时，配套制定了《重庆市实施〈关于实行党政领导干部问责的暂行规定〉办法》、《重庆市〈国有企业领导人员廉洁从业若干规定〉实施办法》、《国有经营性建设用地使用权出让管理实施办法》、《关于加强国有经营性建设用地使用权公开交易成本审核评估的通知》、《关于进一步加强控制性详细规划修改等规划管理工作的通知》、《关于城市建设配套费征收管理有关问题的通知》、《重庆市城乡规划违法违纪行为处分规定》、《关于规范“红包”登记管理办法》、《关于市管干部违规配备使用超标准公务车的处理办法》、《关于党和国家工作人员接受和赠送现金、有价证券和支付凭证的纪律处分规定》等制度，推动了重庆反腐倡廉制度的不断完善。

在加强制度建设的同时，全面开展行政审批电子监察系统建设，把电子监察系统拓展到所有具有行政审批项目的市级部门和大部分区县。成立六大市场平台，① 在区县建成、推广公共资源综合交易平台，实行集中交易、阳光运作，极大地限制了权力滥用的可能范围，优化了资源配置。

为强化制度的执行力，重庆按照分权制衡的思路，加强对党政机关和领导干部的监督检查，促进权力在阳光下运行。

长期以来，公共基础设施建设领域一直是腐败的易发多发领域，重庆着眼本地实际，对权力架构及运行进行重新设计，建立决策、投融资、项目运作权力分离制衡体系。构建投资管理新框架，剥离决策权。颁布《重庆市政府重大决策程序规定》，凡使用市级及以上政府性资金 1 亿元以上或列入《政府核准的企业投资项目目录》20 亿元以上的项目，须提交市政府常务会议或市长办公会审议，特别重大的，须提交市委常委会审议。完善了决策咨询评估和专家会审制度、广泛听取群众对决策备选方案的意见建议等制度。同时，各政府部门

① 国有产权联合交易所、农村土地交易中心、工程建设招投标交易中心、国有土地使用权和矿业权出让中心、药品交易所、政府采购交易中心。

全面从项目微观操作层面退出，专司宏观决策、管理职能。实现从集权到分权的转变，从“一条龙”到“决策不操作”的转变，在体制层面大大减少权力寻租机会，降低廉政风险。2008 年以来，重庆市审批核准重大项目 1000 余件，涉及投资 1800 亿元以上，没有发生一起决策违纪违法案件。组建“八大投”,[①] 掌握资金权。2002 年以来，重庆整合各类分散的政府资源，组建或发展壮大了八大国有建设性投资集团。“八大投”兼具政府性公司和独立法人性质，按市场经济规则运行运作，在业务上接受重庆市国资委和行政主管部门的指导监管，明确规定公务人员不得在“八大投”兼职，从体制上切割权力资金利益链，客观上减少了腐败发生的机会。例如，在高速公路建设中，由市交委出项目、出规划、负责招投标，高速公路集团承担资金的投融资，区县负责征地动迁，形成决策、资金、操作分权制衡的格局。在土地批租中，建立土地储备中心由政府直接管控、储备中心土地由国土局挂牌出让、征地动迁由区县政府执行的分权制衡体系。近年来，重庆“八大投”承担了全市 75% 左右的基础设施建设任务，累计投入城乡基础设施建设资金 2600 亿元，土地出让金累计达 2000 亿元，未出现大的腐败问题。强化末端治理，规范项目运作。制发了《重庆市重大建设项目稽察条例》、《领导干部插手干预工程建设十条禁令》、《市工程建设招标投标交易监督管理办法》等系列地方性法规和制度，通过规范行政审批、健全诚信体系、公共资源集中交易、纳入全市行政审批电子监察系统加强全程监察等办法，确保权力有序运行。

严格执行党员领导干部报告个人有关事项和“三谈两述”制度，将党员领导干部报告个人有关事项、领导干部进行述职述廉、对领导

① “八大投”，即水务集团、城投公司、高速公路集团、交旅集团、地产集团、渝富公司、交通开投集团、水投集团等八大国有建设性投资集团。

干部进行诫勉谈话和函询等落到实处。严格执行领导干部经济责任审计制度。十七大以来，重庆对724个单位和部门的1108名党政领导干部进行了经济责任审计，查出违纪违规金额97.5亿元。加强和完善巡视工作，对40个区县、17个市级部门、12家国有企业和7所高校进行了集中巡视。规范行政审批权，全面开展行政审批电子监察系统建设。截至2011年11月底，共有45个市级部门总计501个行政审批项目纳入市电子监察系统，业已启动的二期工程建设，将把电子监察系统拓展到所有具有行政审批项目的市级部门，九龙坡、丰都等33个区县行政审批电子监察系统也已正式运行或试运行。切实规范行政处罚裁量权，截至2011年11月底，重庆38个市级行政处罚实施机关，共对466部法律、法规、规章中所涉及的2689项行政处罚弹性条款，进行了细化和量化，制定出台了43个行政处罚裁量基准。以开展工程建设领域突出问题专项治理为契机，重庆把分散在建设、交通、水利等领域的工程建设招投标统一起来，组建了重庆市工程建设招标投标交易中心，实行集中交易、阳光运作。2010年民调显示，群众认为重庆各级党和政府对领导干部行使权力的监督非常有效和比较有效的分别占68.06%和72.19%，

六　进入腐败问题“深水区”开展源头防治

重庆积极适应新形势、新任务的需要，不断深化重点领域和关键环节改革，既注重治标，更注重治本，着力铲除腐败现象滋生的土壤。

（一）重点完善公共资源资产交易市场体系

充分发挥市场配置资源的作用，加强重庆联合产权交易所、农村土地交易所、工程建设招投标交易中心、土地和矿业权交易中心、药

品交易所、政府采购交易中心等市场体系建设，完善市场运行监管制度。例如，依托联合产权交易所，实现了全市国有产权交易在政策、种类、地域、监督上的“全覆盖”，完成交易6698宗，成交金额1002.6亿元，竞价增值率达17.64%，得到了中央领导的充分肯定。2008年底，重庆组建了全国首家农村土地交易所，开始了探索农村集体建设用地和城市建设用地指标进行置换的“地票”[①]交易。这不仅确保农民可从土地上获取自己的应得利益，也减少了土地征收和补偿过程中可能发生的腐败，对解决城乡土地市场的巨大利益差距、城乡用地权利不平等问题也有积极的推动作用。2010年成立了重庆药品交易所，将公立医院药品、医疗器械及相关医用产品采购全部纳入市药交所进行电子挂牌交易。自2010年3月重庆药品交易所挂牌成立至2011年7月25日，累计成交量已突破13亿元，成交药品价格与医院以前实际采购价相比，总体降幅超过28%，降价总金额约5亿元，单品种降幅最高达79.26%，有效缓解了群众反映强烈的药价虚高的问题。

加快区县市场体系建设步伐，逐步整合区县公共资源交易中心与行政审批服务中心，通过电子监察系统进行实时监控，预警纠错，切实加强监管。截至2011年11月，重庆已建成39个公共资源交易中心并投入使用。

（二）加快推进行政审批等领域改革进程

深化行政审批制度改革，取消、停止实施或调整行政审批项目176项，深入推进建设领域“五大环节有限并联”审批制度改革。深

① 地票是指：将农村宅基地及附属设施用地、乡镇企业用地、农村公共设施和公共事业建设用地等建设用地复垦为耕地，产生建设用地指标，这一指标化为抽象的“地票”，然后在交易所交易，可在重庆全市的范围内、更有价值的地方“落地”，实现农村集体建设用地和城市建设用地指标在全市远距离、大范围置换，土地资源得到优化配置。

化人事制度改革，在规划、国土等重点部门实行党政“一把手”分设制，内设处（室）正职在同一职位上任职满5年必须交流；加强对“四项监督制度”贯彻执行情况的监督检查，严格责任追究，匡正了选人用人风气。深化司法体制改革，在法院系统对执行工作实行分权制衡，切实拆分执行权，改革“一庭独揽，包案到底”的传统执行模式，将执行权横向划分为执行裁决、执行实施、评估拍卖管理职能，分别交由审判监督庭、执行庭、司法执行处（科）等不同部门负责，有效切断了权力利益链条，有力防控了腐败风险。在全国率先推行司法拍卖制度改革，将司法拍卖全部纳入重庆联合产权交易所，以电子竞价方式公开拍卖，推动司法拍卖从内循环到外循环的转变，防止围标、串标、职业控场，运行两年来，司法拍卖成交率达到82.2%，远高于全国平均29%的水平，成交价格实现平均增值16.7%的飞跃。在检察机关推行的职务犯罪案件审查逮捕制度改革，将职务犯罪案件批捕决定权交由上一级检察院审查决定，有效防止了职务犯罪侦查权滥用。在公安机关推行的基层所队执法权改革，将受理权、调查权、处理权分别由不同分管所队长实施，防止了基层所队以权谋私。深化投资和财政管理体制改革，全面实行部门预算制，强化非税收入的管理，推行公务卡结算制度，严格控制出国（境）学习考察活动，十七大以来，重庆市调整或取消出访团133个，公务车辆购置及运行经费支出同比降低10.08%，公务接待费同比降低8.96%，公务用电、用油、用水等一般性支出同比降低6.9%。

七　以重点领域为抓手坚决惩治腐败

直辖以来特别是十七大以来，重庆市始终保持查办案件的高压态势，严肃查办领导干部以权谋私案件、商业贿赂案件、严重侵害群众利益案件、为黑恶势力充当“保护伞”案件。十七大以来，重庆全市纪检监察机关立案7882件，处分9406人，其中厅局级干部67人，县处级干部1350人，挽回经济损失3.63亿元。

（一）严查工程建设领域腐败问题

2007年1月至2008年12月，重庆市检察机关共立案查办各类职务犯罪案件1196件1538人，其中查办的工程建设领域职务犯罪案件439件，查处工程建设领域处级以上干部89人，其中厅级以上干部14人。尤其是相继查办了两起房地产开发领域的典型案件，依法查处了市规划局原局长蒋勇、江北城中央开发区投资有限公司原董事长梁晓琦、市地产集团原董事长王斌、九龙坡区原区长黄云等10名厅局级干部和处级干部十多人，收缴违纪违法金额8000万元以上。在对40个区县和6个市级部门进行的工程建设领域突出问题专项治理监督检查中，检查项目1053个，发现问题2131个，提出针对性意见和建议2063条。

（二）严查政法领域腐败问题

2009~2010年，重庆市共立案查处政法领域违纪违法案件278件、388人，其中涉及厅局级12人、县处级47人，严肃查处了文强、彭长健、张弢、市检察院一分院原副检察长毛建平等严重违纪违法案件。在“打黑除恶”专项斗争中，坚持“打黑除恶”与反腐肃贪并举，一手打黑，一手反腐，共打掉“保护伞”98人，从源头上根绝黑社会性质犯罪死灰复燃。

（三）开展“三项治理”活动

2010年，重庆市开展以纠正公务人员收送“红包”、领导干部超标准使用公务车和违规经商办企业问题为主要内容的“三项治理”活动。截至2011年6月30日，重庆市公务人员主动上交“红包”

1.03 亿元，处理超标车 6327 辆，纠正 255 名领导干部涉嫌违规经商办企业的行为。通过“三项治理”，重庆市党员干部廉洁自律意识增强，作风进一步好转。

（四）开展“三项行动”

2011 年，重庆市开展“三项行动”，着力解决领导干部插手干预工程建设、基层执法单位违规执法、侵占惠民资金的突出问题。截至 2011 年 11 月，共查找并纠正存在的问题 11868 个，立案查处违纪违法案件 512 件 818 人，涉案金额 2.93 亿余元，挽回经济损失 1.24 亿余元，制定《领导干部插手干预工程建设十条禁令》等长效机制，对惠民资金实行廉政风险防控管理。

在严肃查办腐败案件的同时，建立调查研究、建章立制和教育监督及时跟进的“一查三跟进”机制，充分发挥查办案件治本功能，达到查处一个案件，教育一批干部，完善一批制度，整治一个系统的目的。重庆市在查办案件过程中，十分重视对信访举报的科学分析研判，既发挥了信访举报的功能，又保护了干部。重庆市探索并建立澄清机制，认真鉴别信访举报内容的真伪，实行信访举报书面研判、信访监督、信访核查通报和信访核查反馈等制度，保护党员干部干事创业积极性，为 4530 名党员干部澄清了反映不实的问题。

八　清醒认识反腐成效及面临的挑战

重庆市把反腐倡廉工作放在党委政府工作大局中来思考、谋划、部署和推进，彰显了反腐倡廉建设在助推和保障经济社会又好又快发展中的突出作用。近年来，重庆投资环境大为改善，人民群众的满意度也越来越高。一批全球 IT 巨头相继在重庆建立生产基地，将使重庆成为亚洲最大的笔记本电脑基地。2007 年以来，5000 多家重庆本地民营企业纷纷从外地回渝发展，2009 年净增市场主体 10 万户。据调查显示，84.9%的群众认为重庆市党政机关和干部队伍中消极腐败现象得到有效遏制或在一定范围内得到遏制，与 2009 年的 79.59% 相比，提高了 5.31 个百分点。群众对重庆纠正损害群众利益的不正之风工作满意或较满意分别占到了 64.88% 和 71.95%；群众对重庆党风廉政建设和反腐败斗争成效“满意”和“比较满意”的合计占 72.99%，与 2001 年的 52%、2003 年的 54%、2006 年的 63.4%、2009 年的 63.65% 相比，呈逐年上升态势。这些数据都充分地说明，重庆加大惩治和预防腐败力度，大力开展反腐倡廉建设的成效有目共睹，群众高度认可。

在看到反腐倡廉建设取得明显成效的同时，也应清醒地认识到，和全国其他地区一样，重庆反腐倡廉建设面临许多新情况、新问题、新挑战。进入改革的深水区，推进重点领域和关键环节的改革，会面临诸多可以预见和难以预见的风险挑战。在市场经济体制进一步转换中，在深层次矛盾和问题的解决过程中，一些利益格局被打破、重组，易产生不正当竞争，出现新的腐败问题。从对外开放视角看，大开放环境下，国外资本主义腐朽思想也乘机侵入，与国内封建残余思想混合后持续“发酵”，影响社会风气和干部思想。腐败分子逃往境外更加方便，给惩处带来很大难度。建设“五个重庆”、构建内陆开放高地，涉及项目多，资金量大，更需要制定科学、严格的监管措施。目前面临的新情况新特点如下。

（一）违纪违法案件出现新的特点

“抱团”腐败现象增多。从近年来查办的大要案件看，往往查办一个牵出一串、带出一窝，呈现明显的多人“抱团”腐败现象。2010 年，在查办重庆市外侨办原副主任廖觉超受贿案时，连续挖出了包括忠县人大常委会原副主任王开健、原副县长赵应明、县政协原副主席邓大凡等9名市管干部的腐败问题。一些案件中，有的是同一处（科）室人员相互勾结共同实施腐败行为，有的是负责项目决策、实施、验收、拨款等相关环节的人员串通一气、“合纵连横”共同实施腐败行为。多人“抱团”结成腐败利益共同体，给监督和查处都增加了难度。

腐败向基层延伸。由过去以计划生育、工作作风方面的问题为主转向以经济违纪违法问题为主，主要表现为截留、虚报冒领、骗取各种惠农补贴、征地拆迁补偿款，侵占私分集体资产和工程建设资金。如沙坪坝区土主镇11名村干部，采取多报、重复申报的手段，与区征地办相关人员勾结，共同骗取土地征用补偿款达200余万元。有的村社干部甚至将受灾群众的救灾款、贫困群众危旧房改造补助款、低保户的低保资金等困难弱势群众的“活命钱”据为己有。

腐败向中介组织渗透。一些公证、财务、审计、监理、评估、拍卖等社会中介组织置法律与诚信于不顾，通过行贿、造假和洗钱等方式参与腐败，成为腐败的“帮凶”。有的中介机构充当行贿“掮客”，增加了腐败行为的隐蔽性；有的工程监理机构被乙方“收买”，使工程监理流于形式；有的提供虚假财务证明，帮助上市公司“圈钱”；有的在资产评估中故意过低或过高评估价格为他人谋取利益。有的中介组织与政府主管部门明脱暗不脱，受政府部门指使搞强制服务乱收费。有的腐败分子利用中介机构洗钱，如蒋勇利用其情妇开办的规划咨询机构，以收咨询费的方式大肆受贿，最终被判处死缓。

（二）干部心理出现新变化

在社会转型的特殊时期，有些领导干部心理发生扭曲，骄娇心理、浮躁心理、补偿心理、侥幸心理等容易诱发腐败行为。如何针对干部心理有效开展教育和预防，是反腐倡廉建设需要研究的重要课题。

骄娇心理。一些领导干部逐渐滋生骄横、娇贵心理。有的在群众面前骄横无理，乃至口出“雷语”，伤害群众感情。有的法纪面前无所敬畏，任意“跨栏”、“出轨”。有的把公款吃喝、公车私用、公款旅游、收受红包礼金等看成正当化、合理化甚至“该享受的福利”。有的不甘人后，与一些高薪和富人阶层比收入、比享乐，导致心理失衡，往往走向权钱交易之路。如重庆市外侨办原副主任廖觉超在悔过书中感叹，“随着职务的升迁和资历的增加，见到一些不像人样的老板却腰缠万贯，而我职位高却收入微薄，于是老板的钱不收白不收，你吃肉我喝汤总可以嘛”。

浮躁心理。有的在发展上好大喜功，不顾实际情况，违背客观规律乱上项目、乱铺摊子，造成重复建设、豆腐渣工程等。有的心里总想着“提档升级”，走“旁门左道”，没得到提拔就心生抱怨或消极懈怠。有的重上情轻民意，沉不下身来走进基层，静不下心来听取群众心声，长期下去必将脱离群众。

补偿心理。有的人在成绩面前居功自傲，认为自己付出多、得到少，产生从中捞一把的补偿心理。认为自己成绩突出却没得到提拔重用，便实施贪腐行为，从中获得物质上的满足和经济上的补偿。如文强“升官不成便腐败”一度引起干部群众的热议，有的认为这是少数领导干部走向腐败的心理诱因。

侥幸心理。有的觉得“看到别人吃了一把盐都没出事，自己吃一颗盐也不会有事”。有的地方执纪执法还存在失之于宽、失之于软的现象，使一些人便滋生侥幸心理，认为反腐败是“隔着墙扔石头，打着谁谁倒霉”。

（三）群众提出反腐新期望

近年来，纪检监察机关加大信息公开力度，做好典型案件的通报，产生了良好的社会效应。与此同时，人民群众对反腐败的关注度越来越高，监督的意识越来越强，对反腐败斗争的期望值越来越高。随着互联网特别是微博的迅速发展，网络监督声势浩大，无处不在。而一些损害群众利益的违纪违法行为引发群众强烈不满，群体性事件时有发生，在互联网上快速传播，如果应对稍有迟疑，就可能被推到舆论的风口浪尖上。群众是反腐败斗争的力量源泉，如何保护好群众的切身利益，引导群众有序参与反腐，这是反腐倡廉建设需要及时解决的问题。

九　让惩防腐败更为有效的惩防体系建设任重而道远

面对严峻的形势和紧迫的任务，重庆需不断探索反腐倡廉建设的有效途径，要紧紧围绕科学发展主题和加快转变经济发展方式主线，加强监督检查，支持、服务、保障科学发展。注重充分运用现代科学技术，让预防更加有效，惩处更加有力。

（一）打好“预防针”

反腐倡廉教育是拒腐防变的第一道防线，必须常抓不懈，常敲警钟。一是增强教育的针对性。以领导干部和关键岗位为重点，抓紧抓实党性党风党纪教育，巩固党员干部廉洁从政、拒腐防变的思想基础。二是注重教育的疏导性。将教育干部与关心干部、激励干部相结合，关注领导干部的心理健康，采取心理讲座、交心谈心等方式进行心理疏导，引导他们加强自我调适，化解不良情绪，矫正价值偏差，干预心理危机。对广大党员干部要多鼓励、多理解、多包容，引导他们牢固树立职业的责任感和荣耀感。三是突出教育的系统性。针对当前教育只重当前、眼下的现状，要更加注重教育的系统性，将反腐倡廉教育纳入家庭教育、学校教育、职业教育、岗位教育中，贯穿于个人成长全过程、干部履职全过程。四是注重文化的渗透性。加强廉政文化建设，通过歌曲、读物、故事等群众喜闻乐见的方式，让廉政文化渗入社会生活的方方面面，使廉政文化的导向更加明晰，廉荣贪耻的氛围更加浓厚。

（二）升级“防火墙”

从监督、制度着手，采取更有效的方法堵塞漏洞，不断升级防御腐败的“防火墙”。一是围绕重点人群和关键领域加强监督。加强对党政“一把手”的监督，推行各级党政主要负责人不直接分管财务、人事、工程项目、行政审批和行政执法工作制度；围绕领导干部选拔任用、行政审批、工程项目建设、经营性土地使用权出让、产权交易、政府采购等重点环节，加强改革和制度建设，规范权力运行轨道；出台重点领域、重点部门、重要岗位廉政风险防范办法，有针对性地建章立制，堵塞漏洞。二是建立廉洁审查制度。对重要的规范性文件、制度进行审查，看是否存在违法违规扩大权力、裁量权是否适当、办事流程是否科学、权力配置是否合理、监督制度是否有效等；对重大政策、项目实施和资金拨付前进行廉洁审查，针对可能出现的漏洞，完善相关程序和监管措施；在推进各项改革的同时，预防腐败机制制度建设要同步跟进，做到防范在先，避免“亡羊补牢”。三是更加重视群众监督。扎实推进党务公开、政务公开、村务公开，保障群众的知情权、监督权。建立群众无障碍举报网络，将信访举报的触角向基层延伸，加强网络信访举报，进一步做好网络舆情的收集、研判和处置，及时回应网民关切，保护好群众参与反腐败斗争的积极性。

（三）强力“查杀毒”

任何腐败都是侵蚀党的肌体的“病毒”，必须坚决清除。继续保持查办案件高压态势，既要严肃查处大要案，也要严肃查处基层党员干部中直接损害群众切身利益的“小案件”。要充分发挥大要案协调小组的作用，善于组织协调各方面力量形成合力，借助各专业机关和部门力量来破解办案难题，打好惩治腐败的“组合拳”。要依纪依法办案，实现办案工作流程化、标准化，确保手续完备、程序合法。要把处理人与教育人、挽救人结合起来，按照“惩前毖后、治病救人”方针，宽严相济，区别对待，让查办案件的政治效果、法纪效果和社会效果相统一、最大化。同时，加大对不良市场主体的惩戒力度。目前我国市场经济体制不健全，社会潜规则盛行，相关的法律制度还不完善，仅仅靠加大对受贿方的惩处力度不能有效地制止腐败，需要对行贿方作出严格的管理规定，如建立完善的行业协会管理制度，实行严格的资格准入和退出制度，对严重违反职业道德、违纪违法的市场主体实行取消资格、终身禁入等惩戒措施。

（四）坚持“民为本”

始终把实现好、维护好、发展好最广大人民根本利益作为反腐倡廉工作的出发点和落脚点。加强对关于保障和改善民生政策措施落实情况的监督检查，完善惠民政策落实保障机制，抓好流程管理，减少程序漏洞，杜绝惠民政策跑偏和惠民资金流失。要认真解决土地征用、食品药品安全、环境保护、安全生产、劳动争议、涉法涉诉以及就业、分配、教育、社保、医疗、住房等方面损害群众利益的突出问题，纠正损害群众利益的不正之风，用群众看得见的成效取信于民。要加强对群众反映强烈的突出问题的治理力度，当前重点针对收送红包礼金、“三公消费”加强治理，不断巩固和扩大专项治理。要搭建密切联系群众有效途径，健全群众利益协调机制、矛盾调处机制、权益保障机制，关注群众需求，解决群众困难，化解群众矛盾，维护群众权益。

（五）突出“握拳头”

针对当前党风廉政建设责任制落实不到位，要坚持和完善反腐败领导体制和工作机制，进一步增强抓反腐倡廉建设的合力。特别要加强纪检监察机关建设，确保其职能作用充分发挥。进一步明确纪检监察机关职能定位，改变当前有的地方纪检监察机关事无巨细、大包大揽、力量分散的现象，变“十指分开”为“握紧拳头”，确保监督的深度和力度。探索基层纪检监察机构管理体制改革，在县级部门和镇街推行纪检监察机构分片、分大口派驻制，解决基层纪检监察机构人少力量弱、监督难等问题。加强纪检监察干部队伍能力建设，进一步抓紧教育培训，更新知识结构，提高业务能力和综合能力。同时，严把“进人关”，选调和录用一批熟悉经济、法律、审计等业务的干部，优化纪检监察干部队伍结构，打造专业化的纪检监察干部队伍。

B.7

率先探索建设惩治和预防腐败体系的浙江经验

浙江省反腐倡廉建设课题组*

这些年来，特别是党的十七大以来，浙江省在贯彻中央部署和实践探索基础上，坚持标本兼治、综合治理、惩防并举、注重预防的反腐倡廉方针，以改革的思路和创新的办法，大力推进惩治和预防腐败体系建设，初步建立了惩防体系基本框架，实现了村务监督委员会建设、便民服务网络建设、廉政风险防控机制建设、防止利益冲突制度约束、公共资源统一交易平台建设、对县巡视、电子监察系统建设、工程项目信息公开和诚信体系建设、纪检监察组织建设等“九个全覆盖”，取得了一批实践成果，推动了经济社会的健康发展，形成了惩防体系建设的浙江特色。

一　率先开展惩防体系建设的实践探索

浙江地处改革开放前沿，市场经济先发，民营经济发达，是全国市场化程度最高的省份之一。早在改革开放初期，浙江就创造了第一

---

* 课题组组长：杨晓光（中国社科院中国廉政研究中心特约顾问）。课题组成员：杨晓光、丁世明（中国社科院中国廉政研究中心特约顾问）、傅祖民、叶怀贯（中国社科院中国廉政研究中心特约研究员）、夏建武（中国社科院中国廉政研究中心特约研究员）、陈庆红（中国社科院中国廉政研究中心特约研究员）、吴沂鸿（中国社科院中国廉政研究中心特约研究员）、张剑勇（中国社科院中国廉政研究中心特约研究员）、杨维智（中国社科院中国廉政研究中心特约研究员）。执笔人：夏建武、陈庆红、吴沂鸿、张剑勇、杨维智。

批个体工商户、第一批私营企业、第一批股份合作企业、第一批专业市场、第一座农民城等许多可以载入改革史册的“全国第一”，并涌现远近闻名的“温州模式”。目前，浙江民营企业为全省创造了70%以上的生产总值、50%以上的财政收入和90%以上的就业岗位，浙江市场成交总额连续20年居全国首位，并以占全国1.1%的地域面积、3.6%的人口，创造了占全国10.8%的外贸出口额、10.9%的外资总量和8.2%的境外投资额，成为中国开放型经济版图上最为抢眼的板块之一。

浙江市场经济的先发，使得原有体制机制制度方面的问题相对暴露较早，整体系统地推进反腐倡廉建设的理论思考、思路谋划和实践探索也相对较早。早在上世纪末本世纪初，浙江就按照中央确立的反腐败指导思想、基本原则、战略方针、领导体制和工作机制，积极探索发展社会主义市场经济条件下反腐倡廉工作规律，从而在实践中逐步形成了抓“三头”（以落实党风廉政建设责任制为龙头、深化源头治理、解决苗头性倾向性问题）、纠“两不”（不廉洁行为、不正之风）、规范“三权”（事权、财权、人事权）、建设“四中心”（行政服务中心、会计核算中心、招投标中心和机关效能投诉中心）等较为系统的反腐倡廉工作思路。2003年7月，浙江出台了《浙江省反腐倡廉防范体系实施意见（试行）》，提出要重点建立健全思想教育、权力制约、监督管理、法纪约束、廉政激励和测评预警等六大机制，反腐倡廉工作开始步入打整体战、系统战的轨道。中央纪委把浙江列为全国6个探索建立惩治和预防腐败体系的试点省份之一，要求先行一步，取得经验。

2005年，中央《建立健全教育、制度、监督并重的惩治和预防腐败体系实施纲要》发布后，浙江省委及时对《试行意见》进行修订，于同年5月形成了《浙江省惩治和预防腐败体系实施意见》。基于浙江经济社会持续健康发展所创造的物质条件，以及在构筑反腐倡廉防范体系过程中所积累的理论准备和实践基础，浙江按照“干在实处，走在前列”的要求，提出“力争到2007年建立起具有浙江特色的惩防体系基本框架”，并以此为阶段性目标全面推进惩防体系建设。经过全省上下的共同努力，到2007年，如期完成了既定的30个方面、315项体系构建任务，初步建立了适应社会主义市场经济体制、具有浙江特色的惩防体系基本框架。

2008年中央颁布《建立健全惩治和预防腐败体系2008～2012年规划纲要》之后，浙江省委及时制定了《浙江省建立健全惩治和预防腐败体系2008～2012年实施办法》，进一步完善惩防体系的基本框架，全面推进惩治和预防腐败体系建设，形成了一系列具有时代特征、浙江特色的反腐倡廉工作思路和做法。

（一）强化监督检查，着力保障中央和省委重大决策部署的贯彻落实

紧紧抓住加快转变经济发展方式、加强和创新社会管理等事关改革发展稳定全局的重大决策、重要工作、重大活动和重大问题，主动介入，及时跟进、全程监督，确保中央和省委政令畅通。把重大项目、政府资金作为监督检查的重要切入点，省、市、县三级全部成立检查工作领导小组，建立执纪执法机关信息联通、检查联动、查处联合、追究联办的工作机制，对中央新增投资项目进行专项督查，开展工程建设领域突出问题专项治理，确保建设资金高效、安全、廉洁运行。

（二）着力解决损害群众利益、群众反映强烈的突出问题，以反腐败的实际成效取信于民

尤其是2007年时任省委书记习近平提出全面开展“作风建设年”活动以来，浙江每年突出一个主题，精心设计活动载体，连续5年持续深化作风建设，通过开展“走进矛盾、破解难题”、“服务企业、服务基层”等专项行动，密切党同人民群众的血肉联系，营造风清气正的良好发展环境。2010年，为保证“十二五”的顺利开局，

省委、省政府以“提升执行力、增强群众观、为民办实事、服务‘十二五’”为主题，以治理“庸、懒、散”问题为重点，进一步对深化作风建设作出部署，努力在全省营造干事业、强服务、抓落实、促发展的良好氛围。现任省委书记赵洪祝强调，要以学习贯彻胡锦涛总书记“七一”重要讲话精神为动力，着力防止“四种危险”，教育和引导广大党员干部始终保持和发扬昂扬向上、奋发进取的精神状态。省委常委、省纪委书记任泽民强调，要坚持以人为本、执政为民，把维护群众利益作为反腐倡廉工作的重点来抓。

（三）在以党政机关为重点的同时，着力抓好基层反腐倡廉工作

紧紧抓住“三机关一部门”，重点加强对党员领导干部和权力相对集中的重点领域、重要部位、关键环节消极腐败问题的防治。着眼于夯实基层基础，把反腐倡廉的工作触角向农村、国有企业、以高等学校为重点的事业单位和城市社区延伸。通过整体规划、分步推进，以党政机关为中心、城乡基层和国有企事业单位为两翼，“三位一体”的工作布局初步形成。在此基础上，积极探索在“新经济组织”、“新社会组织”开展反腐倡廉工作的有效途径。

（四）把治标和治本、惩治和预防始终贯穿于反腐倡廉工作全过程

一方面，坚持依纪依法严厉查处腐败分子毫不放松，始终保持惩治腐败的强劲势头，并集中力量突破了一批有影响的大案要案。另一方面，不断加大从源头上防治腐败工作力度，通过全面开展廉洁从政教育和廉政文化建设，着力加强对权力运行的监督制约，深入推进重点领域改革，努力铲除腐败现象滋生蔓延的土壤和条件，增强反腐倡廉工作的整体性、系统性、协调性。

（五）探索并形成了由整体构建、行业构建、专项构建、联合构建和科技促建组成的“4+1”惩防体系构建方式

省、市、县三级着眼于整体构建，整体推进区域反腐倡廉建设；重点部门着眼于行业构建，把反腐倡廉制度设计渗透到业务工作之中；重点工作特别是重大项目着眼于专项构建，把防治腐败贯穿于项目实施的全过程；综合性工作着眼于联合构建，整合职能部门优势，形成防治腐败的整体合力。积极运用网络技术等手段，实现信息共享、动态管理和同步监督，提升了反腐倡廉的科技含量。整体构建形成的“面”、行业构建形成的“线”与专项构建、联合构建形成的“点”有机结合，通过科技促建的手段有效增强功能，构成了上下联动、条块结合的反腐倡廉建设网络。

（六）以落实党风廉政建设责任制为龙头，健全反腐败领导体制和工作机制

省委、省政府领导带头履行“一岗双责”，坚持每年带队检查全省的党风廉政建设责任制落实情况和惩防体系建设情况。各级纪委全面推行“三书两报告”制度，年初给党政领导寄送责任分工报告书，给牵头单位发送责任分工函告书；年中给党政领导寄送落实任务建议书，并听取牵头单位任务落实情况专题汇报；年底每位党政领导将所负责工作的落实情况向党委常委会作出专题报告，强化党委、政府和各部门抓反腐倡廉建设的主体责任。

二　以“九个全覆盖”为重点全面推进反腐倡廉建设

浙江推进反腐倡廉建设的主要特点，是从率先构建惩防体系建设

基本框架的基础出发，结合当前反腐倡廉建设面临的挑战和任务，确定一个时期的重点工作，以重点任务促进全面建设，从而形成了多点突破、亮点纷呈、全面推进的生动局面。

（一）推进村务监督委员会建设全覆盖，创新基层民主自治、民主监督载体

随着农村改革发展的不断深化，浙江广大村级组织普遍拥有了越来越多的资源，村民自治组织和村干部手中的权力不断增大，村民的民主意识、权利意识也不断增强，而监督村干部权力、保障村民权利的机制制度则相对薄弱，在一定程度上影响了农村的社会稳定与和谐发展。为此，浙江省委、省政府和省纪委总结推广武义县后陈村等地的探索经验，在全省3万多个行政村全部建立村务监督委员会，探索村级民主自治、民主监督的路子。

村务监督委员会的主要特点：一是立足村民自治。村务监督委员会由村民会议或村民代表会议选举产生，在村党组织领导下实行村民自我管理、自我监督。村务监督委员会主任一般由村党组织成员兼任，2010年新一轮村务监督委员会换届后，新当选村务监督委员会主任92.05%是村党组织成员。二是突出监督重点。村务监督委员会对重大村务的决策和执行情况进行监督，监督的重点是村集体“三资”（资金、资产、资源）的管理。村务监督委员会通过参与制定村集体财务计划和各项财务管理制度，对财务支出事项进行定期审查，对违规决策提请纠错，从决策、管理、公开等各个环节，对村集体“三资”管理实行全过程监督。宁波市研究开发了农村“三资”管理软件，供村务监督委员会和村民使用查看。三是注重规范运行。浙江相继出台了《浙江省村务监督委员会工作规程（试行）》、《关于进一步加强村务监督委员会建设的意见》等制度，发放《村务监督委员会工作手册》和《村务监督流程图》，明确村务监督委员会的组织设

置、任职条件、工作职责、权利义务、监督内容、监督程序等。同时，对村务监督委员会成员进行全面培训，推进规范化建设，以更好地发挥村务监督委员会的作用。

浙江全面建立村务监督委员会的做法，弥补了原先村级民主自治机制中的结构性缺陷，加强了基层社会管理，减少了干群矛盾，融洽了干群关系，促进了农村社会的和谐稳定。村务监督委员会建立以来，浙江反映农村党员干部违纪违法的信访量有了较大幅度的下降，2009 年、2010 年同比分别下降 6.71% 和 15.5% 。浙江全面建立村务监督委员会的做法，为健全基层民主政治制度提供了实践经验，全国人大常委会修订《村民委员会组织法》时吸收了这一创新成果，新增了“村应当建立村务监督委员会”等条款。

（二）推进便民服务网络建设全覆盖，打造五级公共服务体系

随着浙江经济社会快速发展，城乡一体化进程加快推进，基层群众对推进政务信息公开、公共服务均等化的呼声和需求不断提高。浙江把推进便民服务网络建设作为推动政府职能转变、社会管理创新和反腐倡廉建设的重要举措来推进，狠抓行政许可职能整合集中改革，全力打造阳光政务运行平台。省政府建立网上办事大厅，全省 11 个市、90 个县（市、区）、1300 多个乡镇（街道）普遍建立规范化行政服务中心，3 万多个村（社区）全部建立了便民服务中心，形成了以省级网上办事大厅为龙头、市县乡行政服务中心为主体、村级（社区）便民服务中心为延伸，覆盖城乡、层级清晰、功能互补、上下联动的五级公共服务体系。

浙江对五级公共服务平台实行分级定位，做到上下联动。省级在部门办事大厅的基础上建设网上办事大厅。针对省级行政审批服务的特点，在审批权较集中的 29 个部门设立办事大厅的同时，运用信息

化网络平台建立省政府网上办事大厅，将分散在省级部门办理的行政许可事项集中到网上服务窗口办理，所有审批件的办理过程、结果和证照信息都集中存储到审批信息资源共享库并在网上公开，避免群众异地往返，为企业和群众提供跨地域、全天候、全透明的高质量政务服务。市、县、乡三级建设规范化行政服务中心。以服务各类市场主体为主，在市、县、乡三级普遍建立“政务超市”式的行政服务中心，把审批等各项服务事项进驻行政服务中心实现集中办理。制定出台《浙江省行政审批服务管理办法》，大力推进行政服务中心规范化建设。同时，制定全省示范行政服务中心建设标准，开展“示范行政服务中心”创建活动。村级（社区）建设便民服务中心。以方便群众办事、服务群众生产生活为目的，充分利用现有村级办公用房、办公设施，高标准建设村级（社区）便民服务中心，通过对涉及社会保障、医疗卫生、农资补助等50多项事项提供全程免费代办服务，推动公共服务网络向农村基层延伸，做到“村民不出村，便能办成事”。截至目前，全省村级（社区）便民服务中心已实现全覆盖；今年以来已累计办结便民服务事项600余万件（次），得到广大群众的普遍欢迎和广泛好评。据浙江党风廉政建设民意调查结果显示，五级公共服务体系形成后，有近七成群众认为到政府机关办事方便，办事结果公开透明。

（三）推进廉政风险防控机制建设全覆盖，增强源头防腐工作的针对性和实效性

2010年12月，省委、省政府下发《关于全面推进廉政风险防控机制建设的意见》，在全省各级党政机关、所有企事业单位和群团组织全面推进廉政风险防控机制建设。目前，全省15500多个单位已全面完成廉政风险排查工作，共制定廉政风险防控措施90多万条，建立健全规章制度2万多项，基本实现廉政风险防控机制建设全覆盖。

浙江各地、各单位紧紧抓住风险排查、风险预防、风险监控三个基本环节，着力推进廉政风险防控机制建设。突出防控重点、深入排查风险。抓住党政领导班子、领导干部这个重点，针对腐败现象易发多发的重点领域、重要部位和关键环节，全面分析查找岗位职责、业务流程、制度机制和外部环境等方面可能引发廉政风险的问题，并按照风险发生概率或危害损失程度，确定风险等级，实行风险点分类管理。全省共有60多万多名党员干部开展了岗位廉政风险排查，查找出廉政风险点近100万个。核定权力清单、明确防控措施。在排查岗位廉政风险的基础上，运用流程管理方法，自下而上依法逐项清理、审核、确定权力事项的类别、行使依据、责任主体，制定完善工作规程，编制权力运行流程图，固化工作流程，实现对权力运行的规范约束和流程监管。全省核定权力清单近9万份，编制权力运行流程图近7万张。动态评估分析、强化风险预警。从投诉举报、经济责任审计、案件分析、巡视、干部考察、述职述廉、个人重大事项报告、新闻媒体、问卷调查等方面收集廉政风险信息，分行业编制廉政风险库，分领域制定防控办法，分部门建立预警信息系统，建立廉政风险定期进行分析、研判和处置机制，实现对廉政风险的及时预警和动态防控。目前，全省已发出廉政风险预警2万多次。

（四）推进防止利益冲突制度约束全覆盖，规范党员干部廉洁从政行为

浙江先发的市场机制和发达的民营经济，使得利益格局多元化尤其是党员干部家庭从业行为多样化的特点更为明显，党员干部面对的从政环境也更为复杂。为此，浙江把防止党员领导干部利益冲突作为新形势下加强反腐倡廉建设的一个重要课题，相继在党员干部任职回避、兼职取酬、离职从业等方面出台了一系列制度规范，着力规范市场经济条件下党员干部廉洁从政行为。2010 年 12 月，浙江出台了《浙江省党员领导干部防止利益冲突暂行办法》（简称《暂行办法》），在全国省一级率先建立防止利益冲突的基本制度，初步形成了覆盖全省党政机关、所有党员领导干部的防止利益冲突制度框架。

《暂行办法》有以下几个主要特点：规范行为限制。既限制党员领导干部本人行为，如规定禁止违反规定经商办企业，不准违反规定在经济实体、社会团体、事业单位、中介机构兼职或兼职取酬等，防止发生直接利益冲突；又规范党员领导干部配偶、子女等亲属的从业行为，如规定不准在领导干部管辖的地区和业务范围内个人从事可能与公共利益发生冲突的经商、办企业、社会中介服务，地方党政主要领导的配偶、子女及其配偶不得在其管辖地区从事广告代理、发布等经营活动等，防止发生利益输送问题。规范利益回避的方式。对党员领导干部因可能发生利益冲突事项需要回避的，确定主动回避、依申请回避和强制回避三种方式。在具体适用时，既可由党员领导干部主动申请调整分工、调换岗位或辞去相关职务，也可由其本人或利益关系人主动停止可能发生利益冲突的行为。规范发生利益冲突的处理措施。根据党员领导干部行为限制的具体规定，分别明确违反规定相应的具体处理措施。对因可能发生利益冲突应当回避而未回避的，按照干部管理权限采取停职、调离岗位、责令辞职或免职等措施。

在建立健全制度的同时狠抓制度的执行，增强党员领导干部家庭财产、配偶子女从业等情况的透明度，强化对党员领导干部履职行为的监督制约。《暂行办法》实施近一年来，全省已按照要求对 807 名党员领导干部进行成长地任职回避，一批党员领导干部因涉及利益冲突进行了履职回避。2010 年，全省有 70450 多名党员领导干部按照规定向组织报告了家庭财产、投资、兼职、家属子女从业等防止利益冲突的重要事项。杭州市上城区、慈溪市、平湖市、岱山县、临海市等一些县（市、区）还积极探索拟提拔任用干部家庭财产申报和审核制度，产生了良好的社会反响。

（五）推进公共资源统一交易平台建设全覆盖，提升公共资源配置的市场化程度

公共资源配置领域，土地批租、建设工程是腐败案件易发多发地带。究其原因，就是在公共资源配置中公共权力干预过多、竞争不充分。从源头上压缩权力在公共资源配置方面的支配空间，是市场经济条件下转变政府职能、规范政府行为的必然要求。浙江立足于市场机制发育较早的有利条件，按照“政府引导市场、市场公开交易、交易规范运作、运作统一管理”的模式，在省、市、县、乡四级全面建立公共资源统一交易平台，将原来分散在各个部门的工程建设、土地出让、产权交易、政府采购等交易项目纳入统一平台公开运作、集中监管，充分运用市场这只“看不见的手”的力量来配置公共资源，从而创造了公开公平公正的公共资源配置环境。

浙江公共资源统一交易平台具有以下主要特点：①管办分开。统一平台与原先的政府业务主管部门脱钩，做到机构分立、职能分离、人员分开、财务分账，实现管办分离，政府部门的市场监管者身份与市场主体身份因而得到进一步的区分，从而改变了过去职能部门既当“运动员”又当“裁判员”的问题。②集中交易、公开交易。统一制定公共资源交易的实施细则和具体规定，统一公共资源交易工作的运作程序和管理规范，规定凡是政府出资的项目，都必须进入统一的公共资源交易平台；凡是公共资源的配置，包括自然性资源、资产性资源、公共性资源、服务性资源，都必须市场化运作；凡是公共资源配置的相关信息，不论是工程、货物、服务、采购，还是经营权、使用权出让，都必须及时、准确、规范地向社会公开公布，从而全面推进

政府公共资源配置的市场化运作。③强化监管，防止暗箱操作。通过把原先分散在各个业务主管部门的监管权力部分集中到统一的监管机构，有效打破了部门保护；通过电子监控、蔽屏电子信息设备等现代技术的运用，实现了对交易活动的全程监控；通过发挥综合监管的作用，将对项目交易过程的监督延伸到对整个合同履约过程的监督；通过建立企业不良行为记录等制度，把原来对招投标违规行为的“一时处理”转变为对违规行为的“长效监督”，全省形成了职能部门业务监管、综合部门集中监管、财政审计等部门资金监管、纪检监察机关执纪执法监管的综合体系。

（六）推进对县巡视全覆盖，拓宽巡视工作的监督视野

县级处在宏观和微观的结合点上，权力比较集中，直接面对群众。有关资料显示，干部群众反映比较强烈的党风廉政问题60%集中在县及县级以下，县级领导干部违纪违法问题仍然比较突出，特别是近几年，少数县级党政“一把手”出现的问题，性质严重，影响恶劣。为了加强对县级党政领导班子和领导干部的监督，浙江根据中央的有关要求，拓展和深化县级领导班子巡视工作，由过去有选择地对部分县延伸巡视，转变为大范围、成规模集中巡视。到2011年10月，全面完成本届任期内对全省11个市、90个县（市、区）全部巡视一次的任务，实现对县巡视“全覆盖”。

牢牢把握巡视重点。在巡视对象上，针对县级领导班子和领导干部权力比较集中的特点，把党政“一把手”作为重点，全面了解掌握其履行职责、廉洁从政、工作作风等情况，同时注意了解反映比较好的和问题反映相对较多的领导干部的情况；在巡视内容上，重点加强对贯彻落实科学发展观情况、执行党风廉政建设责任制和自身廉政勤政情况以及选拔任用干部工作情况的监督检查。有机整合巡视力量。在注重发挥省委巡视组自身作用的基础上，请市委派员参加对县

巡视，建立了省市联动的巡视工作机制，形成了巡视工作合力。充分运用巡视成果。创新巡视成果运用模式，对发现的具体问题，及时向被巡视地区提出改进意见建议，做到边巡视边督促整改；对一个县的巡视基本结束后，及时与市委沟通巡视情况，督促市委及时解决属于市级职权范围内的事项。

（七）推进电子监察系统建设全覆盖，提高反腐倡廉工作的科技含量

将以信息技术为主要内容的现代科技手段引入反腐倡廉工作，这是反腐倡廉建设顺应信息化、网络化时代潮流的必然选择。浙江充分运用科技手段防范腐败起步较早的有利条件，着眼于发挥现代信息技术在防范腐败中所具有的独特作用，按照“统一规划、统一标准、统一平台（监察平台）、统一门户（政府门户网站）、统一身份认证（系统安全）、统一采购”的原则，省、市、县三级统一同步建设，大力推进电子监察系统建设。到2009年底，建成省、市、县三级联网的电子监察系统并投入运行。

浙江电子监察系统主要有以下特点：全面覆盖、三级联动。全省11个市、90个县（市、区）和47个具有行政审批职能的省级部门（涉密部门除外）的近3万项行政许可事项已全部纳入电子监察，省、市、县三级电子监察系统实行数据联网，设于省监察厅的电子监察监控中心能直观展示全省统计数据，同步轮流展示各地各部门统计信息。全程管理、实时监控。凭借计算机网络，监管人员能随时登录所有岗位和人员的操作界面查看工作情况，根据系统记录随时了解工作差错，实现了监督的动态化和全程化；通过设置预警提示功能，办公系统在出现违规操作时能自动报警，并以督办单、告知单等形式进行预警、质询和追究，从而变事后监督为事前预警、事中监督；借助于相应的系统平台，使监督所需信息的采集由人工转变为自动进行，

对需重点监控的部门、环节和人员还可通过监控系统进行跟踪监察并自动保存相关业务处理信息，一旦出现问题可依据系统记录直接追踪到具体岗位和人员。规范考核、提能增效。通过预设效能评估子系统，由计算机对各部门、各岗位的工作效能进行自动分析和考核，对不同部门或同一部门不同时段的工作进行横向、纵向比较和综合评价，为进一步梳理审批事项、压缩办理期限、提升办事效率提供量化的综合参考数据；对各地各部门的审批时效、事项纳入率、社会评价等情况开展考核，每月公布考核排名情况，促进各地各部门优化程序、创新方式、减少环节、提升效率。各地各部门审批时间普遍大幅度缩短，省级部门提速30%以上，市、县提速50%以上。

通过全面建成电子监察系统，把科学的计算机程序设计与预防腐败的制度安排有机结合，用格式化程序取代人情化关系，从技术上强化了对人（腐败的高危人群）、行为（腐败的高危空间）、事项（腐败的高危因素）的全面控制，从而达到促进信息公开、规范权力运行、减少腐败机会、提升工作效能的目的。

（八）推进工程项目信息公开和诚信体系建设全覆盖，构筑工程建设领域反腐“防火墙”

当前我国正处在大发展时期，工程建设项目多、投入的资金量大，其中也蕴藏着丰厚的利益，因而成为少数不法分子争相“攻关”的重点领域，易成为引发腐败的“重灾区”。浙江作为全国工程项目信息公开和诚信体系建设10个试点省份之一，充分运用在全国率先建立企业和个人公共联合征信数据两大平台的基础，全面推进工程项目信息公开和诚信体系建设。目前，试点部门和市县主要项目信息、投标企业信息和目录内容三个公开率均达到100%，省、市、县三级项目信息公开平台建设已实现全覆盖。

搭建信息公开的统一平台。在省政府网站专门开设“浙江省工程建设领域项目公开”专栏，把发案比较集中、容易诱发腐败的土地获取、动拆迁等11个环节作为工程项目信息公开的重点，通过链接公共资源交易网、行政服务中心网、信用网等业务系统，实现审批信息、交易信息和信用信息的互联互通和省市县三级的共享共用，从而形成统一的项目信息公开服务平台。制定明确的信息公开和诚信评价标准。针对项目信息公开和诚信体系建设存在的公开标准统一难、公开尺度把握难和公开信息应用难问题，统一印发公开共享规范和指导目录，规范项目信息和信用信息公开共享；统一印发不良行为记录公告实施办法，健全失信惩戒机制；统一印发信用信息管理实施细则，营造诚实守信市场环境。强化信息公开和诚信体系建设成果运用。一方面在公安、税务、海关、工商等30个政府部门搭建数据共享平台，在投资备案、网上审批、资质认定、税务监管、通关办理、企业上市、案件查办等多个领域提供了基础性数据信息，为政府公共服务和专业监管提供有力支持；另一方面在招投标领域广泛推广信用考评机制，率先在省重点建设工程招投标领域推行使用第三方信用报告制度，作为投标人资格审查和评分的依据，有效地解决招投标市场交易中信息不对称问题，为企业参与市场竞争创建了激励机制。

工程项目信息公开和诚信体系建设的全面推进，促进了政府投资项目管理的公开化和规范化，强化了工程项目关键环节的监管，对市场主体规范行为形成有效的激励机制和倒逼机制，从源头上防范和减少了行贿等不良行为的发生。据统计，2010年全省完成限额以上固定资产投资12000亿元左右，比2009年增加了20%，而同期查处的工程建设领域违法违纪案件却下降了10.7%。

（九）推进纪检监察组织建设全覆盖，夯实反腐倡廉的组织基础

完善惩防体系、推进反腐倡廉建设，要有一支组织健全、人员精

干的专门工作队伍。近年来，浙江大力加强省、市纪检监察机关建设，2011 年还组建了省预防腐败局。与此同时，坚持重心下移、力量下沉，全力推进县乡、派驻和机关纪检监察组织建设，全省形成了纵向到底，横向到边的纪检监察组织网络。

全面加强县乡纪检监察组织建设。认真落实中央五部委《关于加强地方县级纪检监察机关建设的若干意见》，全省县级纪检监察机关平均编制达到 30 名，公用经费保障标准、工作装备配备全部达到规定要求。大力推进乡镇纪委规范化建设，配齐配强乡镇专职纪检干部，全省 1500 多个乡镇（街道）共配备 2000 多名专职纪检干部。全面深化派驻（出）机构统一管理工作。省纪委监察厅专门设立派驻机构管理室，加强对派驻（出）机构的统一管理和工作指导。目前，省纪委监察厅派驻（出）机构 30 个，人员编制数近 150 名，在省直系统初步形成了由 4 个纪工委（监察专员办公室）、4 个省以下垂直管理部门和 20 个重点部门双派驻（出）机构、法检两院单派驻纪检组构成的具有浙江特色的“4 块 4 条 20 个重点 2 院”的派驻（出）机构统一管理工作网络。全面加强省、市、县机关纪委建设。在省、市、县三级设立机关党委的直属党政机关全部设立机关纪委。与此同时，配齐配强高校、企业纪检工作力量，探索在新经济组织、新社会组织建立纪检机构，使纪检监察的工作触角、工作力量延伸到方方面面，为推进反腐倡廉建设提供了组织保障。

三　成效与前景展望

（一）浙江省惩防体系建设取得的主要成效

1. 促进了经济社会快速发展

浙江省“十一五”期间，生产总值年均增长 11.8%；财政总收入和地方财政收入年均增长 18.3% 和 19.6%；城镇居民人均可支配收入和农村居民人均纯收入从 2005 年的 16294 元和 6660 元增加到 2010 年的 27359 元和 11303 元，扣除价格因素年均增长 8.2% 和 8.4%；在全国率先实现城乡免费义务教育，全省基本实现养老、医疗保障制度全覆盖；群众安全感满意率连续 6 年保持在较高水平，被认为是最具安全感的省份之一；据中科院发布的《中国科学发展报告 2010》，浙江科学发展总水平仅列北京、上海、天津之后，居省区第 1 位，等等。这些成绩的取得，离不开反腐倡廉工作的有力保障。尤其在加快转变经济发展方式、扩内需保增长、生态环境保护、节能减排、保障安全生产、纠正教育医疗领域不正之风、加强行政管理体制改革、推进基本公共服务的均等化、促进基层民主政治建设以及对口援川援疆、定点扶贫等一系列工作上，全省各级纪检监察机关更是直接参与、大力推动，发挥了较好的作用。

2. 信访举报数量有所下降

在始终保持查办党员干部违纪违法案件力度的情况下，全省各纪检监察机关受理的信访举报总量总体呈下降趋势，2010 年比 2005 年下降了 12000 余件（次），在总量中占大头、最能反映腐败现实状况的农村基层信访量更是有较大幅度的下降。据浙江省党风廉政建设民意调查结果显示，这些年来，人民群众认为“近年的消极腐败现象得到遏制”的比例不断上升，从 2006 年的 71.99% 逐年上升到 2010 年的 75.9%，现实情况与人民群众的主观感受也得到相互印证。

3. 群众满意度有所提高

据浙江省党风廉政建设民意调查结果显示，这些年来，浙江反腐倡廉建设的总体成效指数、工作力度指数以及人民群众的参与指数和信心指数都不断攀升，总体上呈现良性互动态势。人民群众对“近年来反腐败斗争成效”的认可度逐年上升，从2005年的76.22%上升到2010年的81.7%，增加了5.48个百分点。在“群众关注的社会热点问题”中，2005年“廉政建设和反腐败”位居第4，而2010年则退到了第8位。

（二）对浙江惩防体系建设的前景展望

浙江惩治与预防腐败体系建设尽管取得了显著成效，但与全国一样，消极腐败现象在一些领域仍然易发多发，少数领导干部违纪违法问题仍然比较严重，一些群众反映强烈的突出问题还没有得到根本解决，腐败行为日趋复杂化、隐蔽化、智能化，反腐倡廉建设还面临不少新情况新问题，反腐倡廉建设将继续呈现成效明显和问题突出并存、防治力度加大和腐败现象易发多发并存、群众对反腐败期望值不断上升和腐败现象短期内难以根治并存的态势，反腐败斗争形势依然严峻、任务依然艰巨。当前，浙江已进入人均GDP由7000美元向10000美元迈进这一新的发展阶段，经济发展进入加速转型期，社会建设进入整体推进期，体制改革进入攻坚突破期。从国际经验看，这一阶段既是经济快速增长、政府权力扩张及支配公共资源能力不断加强的时期，也是腐败现象的易发多发期。而且，市场经济的先发性、经济成分的多样性，使得浙江反腐倡廉建设面对的环境更为复杂，面临的形势也更为严峻，从而对反腐倡廉建设带来更大挑战，提出更高要求。浙江要进一步推进反腐倡廉建设，就要不断适应形势任务发展变化，积极探索反腐倡廉新思路、新办法、新举措，不断提升反腐倡廉建设的科学化水平。

1. 更加注重服务保障科学发展

“十二五”时期是浙江全面建设惠及全省人民的小康社会的攻坚时期，要紧紧围绕科学发展这个主题和加快转变经济发展方式这条主线，加强对中央和省委关于“十二五”经济社会发展重大决策部署落实情况的监督检查，确保“十二五”时期经济发展、科技教育、资源环境、人民生活等4个方面24个主要指标特别是12个约束型指标的实现。“十二五”时期也是浙江新一轮的大发展时期，要落实“扎实推进大平台大产业大项目大企业建设”、“大力推进基础设施现代化”等任务，都涉及大量的建设项目，需投入大量的资金。要针对这一实际，继续深入开展工程建设领域突出问题专项治理，确保工程优质、资金安全、干部廉洁。

2. 持续深化党员干部作风建设

认真执行领导干部蹲点调研、定期接访下访等制度，着力解决一些领导干部身上存在的庸懒散、官僚主义、形式主义等严重问题，切实防止精神懈怠、脱离群众等危险。要着眼于党和政府惠民利民政策措施的落实，加强对保障性住房、社保基金、扶贫救灾等涉及民生的政府专项资金的监管，着力解决教育、医疗、食品药品安全、征地拆迁等领域群众反映强烈的突出问题，切实维护人民群众的合法权益。巩固和发展农村党风廉政建设成果，着力打造“农村基层廉洁工程”，促使基层干部廉洁奉公、勤政为民。

3. 始终保持惩治腐败强劲势头

处于新旧体制转换过程之中，腐败现象难以在短期内得到根本性遏制，人民群众对惩治腐败的期望值、关注度不断提高。要始终保持惩治腐败的强劲势头，决不让任何腐败分子逃脱党纪国法的惩处。既要集中查处发生在领导机关和领导干部中的腐败案件，又要严肃查处发生在基层的违纪违法案件。当前失职渎职案件呈高发态势，近年来发生的毒奶粉、瘦肉精、地沟油、皮革奶、染色馒头等一系列事件，都与公务人员失职渎职犯罪有关，给人民群众的生命财产造成了巨大损失，要以征地拆迁、食品药品监管、安全生产、环境保护等领域为重点，严肃查办各类失职渎职案件，维护民生民利、促进和谐稳定。

4. 切实强化权力运行制约监督

加强对权力运行的制约和监督，是反腐倡廉建设的核心内容，也是有效治理腐败、确保权力正确行使的根本要求。要健全党政“一把手”不直接分管人事、财务、工程等制度，加大党政领导干部经济责任审计和问责力度。依托信息程序和网络化管理对权力进行科学分解和设置，把权力制约监督的要求融入制度设计和管理流程，最大限度减少自由裁量空间。大力推进电子政务建设，把行政审批、公共资源交易等重点领域和关键环节纳入电子监察范围，做到实时监控、全程留痕。运用网络技术实现监督信息在不同地域和行业间的互联互通，建立健全及时预警和发现、揭露、惩治腐败的机制，不断提高监督工作的科技含量。

5. 大力推进反腐倡廉制度创新

浙江这些年之所以不断取得反腐倡廉建设新成效，得益于制度创新；要不断开创反腐倡廉建设新局面，还必须依靠制度创新。要进一步深化重点领域和关键环节制度创新，特别是要紧紧抓住行政审批权这个重点，着力推进行政审批权下放和集中归并，不断完善五级公共服务体系，积极推进行政服务中心与公共资源统一交易平台的一体化管理，全力打造阳光政务运行平台。进一步加强党政机关公务用车、公款接待、公费出国（境）的规范和约束，大力推进领导干部职务消费制度改革，促使职务消费向限制性消费、显性消费和规范化管理转变。在完善领导干部个人事项报告制度的基础上，积极探索新提拔领导干部财产申报工作，逐步实现党员领导干部财产申报工作。

6. 积极促进公共参与反腐倡廉

要保障广大人民群众的知情权、监督权，在深化政务公开工作的同时全面推进党务公开，积极探索县委权力公开透明运行工作，不断扩大人民群众参与民主监督的渠道和范围。要重视和规范新闻媒体舆论监督，特别是网络舆论监督。调查显示，87.9%的网民非常关注网络监督，当遇到社会不良现象时，93.3%的网民选择网络曝光。与此同时，一些敌对势力利用涉腐信息煽动群众、制造事端的企图也越来越明显。需加强对反腐倡廉舆情特别是网络信息的收集、研判和处置，及时发布信息、澄清是非、解疑释惑，回应网民关切。同时加强正面引导，进一步规范网络舆论监督，使网络成为反腐倡廉建设的生力军。

B.8 辽宁以五大系统建设为惩防腐败体系夯实基础

辽宁省反腐倡廉建设课题组*

辽宁反腐倡廉建设注重理念创新、体制机制创新和工作方式创新，为全面振兴辽宁老工业基地、加快实现“三大战略”发展目标，发挥了积极作用。

一 全面建设“五大系统”，形成惩治和预防腐败体系总体思路

2010年，辽宁省纪委在深入调查研究的基础上，着眼于权力运行安全、项目建设安全、资金使用安全、干部成长安全、群众利益安全，以打造公开、透明、高效、廉洁的服务型政府为目标，提出推进行政权力运行制度系统、公共资源交易系统、行政绩效管理系统、行政权力电子监察系统和民意诉求反馈系统等“五大系统”建设。2010年5月11日，省委、省政府召开全省惩治和预防腐败体系建设工作电视电话会议，省委书记王珉提出“要把反腐倡廉制度建设作为惩防体系建设的重要内容，着力推进全省‘五大系统’建设。”省委制定下发了《关于全面推进“五大系统”建设的意见》。

---

* 执笔人：鲍振东（辽宁省社会科学院院长、研究员）、卢骅（辽宁省社会科学院社科信息研究所所长、信息工作办公室主任、研究员）、何茜（辽宁省社会科学信息研究所研究实习员）。

（一）建设行政权力运行制度系统

行政权力制度系统以促进依法行政和政府职能转变，建设公开、透明、高效、廉洁的服务型政府为宗旨，以规范行政权力运行，强化对行政权力的监督和制约为目标，以制度建设为核心，以现代信息技术为手段，实现行政权力运行制度化并做到公开透明。行政权力运行制度的建设要求清理和确认行政权力，查找廉政风险点，并向社会公开权力运行过程。2010 年辽宁省委、省政府下发了加强行政权力运行制度建设的文件，在省、市、县三级政府 11 个行业的 749 个单位同时开展试点，2011 年全面推进，取得了明显成效。

（二）建设公共资源交易系统

建设公共资源交易系统，是依托现代信息技术，将建设工程招标投标、政府采购、土地和矿权出让、国有和集体产权交易等公共资源交易行为集中在一个交易平台，实现公共资源市场化配置和监督。公共资源交易系统是“五大系统”建设的重点领域和关键环节，要扩大公共资源配置的市场化程度，发挥市场机制在预防腐败的积极作用。2011 年，辽宁省在沈阳、鞍山、抚顺、铁岭四市及所辖县、乡（镇）三级先行试点，2012 年向全省推行，形成覆盖全省的公共资源管理和监督体系。试点单位按照统一交易场所、统一信息发布、统一交易规则，统一措施、管办分离的原则，建立公共资源交易领导机构和管理机构，整合建筑工程招投标、政府采购、土地和矿权出让、国有和集体产权交易有形市场，建立统一集中的公共资源交易市场，实行网上交易、统一监管。

（三）建设行政绩效管理系统

行政绩效管理系统主要是，运用现代信息技术，在完善行政业绩考核的同时，增加对行政效能和行政权力运行情况考核的内容和权重，对政策执行情况、工作完成情况、公众满意度等进行科学管理和考评，保证政令畅通，提高行政效率。辽宁经济社会发展的目标任务已经确定，正在推进落实与实施有效监督，建立和完善政府绩效管理制度，发挥绩效管理的导向和激励约束作用，实现奖优、治庸、罚劣、防止腐败的作用。

（四）建设行政权力电子监察系统

该系统是运用现代信息技术，对行政权力运行状态进行实时监控的综合监督系统。系统建设的重点是夯实基础，推进电子政务外网、网上审批和集中审批场所建设，同时将公共资源交易和涉及民生的重大专项资金的管理使用纳入行政权力电子监察系统。辽宁省已在30个行政审批职能部门、14个市、44个县实现联网监察的基础上，加快全省电子政务外网建设，加大资金投入，推进相关配套工程建设，拓展电子监察系统的功能，将行政权力运行、公共资源交易、涉及民生的专项资金管理使用方面的监管纳入电子监察系统，逐步实现上下联动、动态监控。

（五）建设民意诉求反馈系统

该系统以“民心网”和“行风热线”为载体，以互动为主要工作方式，以行政监察为推动力，倾听民声，为民办事，高效快捷地反映民意，切实维护群众利益、服务反腐倡廉建设。省民心网中心网站负责整个网络体系的组织协调，并与各分平台一起直接公开面对群众，受理、转办、反馈群众诉求，协调、督促、监督有关责任部门和行业对交办事项的办理情况，逐步建立“条块结合、各方联动、方便快捷、运行高效”的民意诉求处理反馈系统，努力解决人民群众多样化、多层次的诉求。

二　深入纠风治乱，解决损害群众利益的突出问题

辽宁反腐倡廉建设，坚持以人为本、执政为民，努力促进社会的和谐稳定。

（一）狠抓专项治理，解决群众关注的焦点问题

五年来，全省共纠正强农惠农专项资金管理使用方面的问题935个，涉及金额11亿元；纠正和查处损害农民土地权益问题5155个；统一取消和停止征收涉企行政事业性收费81项，每年可减轻企业负担13.5亿元；推动县级以上医疗机构全部纳入以政府为主导、以省为单位的网上集中药品采购范围，采购总金额65.33亿元，平均降幅达35.34%；取消和停止征收教育收费11项，涉及金额3.9亿元；查处食品药品安全事件48589件。治理公路“三乱”工作在改革中推进，解决征地拆迁、环境保护、安全生产、企业改制、公共服务行业等方面损害群众利益突出问题的工作力度不断加大，对社保基金、住房公积金、扶贫资金、救灾救济资金的监管进一步加强。同时，妥善处置群体性事件，严肃查处群体性事件背后的失职渎职和腐败问题。

（二）发挥“民心网”桥梁纽带作用，积极为群众解难事、办实事

辽宁的“民心网”建立较早，并且在全国是首家。近年来，“民心网”不断发展壮大，完善了顺民意、解民忧、惠民生的工作功能，构建了省、市、县三级联动的网络体系。辽宁省纪委监察厅建立了民心网中心网站，省公安厅、省物价局等省直部门以及全省14个市分别建立了民心网分平台，全省1805个县（市）区和政府部门、单位与民心网联网。在网络体系中，省民心网中心网站负责整个网络体系

的组织协调，并与各分平台一起直接公开面对群众，受理、转办、反馈群众诉求，协调、督促、监督有关责任部门和行业对交办事项的办理情况；各县（市）区纪委监察局联网单位，掌握、分转、受理群众诉求；各级政府部门、行业联网单位具体办理群众诉求。平均每天受理群众诉求400余件，日阅览量达10万余次，群众满意率达97%，成立7年以来共受理有效群众诉求184416件，解决实际问题100426件（次），通过诉求办理还利于民2.45亿元。“民心网”被评为“全国纪检监察系统先进集体”、“全国政务公开工作先进单位”、全国纪检监察系统“十佳互联网站”，获得全国“五一”奖状和“中国政府网站领先奖”等荣誉。

（三）加强基层党风廉政建设，维护人民群众的切身利益

全省共建立14个农村基层党风廉政建设联系点，制定并实施了《关于进一步加强农村集体资金资产资源管理工作的意见》，推行了“四议一审两公开”等决策办法，农村集体“三资”管理普遍得到加强。认真落实《国有企业领导人员廉洁从业若干规定》，城市社区和高等学校反腐倡廉建设进一步推进。在全省确定了20个联系点，积极探索实行党的基层组织党务公开，开展县委权力公开透明运行试点工作。

三　坚决查办违纪违法案件，持续整治突出问题

（一）保持惩治腐败的高压态势

辽宁省不断加大惩治腐败工作力度，对于一些重大疑难案件，省委主要领导亲自过问，专题研究，及时解决查办案件中的各种问题。5年来，全省纪检监察机关共受理群众信访举报237989件（次），立

案查处违纪违法案件29414件，其中大案要案5613件；处分党员干部31410人，其中市（厅）级干部79人、县（处）级干部1322人，移送司法机关743人。通过查办案件，为国家和集体挽回经济损失21亿元。全省共立案查处商业贿赂案件5481件，涉案金额7.56亿元。省纪委直接组织查处了张树森、刘和、李忠武、宋久林、邵冰、江润黎、罗亚平等领导干部严重违纪违法的案件，配合中央纪委查处了省人大常委会原副主任宋勇严重违纪违法案件。

（二）强化责任追究

辽宁省把强化责任追究制度作为落实责任的重要保证，在对违反领导干部廉洁自律和禁止奢侈浪费规定问题的处理上，不仅给予当事人必要的处分，而且追究有关领导干部的责任；在查办案件工作中，注意根据案件的性质，查清并追究有关领导干部的责任；对发生严重损害群众利益和破坏经济发展软环境问题的要追究有关领导干部的责任；对发生的重大事故和事件，除对直接责任人进行严肃处理外，还要追究有关领导干部的责任。辽宁各级纪检监察机关查办案件坚持"一案两报告"制度，既报告违纪违法事实，又报告领导责任，对负有"失管"、"失察"、"失误"的领导干部，都与所查案件一起调查，一起处理。

（三）专项整治收送钱财问题

在认真抓好领导干部廉洁自律各项规定落实的基础上，辽宁省从领导干部廉洁自律存在的突出问题入手，2009年9月至2010年春节期间，在全省范围内开展对干部队伍中收送钱财问题专项整治工作。省委专门下发了《关于专项整治干部队伍中收送钱财问题的规定》，省纪委印发了《关于认真贯彻省委规定坚决查处干部队伍中收送钱财问题的通知》和《关于专项整治干部队伍中收送钱财问题的实施意见》。进一步明确了专项治理的范围、重点内容、时间界限和方法步骤，要求各地、各部门把贯彻省委、省纪委规定作为刹风整纪的一项重要措施，运用信访举报、监督检查、民主生活会、查办案件等多种手段，狠抓落实。2010 年初，新到任的省委书记王珉同志要求继续抓好这项工作。目前，专项整治的效果初步显现，对收送钱财的信访举报数量明显减少。

（四）禁止公款出国（境）旅游

全省集中开展了机关“庸、懒、散”不良风气、选人用人不正之风、“小金库”等问题的专项治理。自 2008 年以来，辽宁成立制止党政干部公款出国（境）旅游专项工作机构，精心制订方案，加强对因公出访团组的审批管理，出台了《关于进一步加强全省因公出国（境）管理的若干规定》，制定了省直部门因公出国（境）经费管理办法和因公出国（境）机票定点管理办法，建立了禁止出访团组借机旅游的制度。同时，加强监督检查，严格控制了因公出访团组的数量和规模。

（五）查处损害群众利益的腐败案件

辽宁加大力度认真查办重特大腐败案件，重点查办了损害群众利益的腐败案件，受到广大群众的欢迎。2010 年 7 月以来，查处损害群众利益的案件 3270 件，占同期全省查办案件总数的 51%。省委、省政府主要领导对于重要案件不仅重视还亲自研究部署，检察、审判、公安、审计、组织人事等机关和部门协调配合，采取联合调查、联合行动，查办发生在群众身边腐败案件，还将查办发生在群众身边的腐败案件与党政机关公务用车专项治理相结合，对群众反映强烈、社会关注度高的问题，迅速核实，及时反馈，严厉查处。

四　抓好教育和制度，堵塞管理上的漏洞

（一）运用多种手段开展教育

整合教育资源，完善教育培训制度，运用各种手段，不断深化反腐倡廉教育工作。辽宁省委高度重视利用典型案例对党员干部进行警示教育，使警示教育已成为一种制度。建设了省警示教育基地，5年来，举办警示教育活动830余场，受教育党员干部达10万余名，其中包括省部级干部26人，市（厅）级干部3600余人、县处级干部2.8万余人。辽宁把反腐倡廉教育内容纳入公职人员考录试题之中，成为党校、行政学院干部培训的必修课。2010年，辽宁省开展了评选百名勤廉兼优典型活动，召开了全省表彰大会。《辽宁日报》、辽宁广播电视台开辟了《勤廉先锋》专栏。目前，辽宁省纪委正在编撰《清风颂歌——百名勤廉兼优先进典型事迹》图书，制作勤廉兼优标兵先进事迹专题片，组织勤廉兼优典型先进事迹报告团。2010年，对1万多个村的5万余名村干部进行了教育培训。

（二）从易于腐败环节入手创新制度

辽宁大力推进行政审批制度、财政管理体制、干部人事制度等方面的改革。经过6轮清理，省政府部门行政审批项目由原来的2283项减少到517项；14个市由原来的17943项减少到3216项；各市、县（区）普遍建立了公共行政服务中心，电子化办公，方便了群众，提高了办事效率。制定《辽宁省完善非税收入收缴管理工作的实施意见》，建立了“票款分离、银行代收”制度，遏制乱收费、私设“小金库”行为。各级党委普遍建立和推行了民主推荐、民主测评、差额考核、全委会票决、任前公示、公开选拔、竞争上岗、交流回

避、辞职、用人失察失误责任追究等方面的制度。全省完善了建设工程招标投标、产权交易、土地使用权出让、政府采购等制度。

（三）领导干部带头履行“一岗双责”

多年来，辽宁省委常委坚持从自身做起，带头廉洁自律，带头转变作风，带头履行“一岗双责”，担负党风廉政建设和反腐败责任。省委常委每年都召开专题会议，紧密结合辽宁实际，研究反腐倡廉的具体措施。辽宁省政府每年都专门召开廉政工作会议，省长对全省政府系统廉政建设工作提出要求，同时由省纪委主要领导通报全省反腐败工作进展情况、面临的形势和主要任务。省委每年都坚持对新任职的领导干部举办一次警示教育培训班，省委主要领导亲自到会作报告。省纪委办的《党风月报》停止公开发行后，省长主动提出拨给专项经费，使刊物以内部赠送方式继续办下去，以发挥宣教警示作用，受到基层党员干部群众的好评。辽宁省委、省政府努力形成“党委统一领导，党政齐抓共管，纪委组织协调，部门各负其责，依靠群众的参与和支持”的局面。每年辽宁省委都研究当年全省党风廉政建设和反腐败工作任务。辽宁省委书记对全省反腐败工作负总责；反腐败各项具体工作均由省委副书记、常委或省政府副省长主管，由省委、省政府的有关部门负责，若干部门配合；纪委负责组织协调。辽宁省委认真执行党风廉政建设责任制规定，对反腐倡廉工作切实做到有部署、有分工、有检查、有考核。省委多次召开常委会和书记办公会，研究反腐倡廉的一些重大事项，专门成立了省反腐败工作协调小组，负责反腐败日常工作特别是查办大案要案工作的组织协调，由省委副书记、省纪委书记任组长，省委组织部、省委政法委、省政府常务副省长、公检法和纪检监察机关主要领导为成员。对不同时期反腐倡廉的一些重点专项工作，也都成立由省委、省政府主要领导任组长，纪委和有关部门负责同志任副组长的领导小组，从各有关部门抽调人员组成工作班子，集中时间和力量抓好落实。辽宁省各级纪检监察机关加强了对《廉洁准则》与《实施办法》的贯彻执行情况的监督监察，及时纠正并严肃处理了违反《廉洁准则》与《实施办法》的行为。

五　认真落实党内监督制度
规范领导干部的从政行为

（一）多种手段制约领导干部行为

辽宁省以贯彻落实《党内监督条例》为主线，建立省、市党委、政府领导班子议事规则，落实党风廉政建设责任制的规定，实行领导干部报告个人重大事项。通过检查考核、述职述廉、民主评议、个别谈话、问题核查、情况通报等，强化党内监督工作。鞍山市运用主流媒体对党员领导干部廉洁自律和作风建设方面的问题通过媒体曝光，把党内监督、行政监督和舆论监督有机结合起来。为了加强对“一把手”的监督，2010 年，在总结葫芦岛和辽阳两市进行“一把手”四不分管试点经验的基础上，省纪委、省委组织部联合下发了《关于实行党政主要领导不直接分管人事、财务、物资采购和工程项目的暂行规定》，并将执行情况纳入干部考核之中。2011 年上半年，成立若干检查组，对全省的落实情况进行了重点抽查。实行这一制度，将权力进一步分解制衡，防止权力过于集中产生腐败行为，也有利于“一把手”把主要精力放在谋全局、抓大事、负总责上。同时加强了对领导干部的经济责任审计。

（二）注重与巡视机构密切配合

辽宁省委制定了《中共辽宁省委关于贯彻落实〈巡视工作条例〉

进一步加强和改进巡视工作的意见》、《关于建立巡视监督经常化工作机制的暂行办法》，充实和加强了巡视组力量。近年来，省委巡视组先后完成对14个市、22个省直部门、65个县（市、区）和部分国有企业、高等学校的巡视工作，向省委以及被巡视地区和部门提出了大量建议，得到高度重视和采纳。2011年，对已经被巡视的地区和单位整改工作及巡视组交办事项的办理情况进行专项检查。吸收巡视办主任列席省纪委常委会议，运用巡视机构移送的线索提供的情况开展专项治理和案件查办。

（三）构建社会化的监督格局

为了把领导干部的行为置于人民群众的监督之下，辽宁省大力推进权力运行公开透明、党的基层组织党务公开和县委权力公开试点工作，广泛实行政务公开、厂务公开、村（居）务公开和公共事业单位办事公开，深入开展民主评议行风工作，全省组建了7800人的群众评议队伍，80%的县（市）开展了民主评议基层站所工作。发挥人大依法监督、政府专门机关监督、政协民主监督、司法监督、群众监督和新闻舆论监督的作用，推进监督事项联动、信息互通、资源互用的机制，努力形成反腐倡廉建设的监督合力。

（四）加强纪检监察机关建设

纪检监察机关是监督工作的主力军，其地位作用十分重要。辽宁省各级纪检监察机关坚持把加强自身建设作为一项基础工程来抓，切实履行纪检、监察两项职能，严格把握工作定位。明确提出纪检监察机关不直接参与招商引资、招标投标、政府采购、房屋拆迁等具体行政工作，把精力放在履行监督检查和抓党风及协调反腐败上。扎实开展“做党的忠诚卫士、当群众的贴心人”主题实践活动，涌现出一大批勤奋向上、忠于职守、甘于奉献的先进典型。全省纪检监察机关开展了权力运行制度建设工作，进一步规范了事权，健全了内控机制；建立完善了干部准入、进人遴选、竞争上岗、轮岗交流、日常考核、奖励惩处和责任追究等配套制度，推进了纪检监察机关干部管理监督的规范化。

六　辽宁省反腐倡廉建设的前瞻

辽宁既沿边又靠海，是我国对外开放的“窗口”省份，也是我国老工业基地之一和经济比较发达的地区，全省反腐倡廉所面临的情况较为复杂，难度也较大。对此，辽宁省委、省政府和省纪委保持清醒头脑，将继续采取有力措施推进反腐倡廉建设。

（一）把落实科学发展观做实

着力解决影响制约科学发展的深层次矛盾和问题，纠正搞“形象工程”、“政绩工程”等劳民伤财行为，加强对安全生产法律法规执行情况的监督检查，加大责任事故调查处理力度，坚决查处事故背后的失职渎职行为和腐败问题。以保证党的农村政策落实、维护农民群众利益、改进农村基层干部作风为重点，加强“三农”决策和农村综合改革措施执行情况的监督检查，加强对重大投资的管理，提高投资质量和效益。

（二）继续解决损害群众利益的突出问题

以解决社会关注程度高、群众反映强烈的突出问题为重点，加大专项治理力度，强化监督检查，着力解决食品药品质量、生态环境保护、安全生产、征地拆迁、价格监管等方面存在的问题，强化对社保基金、住房公积金和扶贫救灾专项资金的监管。继续治理教育乱收费以及医药购销和医疗服务中的不正之风，查处侵害农民和进城务工人员利益问题，纠正漠视群众疾苦、与民争利的行为。保障人民各项权益，建立健全利益协调、诉求表达、矛盾调处、权益保障的长效机制，营造注重公平、崇尚正义的社会环境。

（三）以干部优良作风带民风建设

及时发现和解决党性不强、党风不正、执纪不严以及其他党风政风的突出问题，着力解决作风飘浮、急功近利、做表面文章甚至制造虚假政绩等问题，对群体性事件和重大安全事故及其背后的腐败行为、对群众反映强烈的干部作风问题，认真查明事实真相，果断加以处置。使党员干部自觉遵循社会主义核心价值体系，发扬艰苦奋斗、勤俭节约的作风，带头抵制拜金主义、享乐主义和奢靡之风，坚决杜绝铺张浪费和大手大脚，把有限的资金资源、财力物力用到科学发展上和为人民谋利益上。

（四）保持惩治腐败力度

严肃查处各种违纪违法行为，重点查办发生在党政领导机关和领导干部中的案件，深入治理商业贿赂，从严查处在民生工程、基础设施、生态环境等方面建设中贪污、挪用、挤占、私分资金的行为，加强信访分析和线索管理，改进办案工作的方式，提高办案科技含量。

（五）持续推进体制机制创新

深入推进行政管理体制、干部人事制度、司法体制和工作机制、财政和金融管理制度、投资体制等改革，进一步规范和完善工程建设招标投标、国有土地使用权出让、产权交易、政府采购等制度，健全社会信用体系。建立健全经济社会发展综合评价、干部实绩综合考核评价机制。重在抓好落实，强化检查考核，确保“五大系统”有效运行，为营造经济社会发展的良好环境，实现辽宁全面振兴和跨越发展作出新贡献。

B.9

云南在兴滇富边战略中推进反腐倡廉建设

云南省反腐倡廉建设课题组*

云南省地处边疆，民族众多，属于经济社会欠发达地区。近年来，全省围绕建设“绿色经济强省、民族文化大省和中国连接东南亚、南亚国际大通道”三大目标，深入实施可持续发展、科教兴滇、城镇化和全方位开放战略，加快培育和壮大烟草、生物、旅游、电力、矿产等支柱产业，全面推进经济社会发展，为“十二五”乃至更长一个时期加快发展奠定了坚实基础。全省生产总值从“十五”末的3462亿元增加到“十一五”末的7000亿元左右；城镇居民人均可支配收入从9266元增加到15800元，原本基础薄弱发展相对滞后的状况正发生显著而深刻的变化。云南从省情出发，深入推进反腐倡廉理论、实践和制度创新，使党风廉政建设和反腐败斗争有效地促进了经济社会的快速发展。

一　思路与方向：探索云南特点的反腐倡廉建设新路子

多年来，云南省反腐倡廉建设在思路上一直注重把握以下几个

* 课题组顾问：郭永东（《云南纪检监察》杂志编委会主任、云南省纪检监察学会名誉会长）。课题组成员：张忠璞（云南省纪检监察学会副会长）、尹向阳（博士、讲师、云南省社科联理事、云南省纪检监察学会秘书长）。执笔人：尹向阳。

要点。

一是针对腐败问题在不同时期的表现，努力实现思想观念、工作方式、人员素质和工作作风的与时俱进，着力推进改革和制度创新。

二是坚持发展是第一要务、是硬道理，稳定是第一责任、是硬任务的战略思想，使反腐倡廉建设与全省改革发展的重要步骤相一致、重大举措相配套，抓住制约经济社会又好又快发展的关键问题、影响社会和谐稳定的主要问题、群众反映强烈的党员干部党性党风党纪突出问题、事关民生改善等重大问题，推进反腐倡廉各项工作。

三是以坚决、慎重为原则，突出办案重点，加大办案力度，始终保持惩治腐败的高压态势。同时，加强教育，健全制度，强化监督，深化改革，切实做到惩治和预防、治标和治本两手抓、两手硬。

四是重点整治各种歪风邪气，狠刹少数党员干部队伍中的自由主义、好人主义、个人主义等歪风和乱议论、乱猜测、乱编造、乱告状等行为，严肃查处诬告、陷害、诽谤他人的案件，保护支持敢想敢干、敢闯敢试的干部，严厉问责不干事、不作为的干部，弘扬新风正气，以优良的党风促政风带民风，形成聚精会神搞建设，一心一意谋发展的良好局面。

五是制度先行，效能评价，持续创新，每一项决策部署都有制度跟进，每一项制度落实都有效能评价，每一年反腐倡廉建设规划都有新的制度建设主题。

六是注重不断加强纪检监察队伍建设，以思想政治建设为基础，以创新教育培训方式为抓手，加强基层纪检监察机关建设，努力锻造一支政治坚定、作风务实、能力强、业务精、自律严、立心正的纪检监察干部队伍，为深入推进反腐倡廉建设提供有力的组织保证。

二　实践与进程：务实推进反腐倡廉建设各项工作

（一）发挥服务保障职能，促进全省经济社会健康协调发展

为确保中央关于转变经济发展方式、价格监管、土地管理、房地产市场调控、保障性住房建设、节能减排和环境保护等政策措施的贯彻落实，全省16个州市均建立了以各级纪检监察机关为组织协调主体、实施各项目督查办公室为督办主体、各职能部门为具体实施主体的“三位一体”督查工作机制。近3年来，为应对金融危机、雨雪冰冻灾害、煤电油气运紧张以及百年一遇的旱灾等挑战，云南及时出台实施了11个方面350多条政策措施，上千亿资金、几万个项目需推进落实。为此，云南省对全省新增中央投资项目进行了五轮检查，抽查项目4773个，整改问题997个，各地各部门派出300多个检查组、2000余人次，通过专项检查、立项督查、效能监察、明察暗访、受理投诉等方式，对中央和云南省扩大内需项目进行了全面检查，纠正违规问题329个，罚没、补交款项569万元。2010年，完成对38.5亿元抗旱救灾资金物资管理使用、农业农村工作推进等情况的监督检查，查处和纠正救灾款物监管方面违规违纪问题26起，涉及资金1063万元，为抗旱救灾作出了贡献。

维护“民族团结、宗教和睦、边疆安宁、社会稳定”的大局，是云南省反腐倡廉建设的重要职责目标，也是其“云南特点”的基本内容。近年来，云南省在迪庆等州市开展了“反对分裂、维护稳定、促进发展”主题教育活动，进村入寺开展教育宣讲，解决影响农村和寺院稳定的各类矛盾纠纷。面对4061公里的边境线，切实抓好反分裂、禁毒、防艾等艰巨任务的落实，在边境区县深入排查，坚

持抓早抓小抓苗头，切实把问题处理在基层，有力地维护了全省发展稳定大局。

（二）刹风正纪，开展专项治理和资金监管

近年来，云南省认真开展各项专项治理。一是认真落实领导干部配偶子女从业、投资入股等规定和有关事项报告制度，及时纠正制止了少数地方、单位和领导干部违规发放津贴、违规收受礼金等问题。查处并通报了一批跑官要官、买官卖官、拉票贿选和突击提拔干部的典型案件。二是切实抓好工程建设领域突出问题专项治理，近两年全省排查规模以上政府投资工程建设项目 12401 个，纠正问题 2054 个，罚没、补交款项 7155 万元，查处违纪违法案件 394 件，给予党政纪处分 384 人，制定完善制度 1741 个。三是深入整治庆典、研讨会、论坛过多过滥问题，严肃查处滥用财政资金、向企业和个人摊派费用或拉赞助以及谋取私利等问题。四是深入开展公务用车问题专项治理，着力纠正超编制超标准配备公务用车和违规换车、借车、摊派款项购车、豪华装饰及公车私用等问题。五是全面清理评比达标表彰项目 2043 项，撤销 1986 项，撤销率为 97.2%。归口整合检查考评项目，连续两年推行全省集中统一检查考评，各州市年均接待各类检查考评人员由 630 多人次降为 30 多人次，经费支出由 110 万元降为 10 万元左右，下降率分别达到 96% 和 91%。六是开展了“小金库”问题集中整治，全省共清查出“小金库”资金 1.6 亿元，其他违规资金 12.8 亿元，违规发放津贴 103.01 万元，收缴“小金库”和其他违规资金 9850 万元。82 个单位受到经济处罚，16 人受到党政纪处分，1 人移送司法机关处理。通过清查，全省共取消“小金库”账户 227 个，取消其他银行账户 6251 个。七是加强社保基金、住房公积金、扶贫资金和救灾救济资金等“四项资金”的监管，纠正和查处违纪违法问题 1319 件，涉及金额 1.28 亿元，给予党政纪处分 156 人。全

省共减轻中小学生负担9.84亿元，查处教育乱收费案件96件，向学生退还各种乱收费1403.1万元。全省集中招标采购药品总金额达97.56亿元，招标采购药品占医院用药总金额的比例逐步提高到88.3%，查处医药购销中的违纪违法案件481件。取消公路站点77个，查处公路“三乱”行为69起，实现了全省公路基本无“三乱”的目标。

（三）坚决惩治腐败，严肃查处了一批有影响的大案要案

2008年1月至2011年4月，全省纪检监察机关共受理信访举报72027件（次），立案查处违纪案件6030件，处分违纪人员6411人，其中地厅级干部40人，县处级干部97人，挽回经济损失50多亿元。坚持了六个注重：注重查处了外逃腐败官员的案件。组织协调有关部门严肃查处了省交通厅原副厅长胡星收受巨额贿赂4029.8万元案，经过专案组的艰苦努力，终将潜逃到新加坡的胡星抓捕归案，是与我国没有签订引渡条约且司法制度存在巨大差异的国家追捕外逃贪官的成功案例。注重查处了国有企业领导人员违纪违法案件。查处了云南铜业集团少数领导干部腐败案，挽回经济损失15亿余元，帮助企业转变发展方式，克服了金融危机和腐败问题带来的双重风险。注重查处了工程建设等重点领域违纪违法案件。严肃查处了昆明市土地开发投资经营公司原董事长陆锦昌等人受贿、挪用公款案，预计挽回经济损失27亿余元；严肃查处了大理白族自治州原副州长黄永华等人在项目审批和规划调整中收受巨额贿赂、导致房地产商破坏生态环境等案件，维护了市场秩序。注重查处了重大群体性事件背后的腐败案件。严肃查处了孟连“7·19”群体性事件背后省市县乡四级党政机关33名党员干部违纪违法案，揭露非法利益链，切实维护了群众利益。注重查处了地厅级和县级党政主要领导的违纪违法案件。先后查处了麻栗坡县原县委书记赵仕永、大理市原市长段力、楚雄州州长杨

红卫、省地税局局长王南昆等20名县级及以上党政主要领导严重违纪违法案件。注重了查处违反组织人事纪律的案件。严肃查处了景东县原县委书记杨寒松受贿卖官案、玉溪市委组织部原副部长过国庆严重违纪违法案、昆明市工商局原局长王爱中突击提拔干部案、德宏州中级人民法院原副院长杨华相拉票案、昆明市地税局原机关党委书记车万新严重违规造假案、省国土资源厅规划处原处长胡珀拉票案，有力地匡正了选人用人风气。

（四）加大制度创新力度，为廉洁政府建设提供制度支撑

每年颁布一批管用的制度：2007年，为了有效防止行政审批中的不正之风，颁布执行了省属国有企业资产处置审批、重大资源开发利用项目审批、重大投资项目审批和核准以及省级财政追加预算支出审批等四项审批制度，重点加强法治政府建设。2008年，为有效解决行政机关工作人员不作为、慢作为、乱作为等不履行或不正确履行职责的问题，防止吃拿卡要等不廉洁行为发生，颁布执行了首办首问制、服务承诺制、限时办结制、行政问责制等四项制度，重点加强责任政府建设。2009年，为增强行政行为的透明度，防止暗箱操作带来的各种问题，颁布执行了重大决策听证、重要事项公示、重点工作通报和政府信息查询等四项制度，重点加强阳光政府建设。2010年，为有效控制行政成本，颁布执行行政绩效管理、行政成本控制、行政行为监督和行政能力提高等四项制度，重点加强效能政府建设。这一系列制度的制定和实施，提升了政府公信力和执行力，为廉洁政府建设提供了制度支撑。

为深化各项公开工作，2010年12月建成了省级公共资源交易中心，实现了工程建设项目招标投标、矿业权和国有产权交易、政府采购、药品集中采购统一进场，截至目前已受理进场交易项目288个，中标22.49亿元；药品集中采购金额52.09亿元，促

进了公共资源公开、公平、公正交易。总结推广政务服务中心建设、构建政务服务体系经验，已建成五级联动、层级清晰、覆盖城乡的为民服务体系。在省级部门推进行政审批集中办理，实行一个窗口对外服务；在城市以州（市）县为重点，建立政务服务中心；在农村，以乡镇为重点建立为民服务中心，并建立村（社区）为民服务站，一些地方还在村民小组一级配备了代办员，同时组建了流动服务队。现在，遇到困难找政府、办理事情进大厅、政府主动为老百姓上门办事，已经成为普遍现象。全省各地相继开通政风行风热线，先后制作播出3950期，有7869名领导干部走进热线直播间，受理群众反映问题23439个，解决22861个，解决率达97.5%。

云南省各地区各部门结合实际推进制度创新，取得了一批富有特色的成果：昆明市探索公务用车管理制度改革，在主城四个区率先进行试点，取消收回各部门单位配备的公车，实行公务用车专用卡定额包干使用办法，实行严格审批和登记结算制度，有效降低了行政成本，社会反映良好。据人民网调查显示，97.8%的网民支持昆明公车改革。德宏州在财力弱条件差的情况下，下大决心建设政务服务中心，德宏州和州府所在地的潞西市两级同时进驻政务服务中心，办理各类审批事项，实行“对进入中心的审批服务事项公开服务内容、办事程序、申报材料、承诺实现、收费标准、办结情况，一般事项的直接办理、特殊事项承诺办理、重大事项联合办理、上报事项负责办理、控制事项明确答复”的“六公开、五办理”制度，全面推行“部门审批服务职能集中于行政服务科室，行政服务科室向中心集中运作，所有审批服务项目进中心到位，审批权限到位”，实现了具有行政审批权的部门100%进中心、所有审批服务项目100%到中心办理、审批权限100%授权到中心办理的“三个百分之百”目标。

（五）强化责任制考核，巩固齐抓共管反腐倡廉建设的良好局面

自2009年以来，云南省委、省政府把党风廉政建设责任制考核、惩防体系建设检查、领导班子和领导干部年度考核三项检查合并进行，考评结果作为领导干部评先评优、提拔任用、组织处理和实施问责的重要依据。2010年，云南省在全国率先制定党风廉政建设责任制实施办法，促进各级领导干部落实“一岗双责”。最近5年，由省级领导带队连续进行责任制考核，先后调整了7个不合格单位主要领导的岗位，对18个基本合格单位的主要领导进行了诫勉谈话。

云南推行行政问责制、服务承诺制、首问责任制、限时办结制等四项制度，一些对重大事故、重大事件、重大影响负有责任的党员领导干部被问责。三年多来，云南省共启动问责程序5618次，问责厅级干部27人，处级干部483人。特别是通过严厉问责孟连“7.19”事件、阳宗海水体砷污染事件的相关责任人，起到了警示教育作用。目前全省16个州市、129个县（市、区）已全面实行党政领导干部问责制，部分州市还在人大、政协、审判、检察机关及人民团体实行。

三　效果与评价：群众对反腐倡廉工作认可度和信心度均大幅提升

经过全省上下不懈努力，人民群众对党风廉政建设和反腐败工作予以认可，干部群众对反腐败斗争的满意度不断提高。

据国家统计局在云南开展城乡居民民意调查提供的资料显示，云南省反腐倡廉建设各项相关指数稳步趋好。

第一，群众对反腐败工作的认可程度较高。2010年，对所在地

区和单位党政领导对党风廉政建设和反腐败工作是否重视选项，群众认为重视和较重视的达到71.57%，而2008年为45.65%，2007年为38.52%，分别上升了12.13和19.26个百分点。

第二，群众对反腐败工作满意度有所提高。2010年，人民群众对近年来党风廉政建设和反腐败斗争所取得的成效的满意度为60.36%，不满意的为3.61%。2008年、2007年的满意度则分别为58.91%和46.52%。

第三，多数人认为腐败现象在一定范围内得到了遏制。调查显示，2010年，81.83%的群众认为，腐败现象得到了有效遏制或在一定范围内得到了遏制，而2008年、2007年分别为75.67%和73.45%。

第四，大部分群众对反腐败斗争充满信心。2010年，群众对通过开展反腐败斗争逐步遏制和消除腐败现象的信心度为69.78%，2008年、2007年分别为65.62%和59.04%；对今后腐败现象的看法，认为会逐渐减少的为54.3%，而2008年为33.69%，2007年为37.82%；认为会更加严重的为7.03%，而2008年为16.47%，2007年为18.58%；对通过建立健全惩防和预防腐败体系逐步克服腐败现象有信心的和比较有信心占76.71%，不太有信心的为10.19%，没有信心的为3.06%。问卷调查显示，在党和政府关注民生、积极应对灾害和危机成效方面，在党政机关工作作风转变、办事效率评价方面，大部分党员干部的廉洁度评价方面，最近两年相关指数都有不同程度改善，反映出云南反腐倡廉工作良好发展态势。

展望下一步发展，云南省的反腐倡廉建设实践仍应紧紧抓住实施西部大开发战略和推进桥头堡建设的重大机遇，围绕建设绿色经济强省、民族文化强省和中国面向西南开放桥头堡的战略目标，把反腐倡廉工作融入全省经济建设、政治建设、文化建设、社会建设和生态文明建设中，不断增强反腐倡廉工作的科学性和有效性，使反腐倡廉建设为建设富裕民主文明开放和谐的云南作出新贡献。

B.10

内蒙古：构建具有民族地区特色的反腐倡廉建设格局

内蒙古反腐倡廉建设课题组 *

内蒙古自治区成立于 1947 年 5 月，是我国成立最早的少数民族自治区。改革开放特别是进入新世纪以来，内蒙古经济社会逐步走上又好又快的发展轨道，综合经济实力大幅度提升，2002 ~ 2009 年，经济增速连续 8 年保持全国领先。全区地区生产总值从 2000 年的 1539 亿元增加到 2010 年的 11655 亿元，首次超过万亿元，由全国第 24 位上升到第 15 位；地方财政总收入从 2000 年的 111 亿元增加到 2010 年的 1738 亿元；全区城镇居民人均可支配收入和农牧民人均纯收入分别由 2000 年的 5129 元和 2038 元提高到 2010 年的 17698 元和 5530 元。在经济持续快速发展的有力条件下，内蒙古各项事业全面进步，人民生活不断改善，呈现了民族团结、社会和谐、边疆稳定的良好局面。

内蒙古自治区党委书记、人大常委会主任胡春华指出："一个地方要实现持续较快发展、保持社会和谐稳定，必须有风清气正的发展环境，如果腐败现象不断出现，经济社会发展必然受到严重影响，甚

---

* 课题组顾问：张文清（内蒙古监察学会会长）、王延中。课题组成员：乔建东（内蒙古监察学会副会长）、马永真（内蒙古社会科学院院长、研究员）、安建洛（内蒙古社会科学院副院长、研究员）、郑东波（内蒙古监察学会常务理事）、无极（内蒙古社会科学院政法所副所长、研究员）、张志华（内蒙古社会科学院院办公室主任）、常文清（内蒙古社会科学院政法所助理研究员）、魏文芳（内蒙古社会科学院政法所助理研究员）、张永梅（副编审）、王建庭、刘佩升、高洁、范三国。执笔：乔建东、无极、张永梅、张志华、常文清、魏文芳、高洁、范三国。

至停滞不前。”内蒙古的反腐倡廉建设正是从维护改革发展稳定这个大局出发，积极构建以教育、制度、监督、改革、纠风、惩处为主要内容的惩防体系基本框架，逐步形成拒腐防变教育长效机制、权力运行监控机制、反腐倡廉制度体系，为维护内蒙古民族团结、社会和谐、边疆稳定，尤其是经济社会快速发展提供坚强保证，走出一条符合内蒙古实际、具有民族地区特色的反腐倡廉建设之路。

一　基本思路与布局

内蒙古在“一心一意谋发展，全力以赴保增长”的同时，高度重视以惩防体系建设为重点的反腐倡廉建设，努力做到“五个坚持”：坚持科学发展和社会和谐的出发点，谋划反腐倡廉建设的各项工作与任务；坚持紧紧抓住腐败现象易发多发的重要领域、重点部位和关键环节，将坚决惩治与有效预防有机结合起来；坚持深化改革和制度创新的着力点，不断加大从源头上预防和治理腐败的力度；坚持以领导干部为重点、以规范和制约权力为核心，综合发挥教育、制度、监督、改革、纠风、惩处的集约效应；坚持因地制宜和分类指导的节拍点，正确处理战略性目标与阶段性目标的关系。

在实践推进中，努力形成具有内蒙古特色的工作局面。

（一）完善任务体系、责任体系和考核体系

颁发了《内蒙古自治区贯彻落实中共中央〈建立健全惩治和预防腐败体系 2008～2012 年工作规划〉实施办法》等系列指导性文件，全面详尽地阐明自治区惩防体系建设的指导思想、工作原则、建设目标和主要任务，并健全了惩防体系建设的责任体系。印发了反腐倡廉建设相关工作的具体分工方案和任务台账，建立起自上而下完整的任务体系。出台了《内蒙古自治区惩治和预防腐败体系建设工作

监督检查、考核评价及结果运用、责任追究暂行办法》，健全和完善了督查机制、考评机制和奖惩机制。自治区领导每年亲自带队，对各盟市厅局惩防体系建设工作进行检查考核，并反馈考核结果，近三年共提出整改意见547条。此外，根据内蒙古惩防体系建设工作2008～2012年五年总体部署，自治区分别将2008年定为“全区惩防体系建设教育年”、2009～2010年定为“全区惩防体系制度建设与相关改革推进年”、2011年定为“全区惩防体系建设强化监督年”，坚持每一年度选择一项重点任务，集中攻关，合力推进，确保惩防体系建设不断取得扎实的阶段性成效。

（二）党政机关、国有企事业单位、农村牧区基层组织分类建设

针对各级党政机关特别是涉及行政审批、资源开发、土地出让、工程建设、资金管理、政府采购等重要部门及其权力运行，制定出有针对性的包括行业部门和单位自身的防范和监管措施，做到纵向监管到底。抓住国有企业投资决策、资本运营、产权交易、销售采购、改制重组及企业领导薪酬和职务消费等经营管理的关键环节，深化国有企业改革，制定和完善相关制度，加强监督管理；国有事业单位则根据其社会职能定位，建立健全公益目标明确、监管制度健全、治理结构合理、权力运行规范的管理体制和运行机制。围绕社会主义新农村新牧区建设，以保证党和国家的农村政策落实、维护农牧民群众利益、改进基层干部作风和推进农村牧区基层民主建设为重点，重点推动以村民会议、村民代表会议为主要形式的村级民主制度的健全和完善，推展民主协商、民主恳谈、民主听证等民主议事方式的运用，推行村务公开并强化农村牧区集体经济组织资金、资产、资源监管，推进基层民主建设和民主管理，治理少数基层干部参与赌博、拉票贿选、徇私舞弊以及侵占集体和农牧民利益问题，构建惩治和预防腐败体系。

（三）整体构建、行业构建、联合构建

整体构建以地方为主体。惩防体系既涵盖反腐倡廉各个领域和环节，又注重把握体制、机制、制度之间的相互关系，体现惩防体系建设的完整性和全局性。行业构建以部门为主体。各部门紧密结合本系统实际和本行业具体特点，抓住容易滋生腐败现象的关键环节和特殊岗位，不断深化改革，建立权力运行风险识别、控制和化解机制，健全由制度、流程和权力运行风险点即权力关键控制点同构的风险管理体系，完善“人人有制度约束，事事有流程管理，行行有风险规范”的动态监管态势，延展惩防体系建设的深度。联合构建以纪检监察机关为主体。各级纪检监察机关发挥执纪执法功能和组织协调作用，整合纪检、监察、审判、检察、公安、审计等各职能部门的优势，综合运用法律、纪律、行政和经济等手段，逐步构成对专项工作、重大任务的攻坚力量以及对大案要案的惩处和整治力度，集中解决跨地区跨部门的焦点、难点和热点问题。

（四）教育说服，制度约束，监督制衡

教育是反腐倡廉和惩防体系建设的基础。各级党政领导班子带头学习反腐倡廉理论，党委（党组）理论中心学习组每年至少安排两次反腐倡廉理论专题学习，旗县以上党政主要负责人每年在一定范围内讲一次反腐倡廉党课，纪委书记每年在当地党政机关主要负责人范围内作一次反腐倡廉形势分析报告。各级党组织每年组织一次反腐倡廉主题教育活动，不断增强普通党员的反腐倡廉意识。同时，加强面向社会的反腐倡廉宣传教育，加强反腐倡廉教育基地建设，加强廉政文化建设，开展丰富多彩的廉政文化创建活动，积极营造崇廉尚廉的思想、文化与舆论氛围。制度是反腐倡廉和惩防体系建设的保证。积极推行地方党委讨论决定重大问题和任用重要干部票决制。对涉及经

济社会发展全局的重大事项，广泛征询意见，充分协商和协调；对专业性、技术性较强的重大事项，进行专家论证、技术咨询和决策评估；对与群众利益相关的重大事项，实行社会公示制度和听证制度，促进重大决策的民主化、程序化和科学化。同时，健全和完善党内民主和党内监督制度、反腐倡廉法规制度。监督是反腐倡廉和惩防体系建设的关键。各地围绕中央和自治区有关加强和改善宏观调控、转变经济发展方式、增强自主创新能力、注重生态环境保护、节约集约利用土地、合理开发利用自然资源、保障和改善民生等重大决策的实施，加大监督力度，坚决防止违背科学发展观的行为。同时重点治理领导干部违规插手招投标、土地出让、产权交易、政府采购等市场交易活动，违规收送现金、有价证券、支付凭证，以及在住房和配偶、子女个人从业上以权谋私等腐败行为。充分发挥各监督主体的作用，形成强大的监督合力。

（五）坚持“三制创新”理念，体现时代性与科学性

重点改革和完善干部选拔任用制度。按照民主、公开、竞争、择优的用人原则，推行地方党委讨论任用重要干部无记名投票表决的办法，逐步推广差额推荐、差额考察、差额表决的做法，采取公开选拔、竞争上岗、差额选举等方法，增强民主推荐、民主测评的科学性和真实性，完善干部选拔任用监督机制。改革完善干部考核评价和考核结果反馈制度，把平时考核和定期考核相结合，进一步规范考核内容和考核方式，扩大群众参与面，将廉政情况作为考核的一项基本评价指标，充分发挥考核结果在干部任用和监督管理中的作用，完善干部考核监督机制。改革完善领导干部职务任期、回避、交流制度，加大对县级以上地方党政领导班子、行政执法机关、司法机关和管理人财物部门的主要负责人定期交流的力度，完善领导干部交流和离任监督机制。积极改革和完善司法机关的机构设置、职权配置和管理制

度。坚持审判公开、检务公开和警务公开，严格界定检察机关对诉讼活动实行法律监督的程序、措施和范围，完善责权明确、相互配合、相互制约、高效运行的司法体制。改革司法管理、司法财政保障和民事、行政再审制度，科学规范减刑、假释、保外就医、暂予监外执行、服刑地变更的条件和裁定程序，完善司法执行机制。改革司法人员执法过错、违纪违法责任追究和领导干部失职责任追究制度，完善涉法涉诉信访工作机制。改革法律统一适用制度，完善司法人员自由裁量权行使机制。改革重点案件挂牌督办、重点地区加强督办和督办案件通报制度，完善查处司法干警违法违纪行为机制。大力改革和完善现行行政管理体制。改革行政审批制度，清理、削减和规范行政审批事项并缩短审批时限，建立重大项目审批会审制，严格备案、核准的范围和程序，并加强后续监管，完善行政审批项目动态管理机制。进一步改革和完善国有资产监管体制。建立国有金融资产、经营性资产、行政事业性资产和自然资源资产监管制度，健全国有资本经营预算、企业经营业绩考核、国有产权转让和企业重大决策失误追究等制度。加快推进现代市场体系建设及工程建设项目招标投标、土地征收和使用权出让、探矿权采矿权有偿使用、产权交易市场、政府采购等相关制度建设。

二　实践举措与主要成效

（一）以惩处治乱为抓手构建惩戒机制

1. 不断加强监督检查，确保中央和自治区重大决策部署全面贯彻落实

各级纪检监察机关认真履行监督检查职能，加强对土地调控政策落实情况和矿产资源开发秩序的监督检查，严肃查处土地和矿产资源开发违法违规案件，纠正违法批地、私挖乱采问题。加强对环境保护法律法规和政策规定落实情况的监督检查，开展了整治违法排污、保障群众健康环保专项治理行动，纠正节能减排和环保方面违法违规问题。加强对工程建设招投标、新开工项目和房地产市场宏观调控政策执行情况的监督检查，开展了工程建设领域突出问题专项治理行动，2008～2010年，全区查处工程建设领域案件3304件，给予党政纪处分159人，组织处理23人，移送司法机关67人，列入不良记录企业299家。加强对安全生产事故的监督检查，强化安全措施监管，严肃查处违法违纪行为。加强对行政决策、行政执行及行政效率的监督检查，自治区本级年均受理行政效能投诉案件500余件，办结率达95%以上。

2. 深入开展纠风专项治理，着力解决损害人民群众利益的突出问题

针对一些党政机关和国家工作人员侵占农牧民草牧场与民争利的问题，从2007年开始，用三年的时间开展了清理党政机关及其领导干部和工作人员占用草牧场专项治理工作，全区清退党政机关、干部及非牧民占用草牧场1600余万亩。2009～2011年，开展了惠农惠牧政策落实情况专项检查工作，重点对挤占、挪用、套取、截留和贪占专项资金以及侵犯农牧民土地草场承包权益的问题进行调查处理，共查处各类违反惠农惠牧政策的案件554件，纠正违规资金280万余元，处理涉案人员77人。加大对民生领域突出问题的治理，2008年以来，查处和纠正社保资金违纪违规问题90个，涉及金额2.8亿多元，5人受到党政纪处分；查处住房公积金违纪违规问题28个，涉及金额5560万元；查处“问题乳粉”等食品药品安全问题3460件，涉及金额4226万余元，给予党政纪处分48人。针对群众关心的教育收费、医药购销和医疗服务中的不正之风及公路“三乱”等问题，持续开展综合治理。对义务教育阶段改制学校进行清理，严格规范教育收费行为；在全区旗县级及以上公立医疗机构实行药品网上集中招标采购制度，大幅降低药品零售价格；清理整顿公路收费站点，查处乱收费、乱罚款、乱设卡等公路“三乱”问题。同时，全力解决在征收征用土地、城镇房屋拆迁、企业重组改制中损害群众利益及拖欠农民工工资等问题；查处涉企乱收费案件，取消和清理涉企收费453项；开展清理各类评比达标项目，清理庆典、研讨会、论坛，清理行业协会和市场中介组织违规收费等问题。2011年内蒙古自治区党风廉政建设民意调查结果显示，群众对纠正损害群众利益不正之风工作的满意度明显上升，较2008年增加了9.7%。

3. 加强查办案件工作，始终保持惩治腐败高压态势

各级纪检监察机关不断强化执纪办案是纪检监察机关基本职能的意识，进一步加强案件查办工作的组织领导和协调工作，总结和研究新形势下违纪违法案件的特点规律，不断改进办案思路和方法，全面加强办案工作制度化、规范化建设，突出抓好大案要案查处，查办了一批在社会上有影响、有震动、有威慑力的大案要案。比较典型的有：赤峰市委原副书记、市长徐国元，锡林郭勒盟盟委原副书记蔚小平，自治区党委原副秘书长白志明等违纪违法案。此外，自治区纪委配合和协助中央纪委对自治区原副主席刘卓志违纪违法案、呼和浩特市委原副秘书长张志新侵吞国有资产案、自治区铁路重点项目协调办公室原副主任牛志美涉嫌违纪问题进行了调查。2008年1月至2011年10月，全区各级纪检监察机关共受理信访举报45400件（次），立案3578件，结案3529件，给予党政纪处分4184人，其中地厅级干部17人，县处级干部182人。与此同时，深入开展商业贿赂专项治理，全区共查处商业贿赂案件265件，涉案金额4285.12万元。

（二）强化领导干部廉洁自律和监督制约机制

1. 充分利用典型案例开展警示教育

在案件查办过程中，尤其在查办有影响的大案要案后，按照自治区纪委“一案三报告”制度，及时进行剖析，召开警示教育大会。如2009年查办赤峰市委原副书记、市长徐国元案件，2010年查办锡林郭勒盟盟委原副书记蔚小平案件，均召开了自治区直属机关副厅以上党员干部和各盟市、旗县党委、人大、政府、政协党员领导干部参加的警示教育大会，收到了良好的警示教育效果。

2. 积极做好廉政文化宣传教育工作

加强思想道德建设是反腐倡廉的基础性工作，是党员干部拒腐防变的思想保证。随着经济体制深刻变革、社会结构深刻变动、利益格局深刻调整、思想观念深刻变化，拜金主义、享乐主义、极端个人主义等观念对党员干部腐蚀影响不可低估。近年来，为把反腐倡廉宣传工作做扎实，自治区积极推动廉政文化“六进”活动，命名首批“全区廉政文化建设示范点”、“全区廉政教育基地”，收到了很好的示范效果。全区旗县以上单位共建立警示教育基地160个，开展教育活动1440余次，组织20万名党员干部参观展览。与此同时，自治区纪委监察厅制定了《向社会通报党风廉政建设和反腐败工作情况制度》，通过媒体定期向社会通报重大案件查办和党风廉政建设情况，强化社会监督，努力营造全社会反腐倡廉氛围，使党员干部做到警钟长鸣、拒腐防变。

3. 加强对党员领导干部特别是党政领导班子及主要领导干部的监督

认真落实领导干部述职述廉、诫勉谈话、民主评议、任前廉政谈话等制度，积极推进党政领导问责、廉政承诺制。2010年，自治区各级纪委负责人同下级党政主要负责人谈话5500人次，领导干部任前廉政谈话7452人次，诫勉谈话928人次；自治区37000多名领导干部进行了述职述廉，各级领导干部自觉接受监督的意识进一步增强。健全完善民主集中制和党政领导班子议事规则，加强对党政正职权力行使的监督，出台了《加强对旗县（市区）党政正职监督的暂行办法》。加强党委巡视工作，注重巡视成果的转化和运用，对巡视中发现的各类突出问题进行跟踪督查，促进问题的解决。按照领导干部廉洁从政有关规定，深入开展专项治理，认真查处领导干部违反规定收送现金、有价证券和支付凭证，借婚丧嫁娶等事宜大操大办，以及“跑官要官”、“买官卖官”等问题。严格控制和压缩因公出国（境）、公务用车购置及运行、公务接待三项经费支出，2009～2010年，全区党政机关因公出国（境）人数和费用年均分别减少14.3%和23.7%；各级党政机关车辆购置及运行费用支出累计减少5.38亿多元；公务接待费累计减少2.9亿多元。全区清理党政机关楼堂馆所建设项目127个，对26个超规模、超标准建设项目进行了调查处理。加大对制度执行情况的督查。针对监督制度不落实、监督不到位等问题，积极探索有效监督方法，加强对重点人员、重点岗位、重要事项等全方位、全过程的监督。2010年自治区对12个盟市、69个区直厅局单位惩防体系制度建设和制度落实情况进行拉网式专项检查，共召开三个片会和七个督查汇报会。同时，进一步强化人大监督、政府专门机关监督、司法监督、政协民主监督和社会监督。积极推进和深化领导干部任期经济责任审计工作，分批对盟市、厅局级领导干部进行任期经济责任审计，并对审计出的违纪违规问题进行了纠正处理。

（三）以两个平台建设为载体加强权力运行监督

不受制约的权力是腐败之源。加强对权力的监督制约，是构建惩治和预防腐败体系的关键，是反腐倡廉建设的核心内容。近年来，内蒙古以规范权力运行为核心，以科学配置权力、权力阳光运行、资源市场配置为主线，加强对公共权力和公共资源配置权的监督制约，形成了具有内蒙古特色的权力运行监督制约模式。

1. 建立以权力阳光运行为核心的行政审批电子监察平台

为深化行政审批制度改革，自治区政府印发了《关于推进行政权力公开透明运行的意见》，政务公开、政务服务中心建设、电子政务和电子监察等工作取得明显成效，全区 12 个盟市和 80% 的旗县（市、区）成立了政务服务中心，40% 以上的苏木乡镇设立了便民服务大厅，2000 多个嘎查村和社区居委会设立了代办点，7 个区直部门设立了专业办事大厅，“上下联动、层级清晰、覆盖城乡、高效便捷”的政务服务体系建设正在稳步推进。以呼和浩特、锡林郭勒为代表，内蒙古各市盟以法律法规为依据，以阳光用权为核心，以信息技术为支撑，积极构筑集成政务公开、集中审批、电子监察“三位一体”的综合政务平台，促进了公共权力的廉洁高效运行。

加大信息公开力度，使权力运行阳光透明。呼和浩特市按照《政府信息公开条例》，对审批事项名称、设立依据、办理要件、办事程序、办结时限、收费标准和依据、承办部门、咨询电话逐一核实并予以全面公开。锡林郭勒盟实行了审批项目、政策依据、审批程序、示范文本、审批结果“五公开”。通过行署综合门户网站、审批中心网站及报纸、电视等媒体，盟直、市直保留的 557 项行政审批事项全部予以公开。对进厅的所有执法主体、行政审批项目的设立依据、收费依据等全部公开，建立了 180 多万字的政策法规数据库，公布法律、法规、规章 186 部，方便企业和公众随时查询。印制了服务指南、办事流程、收费指南等 200 多万字的宣传资料，通过投影幕、液晶电视、触摸屏等，公开审批程序及相关政务信息，主动接受社会监督。所有行政审批服务事项的办理状态和结果，全部通过中心网站、大屏幕实时滚动发布。

加强流程监管，使权力行使受到制约。呼和浩特市政务服务中心实行统一审批流程、统一审批系统，统一审批公章、统一人员管理的“四统一”。为最大限度地简化办事程序，缩短办事时限，将原来上百种办事程序简化为 7 种规范流程，依据法规政策、制度办法，遵循和把握财政经济运行、权力运行、职责履行规律，以图表形式清晰描述每一项权力和职责运行流程，明确每个流程的时限、责任，并固化到行政审批平台，实现权职运行程序化，审批时限平均缩短64.2%。规定各部门办理审批统一使用“审批专用章”，并在审批系统中使用统一的电子审批专用章，部门公章和其他印章不再行使审批职能，整个办理流程都在电脑中进行，如果不符合程序和缺少必备的手续，电脑无法出具电子印章，保证审批工作按固化的流程运行。对进驻市政务服务中心的各部门审批工作人员统一培训、统一管理、统一考评。锡林郭勒盟创新推出“四项机制”：一是首问代办制。设立首问代办窗口统一受理，统一办结，统一发证，提供一次性告知服务，相关单位具体承办，监察部门全程监察，使事项的办理从受理、审核、审批、出证、收费、办结每个环节全部置于监督之下。二是并联审批制。对两个部门分别审批的基本建设、社会发展、商贸流通、农牧林水4大类32个事项进行并联审批，累计办结并联审批事项58575件，平均每项节约30个工作日。三是地区联审制。旗县有关部门需要上报盟直主管部门审批的事项，通过集中行政管理系统直接上报盟中心首问代办窗口受理，盟直相关部门审核后系统自动把审批结果反馈回市直窗口单位，提高了审批效率。四是预警催办制。行政服务管理系统对于环节超时的审批事项，自动发出黄灯提示，中心工作人员实时进行事项催办，累计发出预警催办件3755项，发放催办单595份，有效促进了审批事项的限时办理。

加强权力运用的审批监管，努力提高行政效率。为了使行政服务平台有效管用便民，呼和浩特市出台了《关于市有关部门增设审批办和内设机构职能调整等有关事项的通知》，在具有审批职能的市级部门设立“审批办”，将过去由不同领导分管、不同科室承担的审批权力剥离出来，统一调整到“审批办”集中办理，部门其他内设机构不再受理和办理相关审批服务工作。各部门“审批办”按照“集中审批职能、集中审批事项、集中审批人员”的“三集中”管理模式，集中为公民、法人和其他组织办理有关政务服务事项。目前市政府服务中心在市本级建立了1个综合服务大厅和6个专业服务大厅，简称“1+6”模式，45个职能部门审批办、233名审批人员、217项审批事项“整建制”进驻办理审批业务。锡林郭勒盟为提高行政服务的集中度，在实现部门100%进厅、项目100%到位、环节100%监察等“三个百分之百”的同时，实行了“集中审签制”，在审批中心设置独立的“签批室”，对于暂时授权不充分的部分单位，必须由负责领导定期到签批室，通过指纹识别系统登录审批许可平台现场签批，避免了代签代批，杜绝了纸质审批资料厅外运转现象。截至2011年8月份，锡林浩特地区盟市进厅部门中256人在“审签室”录入指纹，已审批办理各类事项13000多项。

强化科技约束，实行适时监督。呼和浩特市纪委、监察局运用信息网络技术将市政务服务中心综合服务大厅及6个专业分厅、各区县市民服务中心和193个社区服务站纳入市行政审批电子平台，依据“审批流程图”，把行政权力和服务事项的业务流程格式化、标准化、程序化，固化成为计算机语言在网络上运行，实现与市政务服务中心联网办公。锡林郭勒盟同步开发电子监察系统，形成了全盟电子监察核心局域网。只要打开大屏幕，纳入监察监控范围的所有办事窗口的运行状况，如每一行政服务事项的运行状态、预警催办、纠错督办等情况，监察监控中心都看得清清楚楚。不需出门，就可以详细了解到各个窗口服务人员到岗、工作作风、服务态度等情况，实现了事前、事中、事后全程监察。通过同步采集行政审批管理系统中每一行政服务事项办理过程中各个环节形成的数据，如每个环节的责任人、承诺时限、法定时限、办理时限和批示意见，以及退回、作废、补办和收费减免等异常件等，对权力运行实行动态监管。对超时件和异常件，系统自动进行黄牌催办和红牌督办。监察工作人员根据具体情况，在网上直接发出《催办通知书》和《督办通知书》，对督而不办的可以发出《监察建议书》。电子监察系统运行以来，工作人员的责任心明显增强，各类事项按时办结率和提前办结率明显提升。

开展民主评议，强化群众监督。锡林郭勒盟拓宽群众评议监督渠道，除了每年安排集中问卷测评外，办事群众可以通过评议箱、中心网站、触摸屏、主任信箱等多种形式，对窗口及工作人员进行评议，评议结果纳入窗口单位年度政风行风评议内容。开通效能投诉“直通车”，在进一步加强日常举报、网上投诉工作的同时，建设了行政效能投诉可视化调度系统。在重点监控部位统一安装了投诉直通电话，随时受理办事者的投诉举报。投诉信息数据全部进入电子监察系统，按照设定的流程进行登记、受理、办理和反馈。根据行政权力运行流程，科学设置行政绩效评估量化标准，并固化到电子监察系统之中，由系统对各部门、各岗位的行政效能情况自动进行打分、考核和分析，评估结果通过政府门户网站等定期向各级领导机关、各相关单位和社会公布，并纳入部门单位政风行风评议、领导班子实绩考核和党风廉政建设责任制考核。

2. 打造以市场化配置为基础的矿产资源交易平台

内蒙古自治区把加强对矿产资源配置权的监督制约与健全市场机制、实现公共资源市场化配置结合起来，以市场方式公开有偿地出让矿业权，实现矿产资源由行政审批向市场配置转变，使政府权力受到公开制约和监督，从根本上减少以权谋私、权钱交易的机会，从源头上防治腐败问题的发生。

围绕发挥市场在资源配置中的基础性作用推进制度创新。为促进和保障矿业权市场的健康发展，内蒙古自治区国土资源厅在已有制度的基础上，先后制定了《关于全面整顿和规范矿产资源开发秩序的意见》、《关于进一步规范矿业权管理加强煤炭资源勘察开发管理的意见》、《矿产资源有偿使用管理办法》、《矿业权招标拍卖挂牌管理办法》、《矿业权交易服务中心交易规则》等一系列规范性文件，使矿产资源出让制度体系日益完善，为矿业权市场的可持续发展提供了有力保障。鄂尔多斯市为防止在矿业权匹配上出现借招商引资等名义占用矿产资源现象，坚持“先立项、后配置”和“整装预留、分期配置”的原则，严把项目立项和资源匹配关。针对非法转让矿业权现象，明确规定矿业权转让必须经有资质的矿业权评估机构依法评估，并坚持按市场定价转让，非经评估和公示不得转让；通过招商引资项目配置的矿业权不得转让；严禁以出卖区块、采坑、采区等形式分割转让矿业权。

培育统一的矿业权交易市场。内蒙古自治区在探索总结近年来委托盟市以招牌挂方式出让矿业权工作的基础上，进一步培育和发展矿业权交易市场，规范矿业权交易行为，于2008年12月成立了矿产权交易服务中心，对属于自治区国土资源厅管理权限、原由盟市国土资源局组织实施市场出让的矿业权，全部纳入该中心统一进行出让。截至2010年12月，矿业权交易服务中心共完成了10个批次共计228宗探矿权出让工作，成交总价款为5.35亿元，是起始价的12.71倍。自治区矿业权出让一级市场建立和发展，大大减少了人为因素对矿业资源出让的干预和控制，从源头上防止了矿业权不正当交易行为。鄂尔多斯市组建了全市统一公共资源综合交易平台，将市政府采购中心、建设工程承发包管理中心、国土资源交易中心整合，所有交易实行统一的模式化管理，集中监管，阳光交易，从源头上预防和治理腐败。

推进矿产资源阳光交易。按照公开、公平、公正、透明原则，建立了信息公开机制，对于各盟市上报国土资源厅审核同意并批准实施招拍挂出让的矿业权项目，交易服务中心在交易起始日前20日，利用国土资源报、内蒙古日报、国土资源厅网站等媒体向社会发布公告。建立了资质审查机制，凡具备相应资质的企业均可参加矿业权出让，实现了资源投资主体多元化，解决了社会资本流向矿产资源领域的瓶颈问题。建立了公开竞价机制，以挂牌竞价出让为主，拍卖方式为辅，竞价过程聘请全国资质较高的拍卖机构和知名度高的拍卖师组织实施，公证部门现场公证确认，纪检监察部门全程监督，有力防止了“暗箱操作”。研发了“内蒙古自治区矿业交易信息系统”，报名受理工作采取多窗口接收、单终端汇总的信息管理模式，整个报名信息系统由计算机封闭管理，完全处于保密状态，有效防止了竞买人的信息外泄，规范了矿业权市场交易行为。

以风险防控为重点强化资源交易监管。内蒙古自治区国土资源厅履行市场监管职责，在全系统组织开展了“两整治、一改革”专项行动，深入进行土地和矿业权交易市场整治，深化国土资源管理制度改革，规范土地和矿业权交易行为。全系统围绕规范权力运行，排查廉政风险点3324条，并对廉政风险点的表现形式、存在原因及其可能产生的后果等进行登记备案，相应拟定了23项整改措施，制定了40幅审批审核防控流程图。严肃查处涉土涉矿违纪违法案件，受理信访举报案件76件，立案查处涉土涉矿违法行为787起，共处罚没款4502.71万元，给予政纪处分19人，移送司法机关追究刑事责任3人，有效整治和解决了矿业权交易市场存在的突出问题，有力遏制了矿产资源交易领域腐败案件易发多发态势。

内蒙古坚持用发展的思路和改革的办法预防和治理腐败，针对容易滋生腐败的重点领域和关键环节，切实提高反腐倡廉制度化、规范化水平，最大限度减少体制障碍和制度漏洞，不断加大从源头上防治腐败的力度。2008年以来，自治区共建立和完善反腐倡廉相关制度1600余项，仅2010年就出台了1092项，涉及改革内容580余项。积极构建廉政风险防控机制。着力从重点领域、重点部门、重点环节入手，排查廉政风险，健全内控机制，构筑制度防线，形成以积极预防为核心的科学防控机制。2011年，主要针对工程建设、矿产开发、土地出让等领域腐败现象易发多发的特点，建立调查分析和专项治理制度，围绕权力制约、资金监控和规范从政行为等，专题研究有关事项11个，同时配合体制机制改革，紧紧围绕人民群众反映强烈的突出问题进行专项治理，推动了廉政风险防控机制的健全和完善。

（四）探索农牧区权力运行监督的有效载体和机制

随着内蒙古自治区工业化、城市化和农牧业现代化进程的快速推进，基层经济结构、社会结构、生产经营方式也在发生深刻变化，给基层民主政治建设和党风廉政建设提出了新挑战、新要求。内蒙古从实际出发，在实践中创新形成了以党代会常任制、村民代表大会常设制、村务契约制为特色的基层民主监督有效载体，推进了基层民主政治和农牧区党风廉政建设的发展。

1. 探索以党代会常任制为重点的基层党内民主监督

党代会常任制主要是为了充分发挥党的各级代表在作为党的最高决策和监督机关的党代会中的作用，而根本目的则是加强党内民主决策和党内监督。内蒙古以党代会常任制试点为抓手，创新机制，搭建平台，积极发挥党代会和党代表作用，推动了党内制度创新和党内民主建设进程。

实行党代会年会制，搭建党代表议党议政平台。内蒙古各试点旗县区普遍实行党代会年会制。锡林郭勒盟正蓝旗[①]、鄂尔多斯市东胜区[②]等以党代会年会代替每年的旗（区）委全委（扩大）会议，实现了党代表对重大事项的决策权。兴安盟扎赉特旗将“议事”与“议人”作为党代会年会的两大核心内容，通过审议两委（旗委、旗纪委）、三个党组（人大党组、政府党组、政协党组）和四个部门（旗委组织部、宣传部、政法委、统战部）工作报告等，审议事关政治、

① 朝克图、阿丽玛：《内蒙古正蓝旗试行党代会常任制成效初显》，2009年7月3日《锡林郭勒日报》。

② 谈盟源：《内蒙古东胜区党代会常任制和党代表任期工作调研报告》，中国共产党新闻网，2011年6月1日。

经济、社会发展和党的建设方面的重大事项；通过对届内新增的两委委员进行票决，对两委及两委委员专题述职进行票议，审议重要干部增补及履职情况①。赤峰市林西县全面推行票评、票议、票决等“三票制”，改变过去举手、鼓掌、划圈等做法，为党代表真实行使权力提供了更为自由的渠道②。党代会年会的召开，有效发挥了党代表在闭会期间参与党委重大决策的作用，改变了过去党代表资格一次性和权利的一时性，提高了党代表参与党内决策的积极性。

实行党代表任期制，激发党代表行使权力的活力。实行常任制和任期制后，为确保闭会期间党代表行使权、参与权和监督权，各试点旗县区通过建立“代表联系”、“情况通报”、“视察调研”、“列席会议”、“重大事项决策征询”、“党代表评议”、“党代表联系基层”等制度，明确规定党代表在闭会期间享有开展活动、参与监督等职权，使党代表的权力由过去的“一次性”变为日常性，成为一种实实在在的职责和职权。

正确处理三“会”关系，形成科学有效的权力运行机制。正蓝旗等试点旗县区将党代会年会安排在人代会和政协会议之前，用党代会精神指导“两会”召开。党代会着眼于审议经济社会发展的目标和思路，研究解决党的建设中带全局性、前瞻性的深层次问题；人代会依法行使决定旗县区重大事务的权力，把党代会的决议变成人代会的有关决定；每年党代会召开之前，采取走访或座谈会的形式广泛征求政协委员的意见建议，坚持“协商于决策之前”的原则，不断扩大政协委员发挥作用的空间，促进党代会决策的科学化。

2. 推行“四权四制”，健全村级权力体制和组织运行机制

在地方探索基础上，内蒙古一些地区在农村地区大力推广“四

---

① 兴安盟行政公署：《兴安盟扎赉特旗推行党代会常任制试点工作的调查》，内蒙古自治区政府网，2010 年 4 月 29 日。

② 中共林西县委组织部：《内蒙古林西县党代表大会常任制试点工作的经验和启示》，理论网，2011 年 6 月 14 日。

权四制”，以“四权”体制依法科学配置村级组织权力。“四权”体制，是指对所有村级重大事项决策，由党支部履行决策组织权、村民（代表）会议履行决策表决权、村委会履行决策实施权、村民监督委员会履行决策监督权。在“四权”体制下，村党组织掌握决策组织权，谋全局、把方向、管宏观，负责对整个决策、管理、监督等活动的组织领导，以保证村民自治始终保持正确的发展方向。村民会议实施决策表决权，集中反映全体村民意志，对村内重大事务进行“拍板”。村委会履行决策实施权，按照生产发展、生活宽裕、乡风文明、村容整洁、管理民主的要求管理日常性村务，同时，向村民会议或村民代表会议负责并报告工作。村民监督委员会履行决策监督权，负责对决策程序、决策过程、决策结果和执行环节、执行结果进行监督。

与“四权”相适应的“四制”运行机制，是指将所有村级重大事项决策都按照决策启动、民主表决、组织实施、监督评议的运行机制进行。村民会议或村民代表会议实行集体决策，会议议题由村党支部、村民委员会或1/3以上村民代表提出，提交村民会议或村民代表会议讨论表决。村民代表会议由村民代表选举产生的执行主席主持召开，2/3以上的村民代表同意或通过表决后方可形成决议，并向村民公布。村委会在村党支部领导下具体负责组织实施决议事项，在实施过程中，村委会要及时向全体村民公布决议事项的实施进度，实施工作完成后要及时公布结果，接受群众监督。村民监督委员会要对决策程序、决策过程、决策结果和执行环节、执行结果进行监督，定期不定期地将开展工作情况和监督情况向村两委班子联席会议反馈，及时向全体村民进行通报。年度工作结束后，还要及时开展对两委班子述职述廉工作的质询和评议。

“四权四制”的组织体制和运行机制，在农牧区探索出党的领导、人民群众当家做主和依法治国的有机统一的权力运行机制，使权力配置和运行机制更加科学，村干部的自由裁量权和决定权受到限制，村级事务的决策权、执行权、监督权相互分离相互制约，从源头上预防了以权谋私等腐败现象和不正之风的发生。以伊金霍洛旗为例，2009 年以来，138 个嘎查村共召开村民代表会议 590 多次，累计议定事项 2800 多项，一些涉及群众切身利益的热点难点问题得到有效解决。全旗基层矛盾化解率不断提高，群众对村“两委”的满意度由 2006 年的 67% 上升到 2009 年底的 90%；涉村信访量由 2006 年的 40% 下降到 2009 年底的 11.5%[①]；涉村信访举报成案率为零，村官腐败现象得到有效遏制。

3. 实施以“村务契约化”为基础的农村治理新模式

长期以来，嘎查村级不同程度存在着村务、财务不公开，村组集体财产管理混乱，村干部侵占农村集体资金、资产、资源，利用职权谋取非法利益等问题，导致干群关系紧张，影响了农村的稳定和发展。仅以赤峰市阿鲁科尔沁旗为例，2006 年以来，全旗发生的 220 件次集体上访事件中，因嘎查村级事务管理导致的就达 159 件次，占农村牧区集体上访事件的 98.1%。围绕这一新时期农村普遍存在的热点、难点和重点问题，阿旗把法学和经济学中的契约关系引入村级事务管理中，通过合同、协议等书面契约形式，把村委会与村干部、村民之间、村委会与其他单位及个人之间的各类事务以及双方的权利义务、履约时间和违约责任依法固定下来，使村级事务管理公开透明、责权明确、执行有据、动作规范，破解了农村基层党风廉政建设面临的难题。

突出五类事项，实施分类管理。将村级事务分为集体资产管理、经济项目建设、公益事业管理、社会事务管理、基层组织建设五个大类，每类中划分若干小项。根据涉及对象的适用性质分别用合同、协

① 巴建光：《健全“四权四制”，创新基层组织》，《求是》2010 年第 15 期。

议、纪要等方式实行契约化管理。对于集体资产承包、项目建设、公共基础设施建设和土地流转等涉及与钱、物有关的经济资产类的事情，都以要件齐备的法律合同进行管理。对于党员设岗定责、嘎查村委会主任竞选、村民代表、民主理财小组履职尽责、社会治安、村容整治、老人赡养等基层组织建设和社会管理类事务，都以签订协议的形式进行管理。对于不便直接采用合同、协议方式的事项、决议，按照契约规范，以纪要签约的方式进行管理。

实行五步决策，规范操作流程。村务契约化管理运作程序首先是根据村级事务各自特点，分别制定出规范的契约文本，明确每项事务具体采用哪种契约形式。其次，按照村级重大事务“五步决策法”（村书记和村主任共同研究提出初步意见－报上级党委政府审核把关－两委班子联席会议讨论形成初步方案－广泛征求党员意见或召开党员大会讨论修订、完善方案－提交村民会议或村民代表会议决定）决定契约化管理事项。再次，对决定事项实施契约化管理，即，村两委研究起草契约文本－报上级党委政府审核把关－召开党员会或村民代表会等讨论契约文本－审核公示文本－签订协议或合同－监督执行。镇设立村务契约化管理监督小组，负责审查各类契约内容是否全面真实，合理合法，决策程序是否科学，管理是否规范，执行是否到位，将监督管理贯穿于契约整个运作实施过程。

坚持四个原则，确保合法合规。一是合法性原则。在拟定各类契约文本的过程中，做到有法可依，并邀请政法机关和相关执法部门的人员参与，使各项条款符合党的方针政策和国家法律法规，确保要件齐全、合法有据。二是民主性原则。凡契约涉及的范围、内容和形式，均由村级组织和村民代表会议充分讨论，广泛征求群众意见，充分体现群众意愿，达成严肃的法律约束力。三是实效性原则。坚持具体情况具体对待，不搞一刀切，协议事项力求明确规范，实际实用，简便易行。四是公开性原则。对村务决策活动、契约文本等，及时进行公开、公示，实行阳光操作，保证村务管理活动全程公开透明。

通过村级事务契约化管理，使村级事务的民主管理有了法制保障，村级重大事项“一事一议”落实难的问题得到有效解决，确保了村务公开真实，促进了农村牧区经济发展和社会和谐。2008 年以来，阿鲁科尔沁旗共有村部建设、村庄规划、街道治理、村建路修建、自来水安装等 345 公益事业通过契约化管理方式得到落实，换届选举、产业项目和公益事务等方面造成的集体上访案件大大减少，农牧民集体上访总数从 2008 年以前每年都有 48 件次以上，下降到 2009 年和 2010 年两年仅 33 件次。

三　启示与思考

经过多年坚持不懈的努力，内蒙古反腐倡廉建设工作取得了重要进展和明显成效。据 2011 年在全区开展的党风廉政建设民意调查结果显示，人民群众对近年来反腐倡廉建设取得成效的满意度有新的提高，较 2008 年上升了 5.82%。但是，也应当清醒地看到，目前腐败现象依然严重，反腐倡廉建设也存在一些不容忽视的问题：一是一些重要领域、重点部位腐败大案要案仍时有发生，极少数领导干部违纪违法案件涉案金额巨大，影响恶劣；二是一些行政执法部门及工作人员仍存在“吃拿卡要”等不正之风，少数干部不作为、乱作为，“不给好处不办事，给了好处乱办事”及奢侈浪费等现象还未有效遏制；三是一些部门、单位和公务人员与民争利或直接损害群众利益的问题尚没有得到根本解决；四是对领导干部特别是主要领导干部的监督工作还比较薄弱，存在执纪执法偏宽偏软的现象。对于上述问题，需要在今后的反腐倡廉建设中进一步加大工作力度，采取综合措施，加以防范和消除，努力使腐败减少到最低程度。

（一）要充分发挥各级党委和政府及广大基层党组织在反腐倡廉建设中的责任主体作用

各级党委、政府作为反腐倡廉建设的责任主体，要按照党风廉政建设责任制和“一岗双责”的要求，进一步担负起全面领导反腐倡廉建设的重大政治责任。各级党委和政府以及广大基层党组织的主要负责人，要始终把自身置于反腐倡廉建设的中心位置，把权力置于阳光之下，做到“立身不忘做人之本、为政不移公仆之心、用权不谋一己之私”，自觉经受住发展社会主义市场经济和改革开放条件下长期执政的考验，充分发挥在反腐倡廉建设中的领军作用。

（二）要发挥各类执纪执法机关在反腐倡廉建设中的骨干作用

整体推进以惩防体系建设为重点的反腐倡廉建设，必须充分发挥各级纪检、审判、检察、公安、监察、审计等执纪执法机关的骨干和主力作用，进一步加大对各级党政领导班子及其主要负责人的监督力度，做到用制度确权、限权、管权，不断提升执纪执法机关的执行力。要围绕土地审批、矿业权设置、重要人事任免、重要建设项目投资、大额度资金使用等不同领域的工作重点，制定出台相关配套制度，并且形成权力的制衡，实现决策权、执行权、监督权既相互制约，又相互协调配合，以权力的制衡来推进制度的落实与执行。

（三）要发挥人民群众在反腐倡廉建设的中坚作用

推进反腐倡廉建设，必须积极回应并有效解决反腐倡廉建设中群众反映强烈的以权谋私、贪赃枉法、失职渎职等问题，切实维护群众的切身利益，把实现好、维护好、发展好各族人民群众根本利益作为动力源泉，发挥好各族人民群众在以惩防体系建设为重点的反腐倡廉建设中的中坚作用。要进一步扩大群众有序的政治参与，拓宽对施政行为的监督渠道，增强涉及群众切身利益的有关政策和工作的透明度。

（四）要发挥社会主义核心价值体系在反腐倡廉建设中的基础作用

在推进反腐倡廉建设中，必须注重廉政文化的净化、导向、规范和预防功能，充分发挥社会主义核心价值体系在反腐倡廉建设中的基础与治本作用，使广大党员干部在这一价值体系的文化氛围中得到熏陶与教化，从而以相同的价值取向、思维模式、行为方式将广大党员干部联系和调动起来，从根本上树立执政为民的集体领导观念和民主决策理念，形成廉洁从政的权力观与义务观。要着力解决一些党员领导干部在思想作风、工作作风、领导作风和生活作风方面存在的突出问题，增强公仆意识，密切联系群众，讲党性、重品行、作表率，察实情、办实事、求实效。要通过丰富多彩的廉政文化教育活动，在全社会形成以廉为荣、以贪为耻的良好风尚，为反腐倡廉建设创造浓厚的社会氛围。

（五）要发挥现代信息技术在反腐倡廉建设中的科技支撑作用

建立利用现代科技手段监督制约权力运行的机制，依托信息技术和网络化管理对权力进行科学分解和配置，可以实现制度设计的科学性与制度执行刚性的有机统一，前移监控关口，延伸监督监控的范围和领域，最大限度减少体制障碍和制度漏洞，提高反腐倡廉制度建设的科学化水平。将现代科技手段广泛运用于权力运行各个环节，改革了原有的权力运行模式，克服了传统手段的弊端，减少了人为操作行使自由裁量权的弹性空间。内蒙古把计算机网络技术应用于权力监督方面，做了一些开创性工作，取得了较好的预期效果，为经济欠发达地区运用科技手段规范权力运行积累了宝贵经验。特别是建立行政审批电子监察系统，把行政审批业务流程固化成为计算机语言在网络上运行，使制度规定的软约束和计算机程序的硬约束结合起来，提升了权力监督制约工作的系统性、持续性、固定性、可操作性和科技含量，较好解决了权力运行内部难监督、外部不公开问题，促进了权力的阳光运行、规范运行。

专 题 报 告

Thematic Reports

B.11 陕西建设防治腐败管用制度群的有益探索

中国社会科学院调研组 *

近年来，陕西省把解决社会关注度高、群众反映强烈、实际工作中亟待解决的问题作为着力点，制定了一系列行之有效的惩治和预防腐败制度，形成了防控腐败的“制度群”，有效推进了反腐倡廉建设。

一 推进群众点名接访和信访听证终结制度

越级访与重复访是基层信访工作面临的两大难题。出现越级访、

* 课题组组长：马援。调研组核心成员：党国英（中国社会科学院农发所研究员）、范三国、王继锋、田坤。执笔人：田坤、王继锋、范三国。

重复访的主要原因在于，群众对基层信访接待机构不信任。陕西深入分析群众的信访心理，从接访机制改革着手，改进接访流程，推出领导干部挂牌、群众点名接访和信访听证终结制度，取得了良好效果。

陕西要求县乡两级纪检监察机关公开领导干部姓名、职务、分管工作、联系方式，群众到纪检监察机关举报、控告、反映情况和提出建议意见时，自主选择接访领导。接访领导干部负责协调和督促有关方面依纪依法处理反映问题，并及时回复群众。有的地区还将接访领导干部范围扩展到县、乡两级所有党政领导干部，将接访问题范围拓展到群众全部诉求。为了解决重复访和越级访问题，陕西还推出信访听证终结制度，按照自愿、公正、公平、公开的原则，组织信访当事双方、相关部门和公众评判人员，召开信访听证会，对疑难复杂问题做出终结性处理。信访听证终结制度适用于以下几种情况：一是经过多次调查处理，上访当事人不满意，以致形成重复访和越级访，很可能引发群体性事件的信访；二是涉及多个职能部门、主管单位不明确的疑难复杂问题；三是上访人或有关组织工作人员认为需要通过信访听证终结来解决的其他信访问题。信访听证终结制度一般按七个步骤进行：批准决定；调查核实问题；制定听证会方案；通知参会人员、张榜公示；召开信访听证终结会；反馈信访听证终结结论；跟踪督办。

实施领导干部挂牌接访、群众点名上访制度，提高了工作透明度，强化了纪检监察机关特别是领导干部受理信访工作的责任感，提高了办事效率，有利于及时有效地解决损害群众利益的突出问题。这项制度有利于化解社会矛盾，促进社会和谐稳定，也提高了广大纪检监察干部的威信。该项制度实施后，群众合法权益得到有效维护，越级和重复上访明显减少。截至2010年9月30日，西安市13个区县、176个乡镇（街道）全部实行了挂牌点名接访制度，全市纪检监察机关领导干部共接受点访5529人，受访问题1716件，解决信访问题

1430件，办结率达90.58%，社会反应良好。信访听证终结制度充分尊重群众的知情权、陈述权、申辩权，通过摆事实、讲道理，弄清是非曲直，为解决矛盾、息诉罢访找到了突破口。通过召开信访听证终结会，有效解决了让上访群众有地方说话、有地方诉苦、有地方摆理的问题，使其能充分行使自己的参与权和监督权，密切了党群干群关系。各职能部门在听证会期间组成评议委员会，协同处理接访的问题，避免了相互推诿现象，增强了处理接访问题的科学性与合理性，提高了处理信访问题的办结率。在信访听证终结会上，将信访问题置于公众监督之下，程序严谨，气氛严肃，各参与方充分表达自己的意见，个别人胡搅蛮缠、提出的无理要求也在众目睽睽之下得到辨析，规范了信访工作秩序，有效提升了群众依纪依法信访的层次与水平。

二　实行基本药品采购、定价、配送“三统一”制度

为全面落实国家基本药物制度，纠正医药购销领域与医疗服务中的不正之风，解决群众反映强烈的“看病贵”问题，陕西推行基层医疗机构药品“三统一”制度，即基层医疗机构药品统一采购、统一定价、统一配送，在招标采购价格的基础上加5%的配送费后，医疗机构“零差率”销售，医院向患者出售药物时不再加价。药品“三统一”的过程实行分级负责制：省级负责制定政策规定，组织统一采购；市级负责遴选配送企业，组织统一配送；县级负责监督药品配送、药品质量和药品价格。2009年以来，陕西先后在宝鸡、榆林、咸阳、铜川、商洛等5个市基层医疗机构开展试点。2009年12月，陕西启动了第一次基本药物统一采购工作，实行以省为单位集中公开招标采购，共接待实际投标企业785家，投报品规5155个。陕西纪委组织监督组，进驻采购现场，对各个关键环节跟踪监督。经过评

标、开标，共有367家药品生产企业、1034个品规中标。为了满足基层医疗机构用药需求，2010年8月，陕西又制定了基本药物增补目录。2010年11月3日，西安、渭南、延安、汉中、安康等5市和杨凌示范区药品“三统一”启动之后，陕西基层医疗机构药品统一配送制度全面实施。

药品“三统一”制度打破了从流通领域采购药品的限定，解决了过去因药品采购流通环节多、加价高而导致药价虚高的难题。据统计，实行药品“三统一”之后，与国家零售指导价相比，药品价格平均降幅为46%，试点乡镇卫生院门诊和住院费平均降幅达3成。由于采取全省统一采购，医疗机构不参加招标，避免了药品厂家、经销商与医疗机构勾结哄抬药品价格的现象。统一招标采购，统一配送又节约了流通成本，避免了进货渠道混乱的问题，进一步规范了药品流通秩序，降低了老百姓的看病成本。同时，统一配送药品加快了药品流动速度，减轻了基层医疗机构的药库管理难度，也保证了药品质量。

三　推广乡镇公务接待“廉政灶”制度

公款吃喝浪费国家资财，损害干部声誉，败坏社会风气，人民群众反映十分强烈。针对这个问题，中央多次下发全国性文件，各地区、各部门也制定了配套制度和措施，但是，以各种名义大吃大喝的歪风禁而不绝。出现这种情况的原因之一在于，相关规定载体不明、标准模糊，易产生变通做法，进而偏离制度设计初衷，实际效果大打折扣。

陕西省纪委、监察厅在广泛调研和试点的基础上，在全省推广了乡镇公务接待“廉政灶”制度，要求上级机关及其工作人员在乡镇进行检查指导、调查研究等公务活动需要就餐的，严禁在营业性餐馆进行公务接待，一律在乡镇机关食堂就餐，严格控制陪餐人数。“廉政灶”不是在乡镇一级重新建设公务接待专用灶，而是对原乡镇机关食堂进行改造后，将其用作机关食堂和公务接待点。“廉政灶”制度要求，严禁乡镇专门为公务接待宰杀家畜，不得提供烟酒，接待饭菜以地方特色风味小吃为主，严格执行各项接待标准，就餐人员一律按规定交纳餐费。“廉政灶”的接待标准一般为20元/人次。

陕西各地实施“廉政灶”制度之后，公务接待支出大幅度下降。从2010年4月到2010年9月，陕西高陵县普华镇在“廉政灶”接待下乡干部47批、182人次，同比节约接待费用达3万余元；高陵县汤峪镇七、八两个月便因实施“廉政灶”制度节约财政开支1万余元；高陵县鹿苑镇2010年5月1日至9月29日，接待干部26批、150余人次，共花费3000元，同比下降70%。“廉政灶”菜品简单，不提供烟酒，让干部免除了酒精和尼古丁的伤害；低标准接待，使干部摆脱了高脂肪、高胆固醇食品的伤害；合理的食谱，保证了干部的营养需求；宽松的就餐环境，避免了以往公务接待的繁文缛节，让干部免去了绞尽脑汁敬酒的压力。在“廉政灶”就餐还节约了时间，提高了工作效率，为干部之间交流感情搭建了平台。由于“廉政灶”严禁提供烟酒和高标准宴请，封堵了资金使用漏洞，干部用餐之后直接投入工作，群众看在眼里，对干部的印象大为改观，舒缓了群众不满情绪。

四　推进政府采购电子化管理执行制度

为促进政府采购更加公开公平公正，从源头上预防腐败，陕西于2010年5月21日下发了《陕西省电子化政府采购办法（试行）》和《陕西省推进电子化政府采购工作实施意见》，要求从省本级到市、县（市、区），分步分级实施电子化政府采购制度，用两年时间，建成涵盖全省各级财政主管部门、采购单位、政府采购代理机构、评审专家、供应商在内的电子化政府采购管理和执行平台，实现从政府采购预算编制、计划报审、项目组织实施、合同签订、资金支付、现场监控等全过程的网上管理，形成行为规范、竞争有序的电子化政府采购工作机制。推行电子化政府采购，陕西坚持与政府采购制度、部门预算、国库集中支付、非税收入和国有资产管理等财政支出改革相结合，基本建设统一规划、统一标准、统一建设，防止重复建设与资金浪费，力戒程序繁琐、形式复杂。目前，陕西政府采购管理交易系统，已经实现了信息公告同步发布、专家异地网上随机抽取、评标现场远程监控等功能。2010 年上半年，陕西选择 21 家省级单位试行网上采购，采购单位从网上申报采购计划，财政部门网上审批下达。2011 年底前，陕西将完成全省电子化政府采购推行工作。

政府采购电子化管理与执行制度，大大提高了采购效率，降低了采购成本，促进了公平竞争，有利于从源头上预防政府采购领域各个环节的腐败行为。

五　实施乡镇办案协作区制度

纪检监察机关自身建设是反腐倡廉建设的一项基础工程，纪检监察干部队伍素质的高低、工作水平的优差、管理机制的顺滞，直接影响着党风廉政建设和反腐败工作的成效。许多基层纪检监察组织经常面临办案力量薄弱、业务不熟练、人情干扰大、监督不到位、效率低下等难题。2008 年，陕西安康市汉滨区纪委监察局在实践中大胆创新，打破乡镇行政区域界限，实施乡镇办案协作区制度，为破解此类问题找到了好办法。2010 年，陕西将乡镇办案协作区制度作为新“五项制度”之一在全省推广。

乡镇办案协作区制度，按照“就近连片，优势互补，有利工作”的原则，将区县乡镇划为几个办案协作区，每个协作区成立一个案件检查工作指导组，由区县纪委常委任组长，进行协作办案。“联查”、“联审”是乡镇办案协作区制度的主要运行方式。“联查”即对协作区的所有纪检监察干部统一调配使用，调查本协作区内需要查办的案件；“联审”即对协作区内查结的案件统一安排审理。区纪委经排查认为重要而复杂的案件或乡镇纪委认为查处有困难、有阻力的案件，由案件检查工作指导组协调协作区内的办案力量办理。为保证这项新制度顺畅运转，各区县还建立了办案人力资源库，根据办案需要，从资源库抽调办案人员，并实行案发地纪检监察干部回避制度。

实施乡镇办案协作区制度，促进了线索排查的经常化，办案的规范化和案件监督的常态化，有效化解了乡镇办案工作难题，提升了乡镇纪委办案的质量和效果。这种有效整合基层纪检监察力量进行协同办案的做法，为基层纪检监察工作机制改革趟出了一条可供借鉴之路。

六　全面推进村民监督委员会制度

在新农村建设的实践中，如何加强农民民主政治建设，实现民主自治的新突破，一直是各地面临的重要课题。陕西积极吸收基层自治智慧，完善村级民主监督的组织形式和工作机制，在试点的基础上，在全省推进村民监督委员会建设，为解决监督农村干部问题提供了新的思路。目前，这一制度已在全省推开，共建立村民监督委员会27113个，占行政村总数的99.5%。

陕西在推进村民监督委员会制度中，坚持民主选举，差额提出候选人，报乡镇党委备案后，提交村民大会或村民代表会正式投票选举，不搞指定或委派。在选举中，将遵纪守法、坚持原则、诚实守信、公道正派、熟悉村情、具备一定政策水平和监督能力，作为候选人的必备条件。同时实行严格的回避制度，村“两委会”成员及其近亲属不得作为候选人。村民监督委员会的选举一般与村委会换届同期进行，任期与村委会相同。

村民监督委员会主要履行“四项职责”：监督村委会及村干部执行党的路线方针政策情况；监督村民会议或村民代表会议决议的执行情况；监督村务公开执行情况；监督村干部廉洁情况。监委会享有“八项权力”：对“三农”投入项目资金的监管权；对村级事务、财务管理的监审权；对村级重大事项决策的建议权；对村务、财务执行情况的质询权；对村干部不廉洁、不公正、不民主行为的反映权；对村干部违规违纪违法决策的否决权；对不称职村干部罢免的提议权；对被误解村干部的保护权。

在各级政府对“三农”投入资金日益增多，村集体经济迅速发展，村干部掌握的资源越来越多的形势下，建立村民监督委员会是完善农村干部监督体制的有益探索。陕西村民监督委员会突出了村民的监督主体地位，弥补了现行村民自治组织架构中缺乏监督的制度性缺陷，有利于形成决策权、执行权、监督权相互制约又相互协调的权力结构和制度框架。村民监督委员会的设立，满足了村民参与村级事务管理的正常诉求，改变了村级原有的监督独立性不强、主体不明、效果不佳的状况，完善了村民自我治理的结构。村民监督委员会为民意舒畅表达提供了渠道，有利于村民委员会合规履行自身职责，有利于维护农村社会稳定，有利于有效预防农村基层干部腐败。①

七　构建基层党务公开工作制度

党务公开是党内民主的“加速器”、党风廉政建设的“助推器”、

① 郭永平：《创新村民监督制度　推进基层党风廉政建设》，《求是》2011 年第 8 期。

密切党群关系的“催化剂”，也是一项系统、复杂、长远的党建工程。近年来，陕西坚持自主与点题相结合，创新党务公开平台，扩大党员参与渠道，走出了一条基层党务公开的创新之路。

根据党组织的工作性质和特点要求，陕西按步骤、分层面把党员有所求、基层工作有所需的事项及时公开，坚持将党内制度、班子分工、学习计划和联系服务群众内容固定公开，将班子履责、廉洁自律和经济社会发展指标完成情况定期公开，将党组织重大决策、干部任免、党员违纪、评比表彰、民主评议随时公开，促使党务公开工作科学化和规范化。陕西各地也积极创新公开方式，探索符合实际的基层党务公开之路，取得了一些新经验。西安市新城区按照“党员关注什么就公开什么”的指导思想，把重大事项、民主决策、大额度资金使用、干部人事任免调整、领导干部廉洁自律等热点问题，按照不同领域分类制定《党务公开实施意见》和《党务公开目录》，包括县委、县直机关、县直部门、县属事业单位、检法两院、乡镇、街道、农村、社区、学校、医院、企业等基层党组织，对于尚未纳入《公开目录》或没有公开的事项，党员可向基层党组织申请公开。新城区还创新党务公开平台，在采取传统形式进行公开的同时，实现公开载体“多维化”，通过电信网络、门户网站、电子博客、滚动屏、触摸屏、社区博客和 QQ 群等手段，公开党员关注的信息。为增强基层民主监督的实际效果，新城区近百个基层站所党支部，面对面向行政管理或服务对象公开述职述廉、公开服务承诺、公开测评和征求意见并接受质询。在公开时限上，新城区坚持公开时间与公开内容相对应，定期公开与不定期公开相结合，在《公开目录》中将公开事项划分为固定公开、定期公开和随时公开等三类。新城区城管执法局、西一路街道等单位实行了“预公开”制度，凡是与群众利益密切相关的重要事项，都要利用公开栏、印发征求意见稿、召开会议和通过网络、新闻媒体等形式，在一定范围先进行期限不少于半个月的预公开，充分听取党员意见，进行必要的修改完善后再次公开。西城区还着力完善党务公开意见收集反馈机制，各级党组织开通了书记热线电话，政府网站设立了民意征集、群众评议栏目，各街道社区建立了连心桥，对党员关心关注、有疑问想知道的问题及时解答。

经过实践探索，陕西基层党务公开工作取得了初步成效：一是调动了党员干部群众干事创业的积极性。通过实施党务公开，保障了党员干部群众的知情权、参与权和监督权，使党员对党内事务有了更多了解和参与，密切了干群关系，激发了党员干部的工作热情，形成了谋发展、议发展、求发展的良好氛围。二是拓宽了民主管理、民主监督渠道。党务公开使基层党组织的工作置于党员的监督之中，有利于广泛听取党员的意见建议，使各项工作具有广泛的群众基础。三是促进了党内决策的科学性和规范性。通过实行党务公开，把党内重大事项和决策及时公开，增强了党务工作的透明度，增强了党内决策的科学性和规范性。

八 尝试各类领导干部离任交接制度

做好各类干部的离任交接，是保持党委政府各项工作延续性的重要内容，也是离任干部的职责所在。长期以来，由于缺乏相应的制度规范，致使交接工作难以正常实施或者流于形式，离任者往往“调令到手，抬腿就走”，而继任者则是“新官不理旧账”。交接过程中的“职责不清，是非不明”，不仅影响对离任干部任期责任履行情况的正确评价，也影响了新任干部全面有效地开展工作。由于交接不清，致使遗留问题不能及时解决，容易造成人力、物力、财力的浪费，甚至造成重大经济损失或者群体性事件，常常难以界定新官与旧任的责任。更为严重的是，由于监督不力，还容易滋生各种腐败现象。鉴于以上情况，自 2008 年起，陕西省西安市先后在阎良、未央、莲湖3个区试行了领导干部离任交接制度，2010年9月份开始，在13个区县全面推行了此项制度。

西安市规定，各区县党政机关、社会团体、事业单位和国有企业的正职领导或主持工作的副职领导干部，在调任、转任、轮岗、免职、辞职、辞退时，填写书面交接书，将经济事项、重点工作以及存在的遗留问题详细列出，交与接任领导干部，保证一个单位的工作不因领导的变换而出现中断或延误。西安市阎良区在充分整合各类监管力量的基础上，出台了《阎良区党政领导干部离任工作交接办法（试行）》和《阎良区党政领导干部离任工作交接办法（试行）实施细则》，对离任交接工作的主体、内容和程序进行了统一规范，并成立区领导干部离任交接工作领导小组，专门负责离任交接工作的具体组织协调、执行落实和监督管理工作。阎良区把处级以上干部作为监管重点，明确规定区委、人大、政府、政协的工作部门、群众团体、区属企事业单位和各镇、街道正职领导干部或主持工作的副职领导干部，在任期届满或者任期内调任、转任、免职、辞职及其他原因离开领导岗位前，必须按规定办理书面交接，履行交接手续。按照交接事项与工作职责对等的原则，力求交接事项全面具体，真实反映离任干部的工作思路、职责、实绩以及未完事项等。阎良区规定，离任领导干部要在宣布任免之日起7个工作日内办结交接手续，根据规定的交接事项，以书面报告形式实事求是地反映各类情况。离任交接工作领导小组组织召开专题座谈会，为交接双方提供面对面讨论工作、明确职责的交流平台，交接双方分别对交接内容确认后，在《交接书》上签字。领导小组办公室对交接资料建档立卷，实行档案化管理，对离任交接报告书在适当范围内予以公示。对不按规定办理交接手续的，不予办理编制、工资等调动手续。同时，对离任交接报告中涉及的事项进行监督检查，组织审计、财政部门对离任干部进行离任经济责任审计，对其任期内的资产负债、财务管理等情况做出全面客观的审计评价。此外，发放“党政领导干部离任交接工作回访单”和“党政领导干部离任交接工作督办通知单”，对离任交接事项进行长期监管，检查核实交接工作的具体落实情况。

实施领导干部离任交接制度，把以往的“良心活儿”变成了用科学的指标量化，用规范的制度管理和有效的措施保障施政行为，不仅提升了管理水平和公共形象，也为完善干部监督体制、强化领导干部廉洁自律产生了重要影响。领导干部离任交接制度填补了干部交接管理的制度缝隙，促进了管理机制的完善，有利于理清干部任期内的经济责任和工作职责，便于对干部任期内工作业绩进行科学评价，保持了管理工作的延续性和有序性。领导干部离任交接制度，为加强干部监督提供了有效的制度平台，使事前、事中和事后监督，上级、同级和下级监督得到有效结合，提高了干部管理和监督的效能，也为监督“一把手”提供了有力抓手，强化了领导干部的责任意识和自律意识。

陕西打造管用制度群实践的启示

（一）制度建设要有“问题意识”，抓住重要领域和关键环节

陕西在制度建设过程中，不求大而全，针对问题，各个击破，制定了一系列行之有效的“实制度”，形成了“制度群”、“规范网”，实践效果好。其提示的要义是，在制度建设中，应该避免“为了制度建设而建设制度”的不良倾向，特别要杜绝“政绩制度”。制度建设应作为一项长期任务来抓，长远布局、稳步推进。现阶段，制度建设首先要抓住重要领域和关键环节，然后以点带面，实现制度联动，本着“发现问题－制定制度－解决问题”的原则制定制度，避免铺摊子、撑门面、“看上去很美”。

（二）制度建设要以“管用有效”为目标，增强新制度的针对性和可操作性

陕西省纪委在介绍制度建设的做法时特别强调“制度要管用有效”，“管用是衡量一项制度是否合格的底线标准”。确保制度“管用有效”的基本前提应是制度须具有针对性和可操作性。所谓针对性，是指在制定制度时要针对存在的问题以及可能出现的问题设计制度；所谓具有可操作性，是指设计的制度要有抓手，能够切实得到贯彻落实。制度建设特别是基层制度建设最忌讳口号式的干条条。陕西制定的制度之所以普遍能够得到落实，取得良好效果，关键原因在于其具有针对性和可操作性。其提供的启示是，在进行制度建设时要有事说事，切忌无病呻吟；要有实在抓手，切忌空洞虚浮。

（三）制度建设要有“一盘棋”的宏观思路，重视制度的系统性和配套性

制度的系统性和配套性是制度建设的内在要求，制度如果缺乏系统性和配套性，就不能有效发挥作用。制度体系的建立就像编织一张规范网，每项制度都应成为网上的一个结点，而不应该游离于规范网之外。制度之间应相互衔接，紧密配合，才能形成既有根本制度、具体制度、实施细则，又有实体性制度、程序性制度和保障性制度的制度体系。陕西在制度建设中认识到了制度建设系统性的重要性，高度重视制度之间的互相联系、互相依存和互相呼应关系，立足全局，加强整体规划和统筹协调，保持党内制度与国家法律制度协调一致，保持上下位制度和同位阶制度之间的衔接协调。陕西的做法告诉人们，在制度建设的过程中，要准确把握新制度在制度体系中的地位，在制定制度之初就将配套性措施纳入规划，同时设计、同时部署、同时执行、同时检查。

（四）制度建设要与惩防体系建设的有关环节相结合，不断提高制度的执行力

胡锦涛总书记在党的十七届四中全会上指出，制定一份好的文件不容易，把文件落到实处更不容易。建立健全反腐倡廉制度的目的，是通过执行制度深入推进反腐倡廉建设。陕西在抓反腐倡廉制度建设的过程中，特别强调制度的执行力，全面部署、统筹安排、协同并进，将提高制度的执行力放在突出地位，将制度的执行融入惩防体系建设的各个环节，加强制度执行的组织领导，加强制度宣传教育，加强制度执行监督检查，坚决查处违反制度的行为，督促领导干部作执行制度的表率，取得了很好的效果。陕西的做法提供的启示是，如果制度得不到有效执行，党和政府的公信力就会受到质疑，制度空置与“制度白条”产生的辐射性恶果，会消解反腐倡廉建设各项工作的效力。

（五）制度建设应坚持“以人为本”，解决人民群众关心的问题

陕西在建章立制时，从群众的需求出发，倾听群众的呼声和要求，把维护群众切身利益当作反腐倡廉制度建设的根本出发点，以具体行动实践立党为公、执政为民的宗旨，有效地促进了社会的和谐稳定。“纪检监察机关领导干部挂牌群众点名接访”制度、“村民监督委员会”制度、“公务接待‘廉政灶’”制度、“基层医疗机构药品采购、价格、配送‘三统一’”制度等，无不体现陕西在制度建设中以“民生为本”的出发点。全心全意为人民服务是党的宗旨，党的一切奋斗都应为了让人民过上幸福、安康的生活。反腐倡廉建设作为社会主义现代化建设的保障，其出发点和落脚点都应在维护和实现人民群众的利益上。制度的制定和实施如脱离了人民群众，成为小系统、小圈子、小范围内的自说自话、自我陶醉的东西，必将成为无用之物、露水浮萍。在反腐倡廉制度建设中，应始终把维护和实现人民群众利益作为制度创新的出发点和落脚点，将“能不能方便群众表达利益诉求，能不能解决群众实际问题，能不能获得群众认可”作为制度建设的前置性设计要求，使反腐倡廉制度建设真正成为体现为民执政宗旨的根本性保障。

B.12 山西开展煤焦领域反腐败专项斗争的调研报告

中国社会科学院财贸所调研组*

山西省煤炭资源储量丰富、分布广泛，煤炭产业作为山西省重要的支柱产业，在保障国家能源安全、促进地方经济社会发展等方面发挥了重要作用。但是，煤炭产业也是安全生产事故多发的领域。2003至2008年间，山西省煤焦领域生安全生产事故频发，在各种矿难事故的背后，人为因素与渎职和腐败行为密切相关。腐败问题的存在不仅使国家和群众利益受到巨大的损失，影响党和政府的形象，成为影响一些地区社会稳定的重要诱因，而且阻碍了行业的正常发展，形成了行业重组的巨大阻力和障碍。为了促进山西煤焦行业产业重组，2008年7月，山西省委、省政府在煤焦领域集中开始了反腐败专项斗争，通过构建具有山西特色的惩防体系和推进煤焦领域的体制机制改革，有力地整顿了党员干部的工作作风，打击了不良风气，在规范经济秩序、激发经济活力方面取得了明显成效，为煤炭资源兼并重组的平稳有序推进提供了保障，也为山西省实施转型跨越发展战略发挥了积极作用。

一 山西煤焦行业发展的历史与现状

新中国成立后，山西先后建设了一批大型国有重点煤矿，初步形

* 课题组组长：史丹（中国社会科学院财贸所副所长、研究员）。课题组核心成员：马援、张学江（中国社会科学院财贸所助理研究员）。执笔人：史丹、张学江。

成了山西煤炭工业的主导力量。党的十一届三中全会后，改革开放给山西煤焦产业发展带来了新的生机与活力，全行业走上了健康发展的轨道，其发展历程可以分为四个时期。[①]

高速发展期（1978～1992 年）

1980 年，党中央、国务院作出了建设山西能源基地的决策，1983 年制定了《山西能源重化工基地建设综合规划》，国家投入了大量资金，为山西煤炭工业的迅速壮大提供了有力的保障。各类中小煤矿企业由此得以飞速发展，为缓解当时煤炭供应紧张发挥了积极的作用。但由于小煤矿发展过快、数量过多、规模过小，也给日后山西煤焦产业的可持续发展造成了隐忧。

走向市场期（1993～1997 年）

在建设社会主义市场经济的背景下，国家开始放开除电煤以外的其他煤炭销售价格，并对占煤炭消费 50% 左右的电煤价格实行指导价，直至 2002 年才取消。山西煤炭行业在煤炭需求不旺、库存加大、煤价下滑和货款拖欠加剧的严峻市场形势下，采取“以销、以运定产”的方针，执行煤炭部提出的“不给钱不发煤，不进票不发煤，不还账不发煤”的“三不”政策，限产压产，确保煤炭货款回收，整顿煤炭市场。

结构调整期（1998～2005 年）

1998 年，我国煤炭总量过剩与市场需求低迷的矛盾更加突出。国家开始整顿煤炭生产秩序，加强煤炭生产许可证和煤炭生产安全管理。山西省依法取缔和关闭了一批非法开采、布局不合理、缺乏安全保障的小煤矿。“十五”期间，累计压减淘汰落后产能 9820 万吨/年。

整合发展期（2006 年至今）

进入“十一五”时期，特别是从 2008 年 7 月山西省集中开展煤

---

① 周洁：《浓墨重彩写辉煌—改革开放以来山西煤炭工业发展回顾》，http：//www. sxgov. cn。

焦领域反腐败专项斗争以来，经过兼并重组资源整合，山西省煤矿数量大幅度减少。目前全省煤炭行业办矿主体由2000多家减少到了130多家，煤矿数量由“十五”期末的4278座减少到1053座，70%的矿井规模达到90万吨/年以上，30万吨/年以下的小煤矿全部淘汰，平均单井规模由30万吨/年提升到100万吨/年以上，保留矿井全部实现机械化开采，产业集中度明显提高。形成了以股份制为主要形式，国有、民营并存的以现代企业制度运行的办矿格局。近年来，煤炭价格持续走高，山西煤炭产量逐年增加，煤炭产销和效益状况良好，产量和利润呈双增态势，煤炭价格高位运行，电煤均按最高限价执行。与此相伴而生的是，煤矿的所有权、使用权、经营权频繁变动，企业多小散乱和国有资产流失问题突出。同时运力不足制约晋煤外运；采矿权和经营权分离给安全生产带来隐患。为此，山西省正加快推进煤矿体制改革和煤炭资源整合，引进省内外国有大型煤炭生产企业对中小煤矿进行收购、控股、租赁、托管，推动煤矿企业规模化、煤炭生产机械化、煤矿管理标准化、煤矿经营专业化和煤矿安全长效化。

在新的发展形势下，山西在全省集中开展了煤焦领域反腐败专项斗争，严查煤焦领域的官煤勾结等腐败案件，重点清理整治审批环节的腐败，国家机关工作人员和企业负责人官商、官煤勾结等问题，有力地促进全省煤炭产业健康稳定发展。

二　山西煤焦领域腐败的诱因与表现形式

腐败行为的发生是内因和外因共同作用的结果。煤焦领域腐败的诱因（内因）是在巨大的经济利益诱惑和驱使下，国家机关工作人员通过权力寻租对市场的渗透引致权力的市场化溢价。外因则是权力制约机制未能形成，矿产资源产权制度缺失，资源价格成本构成不完全，导致利益不合理分配，“不完全成本”成为煤炭行业取得暴利的主要原因。正是在内因与外因作用交织下，煤焦领域的官商、官煤勾结的腐败行为成为突出问题。

山西煤焦领域寻租主要集中在以下十个方面：一是违规审批资源、非法倒卖国有资产；二是漏缴、欠缴、挪用、私吞煤炭基金；三是不按规定收取资源价款；四是偷逃欠税；五是煤炭运销票据名目繁多，伪造、倒卖票据；六是国有资产严重流失；七是中介机构虚假评估；八是超层越界非法组织生产；九是以土地治理为名非法采煤；十是党员干部入股办矿收受贿赂。①

据调研，山西煤焦领域腐败行为在煤炭安全生产监管、生产经营、购销运输、税费征管、兼并重组整合以及中介服务等各环节均有不同形式的表现。

1. 行政审批环节的腐败行为

一家煤矿企业从事煤炭资源开采必须办齐“六证”，即采矿许可证、煤矿生产许可证、安全生产许可证、矿长资格证、矿长安全资格证、工商营业执照等6个证件。审批环节越多，意味着权力寻租机会越多。行政审批中的腐败行为表现为：利用行政审批权力向煤矿企业主吃、拿、卡、要，侵占群众利益；在煤炭资源开发规划与整合过程中，体现自己或与自己相关集团的利益诉求，影响煤炭资源的合理配置。一些手握行政审批大权的官员在审批过程中，入股或受贿，演绎着“花钱买路”、“入股同路”、“挂名借路”和“干股铺路”的套路。山西省临汾市灵石县某镇党委书记，就曾以每矿收取1000元至3000元关闭保证金，来应对国家“关井令”，只要交了钱就可以继续挖煤。②

2. 监管环节的腐败行为

监管环节的腐败行为是监管人被收买放松外部管制，或与被监管

① 《矿产资源领域“官矿勾结”现象严重　腐败案高发》，《半月谈》2011年2月，http：//www. chinanews. com/gn/2011/02－21/2855734. shtml。

② 《官煤勾结腐败比煤炭还黑》，http：//finance. sina. com. cn/g/20051125/15122148728. shtml。

者合谋，以牺牲社会利益换取私利。煤矿事故的发生有相当大的比例是安全生产监管人员被“金钱俘获”，以放松监管作为交易谋求私利，为一些违法违规煤矿开绿灯，充当“保护伞”。一桩桩“官煤勾结”的案例勾勒出这样一个腐败链条：“黑色金子”演化成“黑金政治”，再由“黑金政治”形成局部“黑色繁荣”的假象。

3. 生产经营中的腐败行为

在煤焦企业生产经营过程中，一些企业领导班子和领导人员在煤炭资源整合、投资建设和购买煤矿、重大项目决策、大宗设备采购、大额度资金支出、煤炭购销等事项上，不履行程序、不按规矩办事，违规经营牟利或给企业造成重大损失；违反财经纪律乱投资、乱担保、乱借款，截留挪用专项基金、设账外账、私设“小金库”使资金体外循环；在项目建设中，不搞招投标，规避招标或搞虚假招标。

4. 煤焦购销运输环节的腐败行为

在公路煤炭运销环节，个别公路站点利用职权收黑钱、放黑车、放人情车及吃、拿、卡、要谋取不正当利益；违反规定不按标准收费，处罚没有依据，以收代销、变相收费，乱设卡、乱收费、乱罚款，违反票据使用管理规定非法牟利和扰乱煤炭市场化经营秩序。在铁路煤炭运销环节，个别铁路发煤站在上站采购中运作不规范，程序不严格，个别人利用职权为个人及亲属谋取私利；在铁路煤炭经营中，计划审批、发运、货款结算等环节长期依赖中间代理和代装代发，发煤站违规对外承包、租赁经营导致企业抗御风险能力弱化。

5. 税费征管环节的腐败行为

由于偷逃税费能带来巨额利益，多年来公路站点一直是煤焦领域腐败问题的易发、多发和复发地带。目前，山西省的煤炭运销票据有：煤炭销售票、煤炭可持续发展基金已缴证明、公路煤炭运销统一调运单和焦炭定额附票、焦炭生产排污费定额附票等四大类，共计

50多种。个别单位和人员违规使用煤炭出省票据，倒买倒卖煤炭运销票据，制售假票，严重扰乱煤炭市场经营秩序。

6. 兼并重组整合过程中的腐败行为

一些党政干部和执法部门国家工作人员利用兼并重组整合的机会，进行“官煤勾结”，以多种形式参股分红，与矿主结成利益共同体，参股分红又以“干股”为多，或收受矿主的贿赂后为其大开方便之门。

7. 中介服务组织的腐败行为

山西煤焦领域的社会中介组织泛滥，一些中介组织业务水平不高，违反职业道德对涉煤事项进行虚假评估。尤其值得引起重视的是，许多中介组织的负责人由离退休领导干部担任，成为离退休干部“退而不休”滋生腐败的又一通道。煤焦领域的腐败行为还表现在，一些领导干部利用职权为配偶、子女、亲属和特定关系人谋取私利，职务消费标准过高，违规自定薪酬、滥发奖金，公务活动讲排场、比阔气、奢侈浪费，违规购置车辆、组团出国等。

三　山西治理煤焦领域腐败的做法及成效

（一）做法

在开展煤焦领域反腐败专项斗争的过程中，山西省实施了一系列行之有效的做法。

1. 强化组织领导

山西省、委省政府高度重视煤焦领域反腐专项斗争，成立了高层次、有权威的领导和工作机构，抽调22名厅级干部和60多名处级干部专门从事这项工作。2010年，省纪委确定增加一名常委和一名副厅长担任省煤焦办副主任，从委厅机关和各市县纪委选调骨干充实到省煤焦办，各市县也都建立了相应领导小组及工作机构，充实专业队伍，为深入开展专项斗争提供了组织保证。

2. 加强对重点岗位人群的廉洁从业教育

对全省煤炭资源兼并重组主体及其关键环节重点岗位负责人，涉煤涉焦行政审批及相关职能部门领导干部，进行廉政教育专题培训，提高他们遵纪守法的自觉性。2010 年先后对市、县政府分管领导干部和涉煤涉焦有关部门特别是资源审批、证照办理等关键岗位 1000 多名工作人员进行了集中培训，对兼并重组整合煤矿企业 1400 多名负责人进行了廉政教育。

3. 建立健全有效管用的规章制度

山西省煤焦领域规章制度建设以“八个环节”为载体全面展开，包括煤焦领域的行政审批、安全监管、生产经营、购销运输、税费征管、兼并重组整合、中介服务、监督惩处，初步建成了覆盖全省煤焦领域的惩防腐败制度体系。针对煤焦票据管理混乱和煤焦站点“放黑车、收黑钱”等问题，制定了《关于对煤焦运销票据管理使用和煤焦站点执业行为中突出问题专项治理实施方案》；针对煤炭资源整合和煤矿兼并重组过程中社会中介组织不中不公的问题，制定了《涉煤中介组织准入监管制度》、《焦炭资质审核“黑名单”制度》、《煤矿安全生产中介机构不良行为记录和处罚规定》等 8 项制度，实行专门的联席会议制度；针对煤炭资金拨付使用中存在的各种问题，起草了《关于对煤矿兼并补偿资金、煤炭可持续发展基金、能源基金、资源价款、维简费等征收拨付使用中突出问题进行专项治理的实施方案》。据统计，2010 年省市出台煤焦制度 184 项，其中省级 33 项，市级 151 项；相关制度总数累计达到 608 项，其中省级 105 项，市级 503 项。结合推进行政审批制度改革，组织相关部门将目前办理煤炭生产经营所需“六证”审批改为并联审批，建立“六证”并联审批办事大厅和相关审批责任制度。

表 1　2010 年山西省煤焦领域管理制度一览

法规名称	发文机关
《关于对煤矿企业兼并重组整合责任主体及相关责任人加强监督的若干规定》	省纪委、省监察厅和省煤焦办
《山西省煤焦领域行政机关政务公开办法》	省政府办公厅
《煤炭可持续发展基金管理使用制度》	省政府及有关部门
《煤焦领域证照审批及项目审批制度》	省政府及有关部门
《规范煤焦领域运销公路营业站和出省站等监管制度》	山西煤炭运销集团公司
《山西省煤炭企业国有资产产权交易制度》	省政府
《山西省煤焦领域廉政教育制度》	省纪委
《涉煤涉焦违纪违规举报保密奖励办法》	省纪委
《违法违规煤焦企业“黑名单”制度》	
《国有及国有控股煤矿企业重大事项监管制度》	
《涉煤涉焦中介组织管理办法》	

资料来源：根据中共山西省纪委、山西省监察厅、山西省煤焦领域反腐败专项斗争领导小组办公室《关于 2010 年煤焦领域反腐败专项斗争进展情况的报告》整理。

4. 强化对重点领域的监督检查和专项督办

“十严禁”和“十严格”的制定以及多种形式的党内监督、民主监督、媒体监督制度并行，使监督发挥了作用。在工作中，高度重视和解决群众关注的热点问题，逐一督促落实。在专项督办煤矿企业兼并重组中，发挥驻各市联络员作用，及时发现好经验和存在的问题。在专项督办资金清缴和案件查处过程中，省煤焦办从省直有关部门和单位抽调了 74 名干部成立了 11 个专项检查组，在每个市确定一个重点产煤县（市、区）进行重点解剖，对欠缴漏缴资金的底数和清缴情况重点督促检查。

5. 运用现代科技手段做预防工作

山西省开展了廉政风险防范机制试点工作，对重点领域、重要部位、重要环节制定了相应风险排查制度、健全诫勉谈话制度，形成煤焦领域风险防控和预警机制。研制开发了“山西省煤焦领域反腐败专项斗争专项清理与重点问题治理工作信息管理系统”，高效开展全省资金清缴工作；在煤焦运输管理中全面推行网络微机开票，实现数据即时上传、票卡绑定运行、管理规范统一；“电子服务卡”目前正逐步替代纸制票据，实现办事的公开透明、程序简化和方便快捷。在重要的煤运出省站点，电子实时监控基本实现数据省内联网、同步监察，大大压缩了违规操作的空间。

6. 以“三权制衡”深入推进煤焦反腐

集中开展煤焦领域反腐败专项斗争以来，山西摸索出一套“三权制衡”方法，遏制煤炭税费征缴中的“跑冒滴漏”。即经营开票权、管理验票权、监督稽查权相互分离。公路站点只负责经营开票，验票、稽查由其他两个部门负责，三部门相互制衡。① 权力分离在体制上分解了权力，在运行上规范了行为，在监督上强化了制衡，有效避免了车户拉关系、找门子、逃税费行为，遏制了公路站点“收黑放黑”现象。

7. 严肃查处煤焦领域腐败案件

加大对煤焦领域腐败行为的惩治力度，重点查处领导干部插手煤焦业务牟取暴利，利用审批监管、资金划拨、票据管理设租寻租，利用投资合作、矿业权出让托管转移瓜分国有资产、中饱私囊等案件。据统计，山西省自集中开展煤焦领域反腐专项行动以来，截至2011年2月已立案查处煤焦领域违纪违法案件1719件，处分违纪违法党员干部3289人，其中涉及厅级干部8人。② 查处了大同市原副市长王雁峰在煤矿置换过程中收受巨额贿赂案，大同市公安局原局长申公元在煤矿置换过程中收受巨额贿赂案，晋城市煤炭局总工程师、党组成

① 《山西严堵煤炭税费流失漏洞，权力分离斩断黑色利益链》，2010年11月18日《人民日报》。

② 王琼杰：《惩治“煤贪官”已没有退路》，http://www.chinamining.com.cn，2011年5月10日。

员刘俊文收受有关煤矿负责人贿赂案，蒲县煤炭局原局长郝鹏俊案等。

8. 形成良好的舆论氛围

山西省在部署开展煤焦反腐专项斗争中，深入开展煤矿兼并重组和资源整合的专项调研，从审批、监管、生产、流通、服务等环节调查摸排，研究煤焦领域突出问题纠而复生的特点，查找煤焦领域腐败易发多发的体制机制缺陷，为专项斗争提供行动依据。2010 年 9 月，省纪委专门召开了全省煤焦领域反腐倡廉工作研讨会，对煤焦惩防体系建设进行了交流和系统思考。《山西日报》、山西电视台等新闻媒体，通过答记者问、发表消息、评论、通讯，张贴公告、公布举报电话等，宣传专项斗争的指导思想、主要任务、工作步骤、工作要求、工作成效，组织记者到基层采访。形成了积极的舆论氛围。

（二）成效

山西省治理煤焦领域腐败专项斗争已收到显著成效，主要体现在：

1. 教育挽救了一批干部

在案件查处中，本着宽严相济的精神，对主动讲清问题并积极挽回损失的，视情节依纪依法从轻处理。通过向企业派驻纪检组、在企业内设监察室，使企业工程招投标、物资采购、产品销售、资金福利等全线统一，既堵住了利益漏洞，又保护了干部。

2. 清理收缴了一批违规资金

制定下发了《关于进一步加大工作力度继续清理欠缴漏缴基金、价款、税费等违法违规资金的意见》，明确提出资金清缴工作总体要求、主要任务、工作步骤和工作措施。2010 年，全省各级煤焦专项办和有关部门清缴各类违法违规资金 121 亿元，累计数额达到 322 亿元。①

① 另有统计数据为 304 亿元。

3. 安全生产环境明显好转

在实施煤焦领域反腐败专项斗争中，由于不断制定完善安全生产制度，督查落实了安全生产责任，生产事故率较专项斗争前大幅下降，煤矿安全生产形势持续明显好转。可以对照的数据是：2010 年原煤百万吨死亡率由 5 年前的0.902 下降到0.1876（见图1）[①]，远低于0.783 的全国平均水平。建立生态环境恢复治理保证金制度，完善了煤炭企业生态环境准入准出机制，强化煤区水污染治理，加大地下水保护力度，治理煤矿沉陷区，恢复矿区植被，保护了生物多样性。

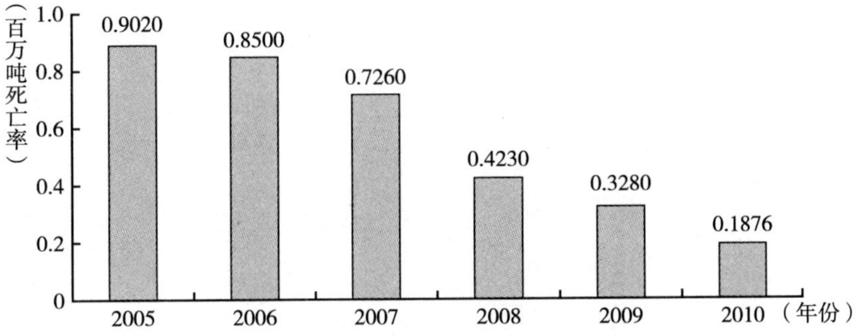

图1　2005～2010 年山西省煤矿百万吨死亡率

4. 为行业发展创造了良好环境

山西省把开展煤焦领域反腐败专项斗争放在推进全省改革发展稳定的大局之中来思考、把握和推进，以专项斗争的实际成效为全省煤炭资源整合、煤矿兼并重组提供保证，祛除了长期阻碍煤焦行业发展的“权力寻租”痼疾，对“多、小、散、乱”煤矿企业的有效治理，为煤焦领域的发展创造了良好的外部环境，使煤炭行业集中度大大提高，有利于保持煤炭价格总体稳定，为行业发展和国家调控能源价格提供有利条件，对全国其他拥有丰富煤炭资源的省（区）具有示范

① 此数据为调研数据，与公开的统计数据略有出入。

效应。

山西省结合煤焦领域反腐败专项斗争，坚持依托煤、延伸煤、超越煤的理念，“以煤为基，以煤兴产，以煤兴业，多元发展”。全行业通过并购和投资等途径，积极发展装备制造、汽车、交通运输、生物制药、生态农业等产业。2010 年实现非煤收入 2139 亿元，比上年增长 66.98%，2011 年煤炭行业销售收入将突破 6000 亿元，其中非煤收入占到一半，煤与非煤产业齐头并进的发展新格局已经形成。[①]

① 《山西今年非煤收入将占煤炭行业“半壁江山”》，新华网，2011 年 4 月 21 日。

B.13

重庆将打黑与反腐结合 重拳惩治司法腐败

中国社会科学院调研组*

2009年6月以来，重庆市各级纪检监察机关、司法机关严厉打击黑社会性质组织，开展打击黑恶势力“保护伞”惩治司法腐败专项工作，摧毁了以陈明亮、黎强等为首的一批作恶多端的黑社会性质组织，查处了市司法局原局长文强、市公安局原副局长彭长健、市高院原副院长张弢等一批位高权重的黑恶势力“保护伞”，社会反响强烈，引发持续关注。

一　打黑除“保护伞”的背景与出发点

重庆历史上交通便利，贸易发达，人员流动性强，受“袍哥文化”等江湖文化的影响，黑恶势力犯罪活动比较活跃。随着经济社会结构发生剧烈变革，黑恶势力在一定范围内死灰复燃，逐渐形成了一些带有黑社会性质的组织。为了垄断市场获取不法利益，黑恶势力组成黑社会性质组织，一方面使用暴力巧取豪夺，制造利己性交易条件，获取非法利益，另一方面向党政部门特别是司法机关渗透，拉拢腐蚀干部，寻求“保护伞”的支持保护。这些组织为了寻求庇护，大搞权钱勾兑，形成了“以黑富商、以商养黑、权

---

* 课题组组长：刘克平。课题组核心成员：王延中、孙壮志、马援、田坤。执笔人：田坤。

黑勾结、以权护黑”的利益共同体。在“保护伞”的包庇纵容甚至领导下，黑社会性质组织有恃无恐，使用暴力、利诱等手段垄断市场，攫取超额利润，严重扰乱了社会主义市场经济秩序和社会秩序，成为社会一大毒瘤。为此，重庆市拉开了打黑除“保护伞”的大幕。

（一）为了维护社会和谐稳定

黑恶势力及其“保护伞”对社会和谐稳定的危害是多方面的：他们建立“黑色秩序”，与国家法治秩序相对立；使用暴力、威胁等手段直接侵犯人民群众的生命、健康和财产安全；营造利用不公平交易规则获取非法利益的“向恶”氛围；制造其为所欲为、骄横跋扈的恐怖氛围；使民众丧失对政府机构的信任，引发“无政府主义”情绪等。重庆市在掀起打黑风暴之前，一些黑恶势力相互火并、争场子，强行收取保护费，导致命案频发，长期积压的命案多达一千多件；一些黑恶势力大肆从事绑架敲诈勒索活动，个别黑恶团伙甚至绑架他人到澳门，以赌博为手段进行敲诈，涉案金额特别巨大；一些黑恶势力“放水”敛财，以高息强行放贷；有的甚至组织唆使黑恶势力成员，利用征地拆迁等煽动不明真相的群众集访闹事，向政府发难。不少黑社会性质组织已集“黄、赌、毒、枪”于一体，疯狂从事杀人、伤害、绑架、贩毒等严重刑事犯罪活动。由于“保护伞”的庇护，黑恶势力得以在重庆猖獗横行，严重破坏了社会和谐稳定，成为建设“平安重庆”的一大障碍。

（二）为了服务经济发展

黑恶势力及其“保护伞”对于区域经济发展的负面影响非常明显：黑恶势力横行、刑事案件高发，造成社会治安环境恶化，招商引资的难度增大；黑恶势力往往通过参与各类经济活动维系和发展自身势力，他们不按市场规则参与竞争，严重破坏了市场秩序；黑恶势力在自身利益受到影响时，常通过群体性事件向政府施压，分散了政府保稳定、促和谐、谋发展的精力。伴随重庆市经济的高速发展，重庆市黑恶势力渗透的领域也在不断拓展，大到能源、交通、建筑等事关国计民生的重点项目，小到粮油菜肉等事关百姓日常生活的商贸活动，只要有利可图，黑恶势力就无孔不入，成为重庆经济发展的绊脚石。

（三）为了伸张社会公平正义

黑社会性质组织犯罪相比普通犯罪更具社会危害性，对公民安全感的影响更为直接。如果黑恶势力在鱼肉百姓、破坏市场秩序时，政府公权缺位、打击不力，甚至为其提供保护，党和政府的执政形象必然受到影响，甚至每况愈下，执政党执政的合理性也会受到质疑。特别是作为社会公正防线的政法机关如果不能为群众伸张正义，而是投向黑恶势力的阵营，人民对政府的信心必然土崩瓦解。黑恶势力及其“保护伞”的问题如果处理不好，必然影响到党的执政安全。

（四）为了改善民生

改善民生就是要改善民众的生存和生活状态，让民众有公平的发展机会，使他们的基本权益得到充分保护，不断提高群众的物质和文化生活水平。改善民生不仅仅是让老百姓的“钱袋子”鼓起来，更重要的是要让群众的幸福指数升上去。黑恶势力不仅侵害民众的合法权益，而且恶化民众的生存条件，降低群众的生活质量。接连不断发生恶性刑事犯罪案件和一千多件命案悬而未破的事实，大大降低了重庆市群众的安全感。黑恶势力就像一股浊流，制造动荡恐怖气氛，侵犯群众人身和财产权益，使民生建设的成效大打折扣。

二　重庆打黑除“保护伞”的举措及效能

针对黑恶势力犯罪活动日益活跃的现实，自 2006 年起，重庆就持续开展了打黑除恶专项斗争。在市委的统一领导下，各区县、各部门打掉了一大批黑恶团伙。2008 年 11 月出租车罢运事件、[①] 2009 年 3 月 19 日枪袭哨兵案、[②] 2009 年 6 月 3 日枪击案[③]等严重危害社会秩序的恶性事件发生后，重庆市委意识到，黑恶势力已经成为影响重庆经济发展和社会稳定的巨大障碍，为了确保改革发展的良好环境，必须采取高压手段，打消黑恶势力的嚣张气焰，由此掀起了一场席卷全市的“打黑风暴”。“3·19 枪袭哨兵案”发生之后，2009 年 6 月，重庆成立了打黑除恶专项斗争领导小组，精心组织，周密安排，向黑恶势力发起凌厉攻势。同年 8 月 7 日，重庆市司法局原局长文强因涉黑被双规，随后重庆市公安局副局长彭长健、刑警总队原副队长黄代强、治安总队原总队长陈涛、交通管理局原局长陈洪刚、副局长赵利明、市高院原副院长张弢等一批官员因涉黑相继落马。同年 8 月下旬，14 个横行重庆多年的主要黑社会团伙被打掉，首犯陈明亮、岳村、陈坤志、龚刚模、黎强等人先后落网，其中不乏头顶市区人大代表、政协委员等政治光环的亿万富豪。截至 2010 年底，重庆警方共立案查办黑恶犯罪团伙 375 个，已判决黑恶团伙 231 个。2009 年 6 月至 2011 年 3 月，重庆市共查

---

① 2008 年 11 月 3 日凌晨至 4 日中午，重庆市主城区 8000 余辆出租车出现集体停工罢运。一些出租车车主和司机纷纷来到重庆市重要路段，劝说上路的出租车开回去罢运，一些还在运营的出租车被砸。

② 2009 年 3 月 19 日 19 时 42 分，某驻渝部队营房哨兵遭歹徒持枪袭击，经抢救无效身亡，歹徒抢走自动步枪 1 支。

③ 2009 年 6 月 3 日凌晨，重庆市渝中区居民李明航，在江北区爱丁堡小区门口，被一名陌生男子持手枪射杀。

办黑恶势力“保护伞”100 人，其中厅局级干部 12 人，县处级干部 39 人。

（一）打黑与除“保护伞”相结合

“重庆打黑”专项行动的主要特点是，在狠打黑社会性质组织的同时深挖“保护伞”，揪出了一大批位高权重的官员。打黑与反腐同步推进成为重庆“打黑除恶”专项斗争最大的亮点。在深入开展打黑除恶专项斗争过程中，重庆市委书记薄熙来多次强调：“无论涉及谁都要一查到底，依法严惩，绝不姑息，在重大原则问题上要敢于碰硬。”在这场声势浩大的专项行动中，司法机关、纪检监察机关之间保持良性沟通，互通办案线索，使打黑与除“保护伞”相得益彰、互相促进。重庆市纪检监察机关在查办涉黑腐败案件的过程中，不放过任何黑恶势力犯罪线索，积极为打黑除恶提供支持。2009 年 5 月，在打黑除恶专项斗争启动之前，市纪委监察局在查办重庆市高院原副院长张弢系列案件中，发现了陈坤志、龚钢模、岳宁等黑恶势力犯罪头目及骨干分子的违法犯罪线索，协同公安机关拉开了重庆市打黑除恶专项斗争的序幕。在严肃查处腐败分子的同时，重庆市纪检监察机关及时为公安机关提供黑恶势力犯罪线索，有力助推了打黑除恶专项斗争的深入开展。重庆市公安机关也及时向纪检监察机关、检察机关通报其在打击黑恶势力的过程中发现的国家工作人员腐败线索。

虽然认定黑社会性质组织不以其有“保护伞”为必要条件，但黑社会性质组织要想坐大成势，必然与公权相勾结，寻求“保护伞”，与之沆瀣一气、共存共荣。事实证明，几乎所有具有一定规模的黑社会性质组织背后都有“保护伞”。正是因为有了“保护伞”的庇护，一些原本松散的黑恶势力才逐渐聚成胆敢与政府相抗衡的严密组织体系和一定经济基础的黑社会组织。如果只打黑不挖“保护伞”，就像割韭菜，一旦条件适宜，黑恶势力又会冒芽展叶。重庆市委、市政府正是看到了黑恶势力与“保护伞”之间的这种天然联系，在打黑的过程中深挖“保护伞”，做到打黑务清、除“伞”务尽，无论位子多高、权力多重，只要涉黑一律查处。重庆市深挖“保护伞”的做法，割断了黑恶势力与“保护伞”之间以黑蚀权、以权护黑、权黑勾结的利益链条，从根本上遏制了黑恶势力的滋生蔓延。

（二）集中打击与建立长效机制相结合

重庆市打黑除“保护伞”专项斗争引起外界关注的另外一个原因，就是其暴风骤雨式的执法方式。据统计，仅从 2009 年 6 月到 2010 年 4 月间，重庆市就投入一万余名民警，抓获涉案人员 4781 人，查扣涉案资金 31.46 亿元，切断黑恶资金链条 330 亿元。在如此短的时间内，投入如此多的警力，取得如此大的成效，在新中国打黑史上实属罕见。在集中打黑除“保护伞”的同时，重庆市及时总结经验，梳理打黑除恶中发现的监管漏洞，将“集中打”和“长期打”结合起来，建立健全打黑除恶长效工作机制。重庆市从 2010 年 2 月起实行交巡警合一的警务体制改革，组建集“刑事执法、治安管理、交通管理、服务群众”四大职能于一体的警种——交巡警，设 350 个交巡警平台，布置交巡警警力近万名，24 小时不间断实施管理和服务。重庆市还深入推进情报信息和视频监控系统建设，探索建立新型校园安全勤务机制，努力提高动态环境下的社会管控能力。

对于重庆市集中打黑除“保护伞”的执法方式，社会上有不同的意见，认为这是“运动式执法”。我们认为，问题的关键不是“是否集中打击”，而是“是否依法打击”。集中打击的方式和依法治国的理念不冲突，只要依照国家法律法规打黑除“保护伞”，集中突击打击的方式便无可厚非，在国家刑事司法资源相对短缺的状况下，其效果甚至要比慢条斯理的处理方式更佳。如果“打黑”的速度赶不上“建黑”的速度，在黑恶势力步步紧逼、要挟政府的严峻形势下，仍然和风细雨甚至无动于衷，重庆市的老百姓是不会答应的。面对积压命案，面对黑恶势力的嚣张气焰，面对潮涌般的群众举报，暴风骤雨式的打黑除恶适逢其时。只有如此，才能显示政府打黑除“保护伞”的决心、信心和能力，才能打消黑恶势力的嚣张气焰，才能使社会秩序尽快恢复到正常状态。当然，由于黑社会性质组织生长发育的土壤和条件短期内难以彻底铲除，打黑除恶还不能毕其功于一役，必须将“集中打”与“经常打”结合起来，建立健全长效工作机制。重庆市正是将集中清涤与制度建设相结合，既“割韭菜”又“拔萝卜”，从标本两个方面着手，既打又防，走出了一条打黑除恶的特色之路。

（三）打黑除“保护伞”与加强司法系统风险防控相结合

在重庆市打黑除“保护伞”专项行动中，司法系统是“重灾区”，多名公安机关、审判机关、检察机关的主要领导干部涉案被查，其原因既包括涉黑贪腐官员见利忘义的因素，也与司法系统权力运行机制存在漏洞有关。针对打黑除“保护伞”中发现的制度漏洞，重庆市采取了一系列改革措施，探索从体制机制上清除“保护伞”形成土壤的路径，建立了司法领域风险评估预警制度，划分风险等级，对重点风险岗位的工作人员严格筛选、重点监督；加强了轮岗交流制度，严格执行法院、检察院、公安局重要岗位定期轮岗制度，重点推行相互交流制度；在全国率先推行司法拍卖制度改革，将司法拍卖一律纳入当地公共资源交易平台统一进行交易，从根本上遏制围标、串标等乱象。各司法机关通过改革加强了自身建设：法院推行了廉政监察员制度，向执行局等重点部门派驻专职廉政监察员，全面落实近亲属从业情况报告制度，建立“单方退出”机制。检察院深化人民监督员制度试点，加强对职务犯罪逮捕、撤案和不诉等关键环节的外部监督，推行职务犯罪案件审查逮捕制度改革，将职务犯罪案件批捕决定权交由上一级检察院审查决定，防止职务犯罪侦查权滥用。公安局出台了《重庆市公安局领导干部落实一岗双责暂行规定》，制定《公安机关常见警情处置规范》等32项执法标准，规范公安机关刑事、行政执法权的运行，从副科级到正处级岗位的所有领导干部全部重新竞聘上岗，推行公安机关基层所队执法权分立改革，将公安机关基层所队受理权、调查权、处理权分别由不同分管所队长实施，防止基层所队以权谋私。

黑社会性质组织与国家公职人员相勾结，根本原因是一些国家公职人员可根据自己意志左右权力的运行，可按照黑恶势力的要求滥用职权。因此，要从根本上解决黑社会性质组织与国家公权“联姻”问题，关键是要规范权力运行机制，特别是对自由裁量权进行控制。重庆市在深挖严打“保护伞”的同时，关注“保护伞”的产生机制，从加强制度建设、强化监督制约着手，规范权力运行促进公正执法，走出了一条既打又防的新路子。

（四）打黑除“保护伞”与反腐倡廉教育相结合

重庆市坚持“打教结合、边打边教”的原则，创新教育方式，充分发掘和利用打黑除“保护伞”中形成的教育资源，通过多种形式进行示范教育、警示教育和岗位廉政教育。重庆市建设了廉政教育基地，运用实物、照片、图表等形式，使用声、光、电等科技手段，充分运用近年来打黑除恶中查处的腐败案件，开展警示教育；在全国率先组建公安公正廉洁执法教育报告团，在市内外作巡回报告，让在打黑除恶中被查处的民警现身说法，民警家属真情告白；拍摄警示教育片，用身边人身边事警醒党员干部；开展反腐打黑阶段性成果展，坚定党员干部反腐打黑的决心；将司法干警的近亲属纳入廉政教育范围，对关键岗位的领导干部，邀请其配偶共同参加廉政谈话、观看警示教育片，提高教育的针对性和时效性。

国家工作人员从人民群众的“守护神”蜕变为黑恶势力的“保护伞”，外因是黑恶势力的引诱威胁，内因则是理想信念的丧失，拜金主义、享乐主义、利己主义等腐朽思想的发酵外溢，对党和政府的培养不知恩，对国家俸禄不知足。必须通过多种形式的教育，使党员干部增强群众意识，对法律、对人民心怀敬畏，筑牢拒腐防变的思想防线。毋庸讳言，不少教育措施流于形式，缺乏针对性和有效性。重庆市纪委书记徐敬业在谈到如何增强教育的针对性和有效性时提出，利用身边人、身边事进行教育效果是最好的。正是基于这一理念，重庆市充分利用打黑除“保护伞”中形成的案例资源，通过当事人现身说法直接教育党员干部，提高其常思贪腐之害、为政之德的自觉性。重庆市这种“边打边教”的模式，使惩处和教育形成了互动关系，充分发挥了打黑除“保护伞”的辐射性功效。这些直观的视觉、听觉、触觉冲击，使党员干部真切地感受到了腐败护黑必然受到党纪国法的严惩；使普通群众感受到了党和国家保护社会和谐稳定的决心和能力。

（五）整合公权与群众参与相结合

重庆市打黑除“保护伞”专项行动，调动了一切可以调动的资源。市委成立了打黑除恶专项斗争领导小组和办公室。重庆市委书记薄熙来多次亲自组织研究部署打黑除恶工作，重庆市市长王鸿举和黄奇帆对打黑除恶工作提出很多具体要求。在市政法委和市打黑办的具体协调指挥下，政法、纪检监察、经济三条战线联合出击，政法各部门和纪检监察、组织、宣传、工商、税务、银行等部门整体联动，形成了打黑除恶的强大合力。与此同时，重庆市广泛动员社会各界和人民群众积极参与到打黑除“保护伞”专项斗争中来。重庆市公安局向全市市民发放了67万封贴有回函邮票的公开信，呼吁社会各界检举揭发黑恶势力的犯罪问题。在短短几个月的时间里，群众举报线索达到4万多条，其中80%是实名举报，为打黑提供了最直接的线索。

打黑除恶专项斗争是一场立体战争，只有从上到下建立高效运转的组织指挥体系，从左到右形成紧密结合的整体攻势，从内到外构筑打黑除“保护伞”的天罗地网，才能从声势上压倒黑恶势力，才能保障打击的效率、力度和效果。如果各行其是、互相掣肘，必然消解打击效果，不但无法深挖“保护伞”，即便打黑除恶也会“水过地皮湿”。公安机关有查处黑社会性质组织的职权，但是却没有查处“保护伞”贪污受贿、渎职侵权的权力，如果不能与纪检监察及检察机关保持良性沟通，深挖“保护伞”的工作便无法开展。有些地区虽然也搞了打黑除恶专项斗争，但是雷声大雨点小，黑恶势力在短暂沉寂之后又卷土重来，原因之一就是司法机关没有形成整体合力。除了公权的整合，还必须发挥群众打黑除恶的积极性，司法机关的人力物力毕竟有限，而一旦动员起人民群众，力量则是无穷的。打黑除恶的出发点和落脚点是促进和改善民生，群众不能仅仅是这场伟大斗争的看客。事实证明，人民群众的广泛参与和大力支持，是重庆打黑除“保护伞”专项行动取得巨大成效的根本保证。

（六）实体正义与程序正义相统一

重庆市在打黑除“保护伞”的过程中，坚持实事求是，有什么问题就查什么问题，是什么性质的问题就按什么性质处理，定性上不压低不抬高，打击面不缩小不扩大，特别注意实体正义与程序正义的结合，在追求实体正义的同时确保程序正义，力争做到不枉不纵，努力做到将每一起案件都办成经得起历史检验的铁案。重庆市纪检监察机关和司法机关严格按照党纪国法的实体性和程序性规定处理案件，在定性处罚和诉讼程序上，严格按照《中国共产党纪律处分条例》、《中华人民共和国刑法》、《中华人民共和国刑事诉讼法》、《关于审理黑社会性质组织犯罪的案件具体应用法律若干问题的解释》等党内法规、国家法律和司法解释进行处理。

社会对“重庆打黑”流露出来的最大的担心，是公共权力在“打黑”过程中表现出来的“为所欲为”。公共权力一旦丧失边界，不管目的是否正当，都是非常危险的。如果在打黑除恶的过程中，为了捞政绩而大干快上，不严格按照法律规定的程序办案，其最终实现的实体正义也会被因损坏程序正义导致的恶果所消解。因此，不论是打黑还是除“保护伞”，都应该秉持依法治国的理念，严格按照法律规定的实体性和程序性内容，做到有法必依、执法必严、违法必究。由于时间紧、人员少、案件多，专项斗争的执法方式很容易重视实体正义、轻视程序正义，容易出现冤假错案。重庆市委、市政府坚持法律面前人人平等的原则，通过增派办案力量，改进办案方法，保证每个案件都有足够的办案人员盯住，严格按程序执法，确保了办案质量。

三　重庆打黑除“保护伞”专项行动的启示

（一）打黑除“保护伞”必须有强有力的组织领导

重庆市打黑除“保护伞”的效果令人刮目相看，关键原因在于重庆市委、市政府强有力的组织领导。打黑除“保护伞”是一项艰苦的系统工程，需要有撕破黑色利益网的能力，需要与黑恶势力作斗争的勇气，需要有自我革命的气魄。黑恶势力往往与“保护伞”结为利益同盟，内外勾连狼狈为奸，打黑除“保护伞”如果没有取得高层领导的强力支持，必然浅尝辄止，无法深入。领导干部要打消社会背景、复杂关系和自身形象等方面的种种顾虑，义无反顾、勇往直前，以大无畏的精神推动打黑除恶专项斗争的开展。只有如此，才能形成打黑除“保护伞”的整体合力，才能形成震慑黑恶势力的强大气场，才能吸引人民群众参与到打黑除恶专项斗争中来。

（二）要将打黑除“保护伞”与司法领域惩防体系建设结合起来

司法领域的腐败不仅助长了黑恶势力，而且打击了干部群众“依法治国”的信心。打黑除“保护伞”斗争的成果来之不易，经验极其宝贵。应以此为契机，进一步加强司法领域惩防体系建设，建立长效机制，巩固扩大成果，沉淀传播经验，在坚决惩处司法领域腐败的同时，加大教育、监督、改革、制度创新力度。要创新教育方式，充分利用打黑除“保护伞”中查处的司法领域腐败案件，开展警示教育；要合理划分职能权限，科学界定责任限度，规范权力运行，加强对司法系统各部门权力行使的监督，通过政务公开、党务公开保证权力透明运行，对不作为、乱作为或者超越权限、滥用职权的行为“零容忍”，严格追究责任；要结合打黑除恶斗争正反两个方面的经验，加强制度建设，促进公正执法；针对不同司法部门的制度缺陷，要深化体制改革，提高执法公信力。

（三）打黑除“保护伞”的关键是清除孕育黑社会性质组织和“保护伞”产生的土壤

经济基础决定上层建筑，黑社会性质组织的形成、发展、成势的根本原因，是迅速获得丰厚黑色利益的诱惑。黑社会性质组织的基本赢利模式，是通过制造不公平交易条件获取交易优势，以达到减小竞争甚至消灭竞争的目的，进而垄断市场，攫取超额利润。预防黑社会性质组织的形成，一方面要建立并完善市场经济体制，对于那些违反自由公平竞争规则的违法者从小处抓起，降低潜在不法者对“黑色秩序”的心理预期；另一方面要继续对公共权力进行改造：通过放权和限权，有效制衡和监督公共权力的运行，与此同时，着力改善民生，完善社会保障体系和收入分配机制，畅通利益诉求渠道，保障群众通过正常途径获取高品质生活的渠道畅通。

（四）理性看待打黑除“保护伞”中的不同声音

一个理性的政府必然是一个对敢于直面社会各种意见的政府。对于重庆市打黑除“保护伞”专项行动，并不是所有人都拍手叫好。一些媒体和学者对于重庆打黑的理念、方式、程序等提出了一些质疑。兼听则明，偏听则暗，打黑除“保护伞”专项行动的组织领导者和实际执行者不能陶醉于掌声和欢呼声，应该以更加主动的姿态接受社会各方面的监督，了解社会提出不同的观点，通过这些“显微镜”发现办案工作需要改进的方面。对于媒体和学者提出来的实体性和程序性问题，应该进行理性客观的分析，对于其中符合客观事实的观点要吸收改进，对于因为信息不对称而导致的误解，只要不涉及到国家秘密，应该通过媒体澄清误会。这样做，不仅体现出依法打黑的自信，更有助于将每个案件都办成经得起历史考验的铁案。当然，打黑除恶必然会触动某些方面的利益，因自身利益受损而发出的“杂音”则无须理会。正如薄熙来所说：“对不好的评价，也要一分为二，冷静客观地分析对待。要是人家一说什么就很敏感，就缩手缩脚，那就啥事都别想干了。”①

① 2010 年 3 月 6 日下午，薄熙来在参加十一届全国人大三次会议重庆代表团开放日活动时，谈到这番话。

B.14

山东开展“三风”民主评议的实践与启示

中国社会科学院调研组 *

近年来，为充分尊重群众对党风、政风、行风（简称“三风”）的监督评议权，山东开展了“三风”民主评议工作，逐步构建起行评办和纠风办组织协调、人大政协督察指导、纪检监察全程参与、新闻媒体大力介入、人民群众广泛参加的纠评建相结合促进的工作机制。

一 创新民主评议机制

（一）统一组织协调

在省委、省政府的统一督导下，各地区、各部门普遍建立了“三风”民主评议机构，制定评议目标、标准、要求，指导民主评议工作进程、效果评价和结果运用。济南、青岛、济宁等地，通过宣传动员、选聘评议代表、走访调查、热线投诉、问卷测评、召开评议大会、公开评议结果等流程，形成分级负责、条块结合的评议机制。济宁市于2010年成立了由市委书记任主任、14名市领导和31个市直部门主要负责人为成员的市优化发展环境工作委员会，办公室设在市

---

* 课题组组长：孙壮志。课题组核心成员：申恩威、曹永。执笔人：申恩威。

纪委，与市纠风办合署办公，抽调了20多名干部集中办公，设立了专门的组织评议处，具体负责开展各种公开评议活动。

（二）创新评议方式

近两年来，在民主评议中，青岛、济南、济宁等地采取开放式、互动式和弹性化的评议方式，由系统内上级评下级变为系统内上下互评、部门间横向互评、单位内部下评上等多种方式，在内部评议的基础上，面向社会进行开放式评议，鼓励社会各界共同参与。枣庄市实行分级负责、条块结合，横向对比、纵向互动，分类评议、综合评定，开展民主评议。临沭县面向社会，依靠群众广泛参与，实现评议主体与客体的内外呼应和相互联动，促进了整改工作。2010年，山东一些地区在被评议部门、特邀监察员、新闻媒体监督民主评议的基础上，增加了公证部门的监督，全省市级公证部门分别委派公证员到评议现场进行公证监督，县区评议办和公证处均安排人员进入公证监督。

（三）扩大评议主体

山东各地将民主评议作为人民群众参政议政的重要阵地和推进民主政治的重要窗口，扩大民主评议主体范围和数量，让群众全程参与评议，使民主评议活动成为倾听民声、了解民意、集中民智的重要渠道，提高了民主评议结果的合理性、客观性、真实性、可靠性和社会认可度。在综合考虑参评人员代表性的基础上，山东各地区将“三有”，即：有较强的参政欲望、有较强的政治责任感、有较强的评议能力，作为选择参加民主评议人员的标准。2010年泰山市泰山区在党代表、人大代表、政协委员、民主党派成员、行风建设监督员和纪检监察干部中，聘请了64名“政风行风评议员”，聘请41家企业、68个社区居委会为“政风行风监督评议岗”，并邀请了工人、农民等

4000余人的群众义务监督员。现在，山东参与主体在总量上逐年扩大，主要集中在基层组织和普通群众；在结构上日益合理，涵盖了各系统、各阶层，让社会各界人士能反映情况、表达话语权，拓宽民意诉求的渠道，使评议结果较为客观地反映评议对象的实际情况，同时把社会难点、焦点、热点和具有苗头性、倾向性的问题集中上来，为评议对象号准“脉”，找出问题症结，为促进作风建设，建立完善制度提供重要依据。

（四）深化评议内容

济南、青岛围绕履行职责、依法行政情况进行民主评议，并与落实党风廉政建设责任制结合，解决损害群众利益的突出问题。2010年的民主评议主要集中在促进发展、依法办事、公开透明、服务效率、问题整改等五个方面，重点评议部门和单位是否遵守国家法律、法规规章、社会公德、商业道德，是否依法行政、依法经营、诚实守信，有无强制入会、摊派会费、强制服务、指定消费、价格欺诈、搭车收费、恶性竞争等损害群众权益的问题，同时还评议是否健全和完善权力运行机制，围绕涉及群众切身利益的热点问题落实公示制度等。

（五）采用科技手段

青岛市在青岛新闻网开通“民生在线”，围绕社会热点问题，汇民智、达民意、系民生、解民困。新泰市依托纠风网站建立民主评议政风行风网络平台，设行评动态、部门职能、问情于民、反馈整改、网上投票等栏目，使民主评议政风行风实现了网络化。青岛、济南等地设计制作出专门的评议软件，评议时只需从代表库中随机抽取一定数量的代表，通过手机向评议代表发送邀请评议短信，收到短信的代表在规定时间内登陆“评议代表”页面，输入自己的“登录密码”

后，即可进入网上评议栏目，在网络《民主评议政风行风评议票》上进行评议，每名代表只能登陆投票一次。系统在规定时间结束后自动终止评议并进行汇总计分。济宁市通过计算机随机选取预定数额的评议代表，市属广播电台、电视台和局域网对民主评议活动进行全程直播，评议代表现场填写测评卡，读卡机现场汇票统计，当场公布评议结果。

二　运用民主评议结果

（一）公开结果

山东省各地每年召开民主评议情况通报会，根据民主评议反映出的难点、重点、焦点，以及关系民生问题的整改举措，通过广播、电视、报纸和网络等向社会公布评议结果，接受群众监督评论。

（二）奖优罚差

青岛市将评议结果纳入市委、市政府目标管理绩效考核，在目标考核评估体系中占有较大权重，以促进各部门对反映出的问题认真整改。济宁严格兑现奖惩制度，把行风评议结果直接与单位年度绩效考核、单位评优评先、“一把手”及班子成员政绩相挂钩。在评议中排名后三位的单位，需写出书面检查，调整科室负责人；连续两年被评为末位的单位，对单位“一把手”和班子进行诫勉，限期进行整改。曲阜对民主评议未达标单位通报批评，约主要领导谈话，责令做出书面检查。日照对连续两年行评优秀单位的主要负责人记功，优先提拔使用；对年度评议结果差的单位主要负责人发“诫勉通知书”，限期整改；对连续两年评为倒数第一的属本市管理的部门主要负责人降职或免职，或提出降免调离建议。在民主评议政风行风活动中，泰安市泰山区2010年对评议得分位居前10名的授予“政风行风建设先进单位”称号，给主要负责人记三等功并给予物质奖励，对后4名单位主要负责人进行诫勉谈话，对最后1名的单位，取消一切评先选优资格。蓬莱部门和服务窗口评议结果列前10名的，由市委、市政府分别授予“十佳服务部门”和“十佳服务窗口”荣誉称号，评议结果纳入年度党风廉政建设责任制、岗位目标考核，对照上年度评议结果，对排名向前移的单位加分奖励。

（三）以评促建

烟台市明确规定，对民主评议中群众提出的问题，凡能解决的立即解决，一时解决不了的做出整改计划，制定详细明确的整改时间表，实行“三不放过”，即，没有查清不放过，没有处理结果不放过，群众对处理结果不满意的不放过。泰安发放《反馈意见书》和《整改意见书》，对民主评议成果的运用情况进行反馈。济宁要求干部主动到问题多、群众反映大的地方开展监督检查，纠正发现的突出问题，追究直接责任人和有关领导的责任。泰安市泰山区纠风办定期对评议情况进行汇总，对评议中反映出的工作人员存在的问题梳理分类，以反馈表形式进行反馈，设立评议活动“曝光台”，对损害群众利益的问题在一定范围内曝光，督促有关部门调查解决“曝光台”涉及的问题，并回复调查处理结果。

三　山东推进“三风”民主评议实践的启示

（一）民主评议应建立长效机制

评议应促进群众监督机制的完善。对于党政机关和公职人员的工作好坏，群众看得最清楚、体验得最深刻，最有发言权。通过民主评议要为群众提供敢说实话、讲真话的机会，为群众开通一条监督党政机关和各行业作风的渠道，使广大干部时刻处在群众监督之下，意识到要得到群众的拥护支持，必须增强公仆意识，积极为群众排忧解难。民主评议应促进干部廉政勤政。通过民主评议，要评出差距和不足，也评出改进的压力和前进的动力，为那些工作中不求进取、安于现状、政绩平平的机关干部敲响警钟。在这种机制的激励下，使改变工作作风成为公职人员的自觉行动。

（二）要制定科学完善的评议方案

要精心选择评议内容、科学制定评议方案，准确提出评议意见，不断探索和改进民主评议方法，确保评议结果客观、公正和准确。要根据不同行业、不同岗位的特点，对评议对象实行分类评议，突出重点部门、重点行业、重点岗位和重点问题。要坚持定性评议与定量评议相结合，社会问卷测评与群众代表评议相结合，上级评与下级评相结合，系统内与系统间评议相结合。在综合性评议的基础上，客观地反映评议对象的本来面貌。在民主评议中，要深入群众和社会各界，广泛采集意见和建议，听取那些群众口碑好或群众口碑差两种评议对象的意见，听取他们对民主评议结果的看法，调整改进评议方法，尽量做到被评对象对评议结果的认可。评议方案可进行动态调整，避免“一评定终身”。对民主评议进行连续性和量化考核。

（三）参加民主评议要让群众真正受益

应当把民主评议作为加强社会民主政治建设，推进社会民主进程的大事来抓，吸引广大群众参加进来，鼓励他们，做到畅所欲言；同时通过整改，为群众办实事，办好事，使群众从民主评议中获得利益，促进社会稳定和谐。

（四）善于发挥媒体作用

在民主评议中，要发挥新闻媒介作用，组织报纸、广播、电视、网络等新闻媒介对评议过程进行报道，设立民主评议专栏，请有关负责同志与群众进行交流，答疑解难，说明整改落实情况。在网络上设立专题论坛，组织网民讨论，集中民智，收集可行的对策建议，大力挖掘好人、好事、好作风。

（五）民主评议关键在于结果的运用

落实整改措施、兑现奖惩措施是运用民主评议结果的关键。在民主评议中，要把绩效考核与党风廉政责任制考核、公务员年度考核结合起来，认真落实过错追究办法，强化责任追究，突出对“一把手”的责任监管，做到奖罚分明。

B.15

吉林省推动廉政风险防控与效能建设的互促双赢

中国社会科学院调研组*

加强廉政风险防控是推进权力公开透明运行、健全权力运行制约和监督机制的一项重要实践探索。但是在实际工作中，脱离业务工作谈廉政风险以致形成“两张皮”的现象在不同范围不同程度地存在。如何解决“两张皮”问题是一个亟待深入研究的重要课题。中国社科院课题组在对吉林省廉政风险防控机制建设进行了专题调研时发现，吉林就促进廉政建设与效能建设互促双赢作了一些有益探索。吉林推进廉政风险防控机制建设，突破了传统思维和习惯做法，将“风险管理”等现代管理理念和科学方法引入反腐倡廉建设实践，将预防腐败工作落实到权力运行的全过程，清晰地体现了党风廉政建设和反腐败斗争向科学化、制度化、规范化强力推进的脉络。

一　基本做法

吉林省推进试点地区和试点部门效能政府建设和党风廉政建设的互促双赢，不同地区和不同部门的具体做法和安排各有特色。吉林市追求的是“以廉促勤”的联动效应，在全市部署开展“廉政风险预

* 课题组组长：吴海星。课题组核心成员：孙壮志、马援、王红艳（中国社会科学院政治学所助理研究员）。执笔人：王红艳。

警防控”工作。长春市则明确提出要“推进反腐倡廉和机关效能建设，加强廉政、效能风险管理，健全内部控制机制”。吉林省人力资源和社会保障厅着力构建廉政风险教育、制度、监督、预警、防控“五位一体”廉政风险防范机制，省工商行政管理局立足于破解廉政风险防范管理的难题。从各地和各部门选择切入点和突破口的情况来看，吉林现阶段的探索和实践大致可以概述为两种模式：一种是效能建设主导模式，即强调从加强效能政府建设方向破题的模式；另一种是廉政建设主导模式，即着力从加强领导干部廉政预警方向破题的模式。

（一）效能建设主导模式及其做法

效能建设主导模式的立意在于，通过提升职能部门标准化、程序化、精细化的管理水平，降低行政风险发生的概率和压缩权力寻租的空间，以推进效能政府建设带动党风廉政建设。该工作模式的主要步骤包括：第一，梳理工作职权，理清办事流程；第二，圈定防控领域，选定防控岗位；第三，组织风险排查，列出风险清单；第四，界定风险事项，评估风险等级；第五，确定操作流程，制定职权目录；第六，细化防控措施，落实监控责任。

长春市工商行政管理局、吉林省人力资源和社会保障厅等是这种模式的代表。长春市要求各部门对照有关法律法规和“三定”方案，梳理工作职权，理清办事流程，确定重要涉权事项，查找廉政和效能风险，编制重要涉权事项的工作流程图。查找风险的方法有三种：一是沿着重要涉权事项的运行流程，逐个岗位、逐个环节地分析和查找；二是围绕本部门在廉政和效能建设方面曾经出现过问题的重要部位和环节，进行重点分析和查找；三是通过多种途径方式征求群众意见以及社会有关方面的意见。查找的重要部位和事项包括：行政审批制度改革不到位的，行政事业性收费改革不到位的，重要权力配置不科学的，重要涉权事项缺少必要日常监督的，重要涉权事项办理流程不科学不合理的，办理重要涉权事项工作流程中有关岗位人员素质和部门文化不符合履职要求的，重要涉权事项办理过程缺少必要公开和透明度的，重要涉权事项办理保障制度不健全的，等等。风险点排查出来之后，长春市要求由各地区、各部门的领导小组办公室认定风险点。同时根据风险发生的几率以及危害程度，由领导小组办公室组织相关人员对风险的等级进行评估，交由部门党组（党委）确定。风险分为三个等级：A 级为最容易出现问题且影响重大的部位和事项，B 级为比较容易出现问题且影响比较大的部位和事项，C 级为一般性廉政和效能风险部位和事项。已经确定的风险点及其等级，在部门机关或系统内进行公示，广泛听取本部门或本系统全体人员对查找以及评估结果的意见和建议，及时加以修改。最后，针对查找出的廉政风险和效能风险，对照岗位要求和规章制度，提出与风险点逐一对应的防范控制措施，明确防控风险的任务要求和工作标准。

吉林省工商行政管理局将行政审批权、行政执法权、队伍管理权和财务管理权确定为防控领域。该局强调，通过岗位自查、单位自查、分管领导评查和领导小组审查四个环节，确定若干风险点之后，按照违法、违纪、违规三个等次，将风险点划分为三级风险，实行分级与分类监控相结合进行防范管理。一级风险由局党组成员、纪检监察部门重点监控，风险点所在单位的主要负责人参与监督管理；二级风险由局分管领导和风险点所在单位主要负责人共同监控，各职能部门密切配合，纪检监察部门随时掌控；三级风险由所在单位领导监控，每个干部职工共同参与监督。同时，该局对外部权力与内部权力实施分类管理。行政审批风险、行政许可风险、行政执法案件风险等外部权力风险由局分管领导和部门主要负责人共同监控，对干部任免风险、基建项目风险、政府采购风险等内部权力风险施行综合监控。

吉林省人力资源和社会保障厅实行“全面排查、全员排查和全程排查”。首先，对照机构改革后的“三定”方案，按照外部权力和内部权力的分类，对厅机关 29 个处室和 24 个事业单位的所有职权进行风险排查，梳理出人事管理权、资金管理权、行政审批权、行政执法权、鉴定仲裁权 5 大类权力，共计 151 大项行政权。经过评估分析，确定风险事项 175 项，风险岗位 199 个，廉政风险点 305 个，其中高等级风险点 91 个、中等级风险点 134 个、低等级风险点 80 个。同时组织全厅 358 人按照处室负责人、关键岗位和一般工作人员三个层次，全部参与风险排查，排查出风险事项 392 个、廉政风险点 422 个，其中高等级风险点 151 个、中等级风险点 202 个、低等级风险点 69 个。为确保风险点查找全面准确，省人社厅查找工作执行了“四退回”制度，即风险点查找与工作职责不符的退回重查；风险点雷同空泛的退回重查；风险等级界定不准确的退回重查；避重就轻避实就虚的退回重查。该厅将公务员考录、职称评审、军转安置、社保基金管理、就业专项资金分配、工伤鉴定、医保药品目录调整等工作列为重点防控事项，并对各项工作具体过程进行细化分解，共排查出 86 个权力运行关键环节，258 个廉政风险点。在此基础上绘制出 36 个权力运行流程图，使对重要权力运行的制约监督具有可操作性和针对性。

（二）廉政建设主导模式及其做法

廉政建设主导模式的立意在于，强化廉政预警工作，遏制领导干部违纪违法动机，促进反腐倡廉制度创新，带动政府效能的提升。吉林市要求，市直部门重点围绕权力运行的重点部位和关键环节开展廉政风险预警防控，要求县（市）区重点抓好对乡科级党员干部的廉政预警，围绕几个突出问题，查找廉政风险点、评估风险等级、制定防控措施、落实分级管理、开展预警防范。吉林市所辖的永吉县是廉政建设主导模式的典型代表。

永吉县的廉政风险预警工作强调的是，对全县各级组织和党员干部在党风党纪等方面可能发生或已经发生的轻微违纪行为施行警示、提醒和纠正。该县建立了预警主体分工明确的合作机制，廉政风险预警工作由各级惩防体系建设领导小组领导，各级惩防体系建设领导小组办公室负责组织协调，各级纪检监察部门负责具体实施，相关职能部门参与履职。县级纪检监察机关重点对乡局级领导班子、领导干部（尤其是需要提拔、交流到新岗位的乡局级领导干部）和重点岗位（国土、交通、建设、财政、发改、公检法等资源比较集中的部门）中层干部实施廉政风险预警，这类对象大约有120人。基层纪委（纪工委、纪检组）对所属范围内组织和科股级以上干部及重点岗位一般干部实施廉政风险预警。在预警内容上，重点突出四个“针对”：一是针对日常生活和工作中出现思想道德、岗位职责、工作流程和规章制度中风险点进行预警；二是针对“重大决策、重要干部人事任免、重大项目安排和大额度资金使用”等事项决策和执行情况进行预警；三是针对群众反响强烈的热点问题进行预警；四是针对典型案件中反映出的问题进行预警。其工作流程如下。

第一步：采集和送交廉政风险信息

乡局级领导班子和领导干部的廉政风险信息，由县纪委、监察局负责组织采集，信访、检查、党风、执法监察和软环境办公室分别承担不同采集任务。基层纪委（纪工委、纪检组）负责所属组织和党员干部廉政风险信息的采集工作。各级组织、宣传、人事、审计和公检法等发挥职能作用，协助纪检监察机关搜集廉政风险信息。县委组织部、县人事局负责采集年度考核中党员领导干部的信息，宣传部负责采集新闻媒体披露的问题，县审计局负责采集经济责任审计中发现的线索。采集廉政风险信息的方式包括：受理举报、调研走访、专项检查、执法监察、收集纪检监察监督员志愿者和软环境监测点所提供的情况。各职能部门定期将采集到的廉政风险信息送交纪检监察机关。信息采集责任部门每周五将采集到的乡局级领导班子和领导干部的廉政风险信息向县纪委和监察局信访室汇报。

第二步：汇总廉政风险信息

各级纪检监察机关信访部门对所有采集到的廉政风险信息进行汇总分流，提出初步处理意见，报分管领导审批，特殊情况随时上报及时处理。其他组织和党员干部的廉政风险信息，由基层纪委（纪工委、纪检组）汇总整理。

第三步：评估廉政风险等级

廉政风险评估由各级纪检监察组织集体研究确定。乡局级领导班子和领导干部的廉政风险等级，由县纪委常委集体研究确定，县纪委每月召开一次常委会集体研究分析廉政风险信息、确定风险等级。对于特殊和紧急的廉政风险信息，县纪委采取常委沟通评估办法，随时确定风险等级。其他各级组织和党员干部的廉政风险等级由所在基层纪委（纪工委、纪检组）集体研究确定。根据事件性质、影响大小和违纪程度，廉政风险分为一级风险、二级风险和三级风险三个等级。一级廉政风险针对的是“可能性”问题，主要包括重要节假日和违纪问题易发时期可能出现的问题；重大决策、重要干部人事任免、重大项目安排和大额度资金使用可能出现的问题；县委、县政府重大决策落实前应进行的廉政提醒；维护群众利益措施落实中需要预防的情况；违纪违法行为发生之后应预防的问题。二级廉政风险针对的是“苗头性”问题，包括纪检监察等职能部门发现的苗头性、倾向性问题；群众反映的党员干部工作、学习和生活涉及廉政的问题。三级廉政风险针对的是“轻微违纪”问题，包括被群众举报经调查核实有轻微违纪行为但未构成立案的；纪检监察发现的轻微违纪未构成立案的问题。

第四步：实施廉政风险预警

廉政风险预警施行分级分类原则。被确定为一级廉政风险的，由纪检监察机关的职能室向预警对象发出一级廉政风险预警通知，进行警示教育，预警对象要做出廉政承诺，并向所在单位和部门的全体党员干部公开。被确定为二级廉政风险的，由纪检监察机关职能室向预警对象发出二级廉政风险预警通知，进行提醒谈话；涉及各级组织的二级预警要进行集体提醒谈话，预警对象要就有关问题说明情况，引以为戒。被确定为三级廉政风险的，纪检监察机关职能室向预警对象发出三级廉政风险预警通知，进行诫勉谈话，涉及各级组织的三级预警，须召开专题民主生活会，预警对象开展自查自纠，剖析原因，制定整改措施，纠正存在问题。乡级领导班子和领导干部的廉政风险预警由县纪委、监察局组织实施。预警工作要由两人以上共同实施。一级预警由县纪委、监察局职能室组织，监督落实廉政承诺和制度；二级预警由县纪委、监察局分管领导组织实施，分管领导担任提醒谈话的主谈角色；三级预警由县纪委、监察局主要领导组织实施。乡镇和部门主要领导的诫勉谈话由县纪委、监察局主要领导主谈；其他乡级领导干部的诫勉谈话由县纪委、监察局主要领导或委托分管领导主谈；乡级领导班子召开的专题民主生活会，县纪委、监察局党风室派员全程参加。

第五步：监督落实廉政风险预警措施

预警对象按规定时限以书面形式向纪检监察部门的信访室报告预警实施情况。被实施一级预警的乡局级领导班子和领导干部，在接到预警通知五日内上报廉政承诺和具体措施；被实施二级预警的，在提醒谈话后的十日之内上报情况说明和认识材料；被实施三级预警的，在诫勉谈话后的十五日内上报问题剖析材料和整改措施；被集体三级预警的，在接到预警通知十五日内召开专题民主生活会，上报民主生活会记录的复印件、剖析材料和整改措施。

第六步：运用廉政预警结果

乡级领导班子和领导干部被实施一、二级廉政预警的，预警结果由县纪委、监察局信访室备案。乡级领导班子和领导干部被实施三级廉政预警的，要通报全县，按照党风廉政建设“一票否决”规定取消评先评优资格，参加政行风和软环境评议的部门和重点岗位负责人直接确定为“不满意”。被实施三级预警的乡局级领导干部，其结果存入个人廉政档案，作为综合评价的依据。

第七步：整理廉政预警资料

廉政预警的档案整理工作，由各级纪检监察组织负责。县纪委、监察局信访室负责乡局级领导班子和领导干部预警材料的归档立卷工作。被实施一级预警的，按年度将预警通知、廉政承诺和廉政措施装订成册；被实施二级、三级预警的，要按预警对象独立成册，主要材料包括廉政风险预警审批表、预警通知、谈话记录、认识材料、剖析整改措施和民主生活会复印件等。所有廉政风险预警卷年底移交县纪委、监察局办公室，归入当年文书档案。

二　主要特点

从廉政风险防控体系的设计来看，吉林的两种探索模式破题方向不同，实践路径相异，效能建设主导模式侧重于通过加强效能政府建设来促进党风廉政建设，廉政建设模式重于通过加强领导干部廉政预警工作来推进惩防体系建设和效能政府建设，这两种模式追求的都是政府效能建设和廉政建设的互促双赢，在核心设计上还有不少相同之处，表现出以下特点。

（一）形成廉政防控的领导机制

吉林省委、省政府重视廉政风险防控机制建设，省纪委着力推进实施，各地区、各部门有序展开。吉林市明确指出，党委（党组）书记是廉政风险预警防控的第一责任人，要负总责；分管领导是具体责任人要具体管。长春市实施“一把手”工程，要求主要领导亲自挂帅、亲自部署、亲自调度。省人社厅党组明确开展风险防范工作的责任主体，形成了“党组重视抓，主要领导亲自抓，派驻纪检监察机构推动抓，分管领导各负其责抓”的格局。省工商局要求将廉政风险防控工作列入重要议事日程，与业务工作同安排、同考核。

（二）坚持以点带面

吉林市工商局的廉政风险预警防控工作启动早、有成效，2009年先后两次在全国工商系统廉政风险管理座谈会上作介绍。2010年6月，吉林市委在市工商局召开了全市廉政风险预警防控工作现场会，工商局及其下属三个分局分别介绍了做法。

（三）教育先行

2010年5月，吉林市纪委举办了廉政风险防控培训班，各县（市）区和市直部门108人参加了学习。培训班紧密联系实际设置了三个专题，每个专题穿插播放电视专题片和经验交流。接受培训人员普遍认为这次培训对于正在开展的廉政风险预警防控来说是一场“及时雨”。

（四）注重督查考评

为确保廉政风险防控工作保质推进，各地区、各部门加强了督查考评。2010年7月，吉林市组成7个督查组各县（市）区和市直试点单位进行了专项督查，市纪委召开常委会，听取了督查情况汇报。长春市将这项工作列为年度重点督查考核内容，并规定与地方廉政建设责任制的落实及部门绩效评价挂钩。省工商局把廉政风险防范管理工作纳入党风廉政建设责任制考核细则，作为评价各单位落实责任制的依据和年终评优评先的主要条件。

（五）以加强风险防控为主题

两种模式都坚持主动预防、关口前移的原则，最大限度地遏制腐败发生的动机，减少腐败发生的环境，降低腐败发生的可能性，实现治乱提效和爱护党员干部的双重目的。效能建设主导模式在关注思想道德风险防控的同时，侧重于岗位职责风险的超前防范；廉政建设主导模式在关注岗位职责风险防控的同时，主要侧重于思想道德风险的超前防范。吉林市永吉县的做法是以建立廉政风险预警防范机制为龙头，在加强预警防控的同时加大惩处力度，形成防范与惩处相互配合的良好局面，带动全县惩防体系建设的整体推进。省工商局党组则将廉政风险防范管理工作作为加强惩防体系建设的重要抓手。

（六）处理好权力基本问题

吉林紧紧抓住权力这个关键不放松，围绕权力授予、权力分配、权力运用、权力制约和权力的监督几个环节做文章，取消没有法律依据设置的权力，整合归并交叉重叠的权力，适度分解过分集中的权力，规范权力乱作为现象，覆盖没有制约和监督不到位的盲区，从而职能部门建立起了一套“权责明晰、程序严密、运行公开、制约有效”的工作机制，领导班子之间形成了一套“授权有据、集权有道、分权有序、用权有度、制权有效”的分工合作机制。

（七）强化流程管理

效能建设从加强职能部门的业务管理入手，廉政建设从加强廉政风险预警的管理入手。省人社厅实施预警防控、全程防控、重点防控和公开防控相结合，对权力运行的整个流程进行有重点、有措施的监控。吉林市永吉县纪委、监察局制作了廉政风险预警工作流程图，严格按照工作步骤操作。长春市围绕“管人、管钱、管事”等重要涉权事项，按照分类清晰、职权明确、流程清楚、程序严密的要求，绘制工作流程图。该市参加第一批试点的34个部门，确定涉权事项1286项，查找风险点5647个，规范业务流程1811项。

（八）制度建设为保障

长春市提出要建立起“人人有准则、事事有遵循、处处有章法”的内部控制机制。该市参加第一批试点的34个部门，一共制定防控措施6450条，健全完善相关制度1016项。吉林人社厅按照“一项权力建立一项制度”的原则，驻厅纪检组、监察室指导督促各处室、直属单位建立了31项具体的、操作性较强的权力制约监督机制，绘制了36个权力运行流程图。吉林市永吉县在出台《永吉县廉政风险预警工作实施方案》之后，抓紧制定了廉政风险信息采集、风险评估和预警实施三个办法，并探索完善责任追究办法，建立预警资料整理和归档立卷制度。

（九）建设科技支撑平台

吉林市建立了行政效能投诉动态评价管理系统和行政审批电子监察系统。国土资源局率先在全省国土资源系统建立国土资源电子政务系统，使有偿使用建设用地审批，划拨建设用地审批，划拨土地使用权转让审批、租赁用地审批，临时用地审批、采矿权申请、采矿权变更、采矿权转让等项审批权力均实行网上审批，确保了审批过程公开透明。中级法院实行计算机封闭派案制度，建立了以封闭派案为核心的审前监控机制，借助“局域网”系统对各个诉讼环节实行全程监控，建立了以审判流程管理为核心的审中监督机制，建立了以信访听证制度为核心的审后监督机制，社会公信度和群众满意度得到提升。磐石市正在搭建专项资金监控、行政审批电子监察和农村“三资”代理监管“三个平台”。

三　初步效果

经过一年多的试点探索，吉林廉政风险防控取得了初步成效。工商行政管理局反映，业务工作水平有了新提升，干部作风有了新转变，党员干部普遍认为，廉政风险防控是对党员干部真正的关心和爱护。政府效能建设和党风廉政建设之间显现出互促双赢、协调发展的趋势。试点单位把职能部门的业务工作与廉政风险防范工作相结合，通过查找风险点和再造业务流程，明确了权责配置，规范了行政行为，提高了工作效率，优化了服务质量，改善了服务形象，社会满意度有了较大程度的提升。2009 年全省工伤鉴定 1.1 万人，没有一例上访告状。吉林市深化审批制度改革，市本级的行政审批项目由 175 项缩减到 94 项，一些复杂项目的审批时限从原来的 280 个工作日缩减到 45 个工作日之内。试点单位把廉政风险防范工作融入日常业务工作当中，改变了“站在旁边监督”的状态。政府效能建设和党风廉政建设的包容发展和协调共进，优化了发展环境，提升了地方软实力。

当然，廉政风险防控试点阶段也反映出不少问题，在风险点的查找中存在“三多三少”现象，即查找共性和普遍性的风险点较多，查找个性和隐蔽性的风险点较少；结合岗位职责、职权查找的风险点多，联系个人品行、修养、道德查找的风险点少；查找 8 小时内履职环节风险点较多，查找 8 小时外和社会交往等方面潜在风险点少。廉政风险防控工作的监督考核力度还有待加强，防控效果还有待进一步观察，各试点单位工作水平和成效有不同程度的差别。

四　调研后的思考

吉林省的实践表明，实现廉政风险和业务风险同步防范，解决政府职能行使与廉政建设“两张皮”问题，是完全可能的；要解决“两张皮”问题，必须要有“一盘棋”的谋略和部署，将推动效能建设与廉政建设的互促双赢设定为目标；要推动效能建设与廉政建设的互促双赢，必须坚持以处理好权力问题为主线，以强化流程管理为手段，以建设科技平台为支撑。

要真正巩固廉政建设与效能建设互促双赢局面，其一，以效能建设提高执行力，以廉政建设改善公信力。应提高领导干部对执政能力的结构及关系的认识，着重强化公正透明行使权力的能力和防止权力腐败的能力，使效能建设和廉政建设不脱节。其二，要动员社会力量参与廉政风险防控工作。在引导社会力量参与廉政风险防控方面进行系统的、制度化的设计和操作，激发社会各界和广大民众的热情，使他们有序有效地参与到风险排查权力监督和防控效果的评估中来。其三，处理好成本与效益间的关系。从实际操作来看，随着廉政风险防控链条的拉长，大量人力、物力和财力投入其中，这些都是可以计算的，而产出的政治效益和社会效益在短期内难以估算。如何进行“投入产出”分析，如何确保人力、物力和财力对廉政建设的持续性供给，持续收到廉政建设和效能建设执行力和公信力的实际效果，需要认真研究和加以解决。

B.16

青岛运用现代信息技术监管公共权力资源和资金

中国社会科学院调研组 *

近年来，青岛市广泛应用现代信息网络技术，对公共权力、公共资源和公共资金实行电子化监督，把“大小有边界、运行能公开、网上留痕迹、全程受监控”作为目标，努力构筑预防腐败的“防火墙”。

一 实施行政权力“流程再造”

长期以来，一些部门配置权力资源和权力流程出现了“四不”现象：不科学、不透明、不规范、不标准。青岛市针对上述现象，推进反腐倡廉信息化建设，搭建全市综合电子监察系统平台，对行政部门权力流程进行科学化、透明化、规范化再造，先后经过 4 次大规模的行政权力集中清理，行政审批事项由 1263 项减至 109 项，压缩幅度达到 91%；非许可审批事项由原来的 320 项减至 116 项，减幅达 64%；全市实施行政处罚基准制度，对 4379 项行政处罚事项的裁量标准进行细化拆分。以此为基础，明确要求各职能部门对保留的行政权力事项办理流程进行优化再造，减少环节，提高效率，通过市金宏

---

* 课题组组长：王延中。课题组核心成员：辛向阳、王朝阳（中国社会科学院财贸所副研究员）、陈建波、王田田。执笔人：辛向阳、王朝阳、陈建波、王田田。

政务平台对外公布保留所有行政权力事项的法定依据、条件、程序、时限并进行监察。2010年，已纳入电子监察范围的行政审批、政府采购、公共资源交易、服务群众窗口等，使用者、管理者、监督者都可以通过网络了解和掌握权力运行的过程。对社保基金、住房公积金业务、土地招拍挂交易系统、政府采购交易系统，建立了相匹配的监督流程。当系统提示红牌、黄牌及预警类信息后，监察室按照网络督查办理流程及时拟制《办理通知单》，交相关业务处室限期落实。对于建设工程招标业务系统、科技计划管理系统、产权交易信息检测系统、“三资”管理系统，设置了权力审核程序及风险监测点。风险点由网络自动生成，不受人为因素影响，不仅客观而且有效。住房公积金电子监察系统对每一笔流出的资金自动跟踪分析，及时发现和消除风险隐患，确保资金安全完整。

行政权力的“流程再造”改变了过去那种“制度是根高压线，就是经常不带电”的尴尬局面，还破解了部门监督分割的信息孤岛难题，把单个监督变成了整体监督，效率大大提高。

二 推行公共资源交易的“在场在线革命”

青岛市注重加强对公共资源交易监管的软硬设施建设，依托统一的金宏电子政务平台和部门业务应用系统，努力维护公共资源交易的规范和公平公正。

（一）设立专门的公共资源交易场所

为规范公共资源交易行为，加强公共资源交易市场管理监督，青岛市建立了公共资源交易大厅，以实现“政府引导、市场交易、规范运作、有效监管”为目标，着力解决公共资源交易领域存在的问题，凡属于建设工程招投标、政府采购、土地招拍挂、产权交易业务流程内的事项全部进入交易大厅办理，实现统一发布信息、统一规范流程、统一服务标准、统一监督管理。青岛市公共资源交易大厅总建筑面积5800平方米，按照分区设置、动线分离、封闭管理的原则，配置了比较先进的网络系统、电子认证、语音变声、封闭评标、声像记录、立体监控、自动抽取等软硬件设施，目前已经启用。入驻的行政部门有市建委、市交通委、市水利局、市财政局、市国土局和市国资委；入驻的交易服务机构有建设工程交易中心、土地储备整理中心、产权交易所。市监察局、市检察院、公证机构驻场负责监督监察。

（二）建设公共资源交易电子监察系统

青岛市纪委监察局派监察室常驻公共资源交易大厅，依法监督大厅的管理服务机构、进驻单位及其工作人员履行职责的情况，对入厅交易事项实施全程监督，运用电子监察系统实行网上监控；同时受理相关投诉举报，依法调查处理职责范围内的公共资源交易违法违纪行为。青岛市公共资源交易电子监察系统包括：一是工程招投标电子监察系统。从“工程建设项目招投标管理系统”采集数据，通过电子监察业务管理平台对所采集的数据进行处理，再将处理意见输出给相关业务系统，实现对招投标的全过程监控。二是政府采购电子监察系统。从政府采购中心和财政部门采集数据，通过监察业务管理平台对所采集数据进行处理，对采购计划申报、合同签订、合同备案、资金支付等环节实行电子监察。三是国有产权交易系统。将产权交易过程的挂牌、撤牌、交易、成交等关键环节设置为监察点，抓取数据进行比对，对出现的异常行为进行预警纠错，系统运行后，对57项交易行为进行监察，没有发现问题。四是土地交易电子监察系统。采集国土资源局业务系统信息数据，通过信息交换系统，与发改委、规划局等部门的业务系统进行数据交换；通过业务规则强制比对，保证土地交易信息的完整性和可靠性；通过对各部门采集的数据进行处理，发现异常和违规现象，进行网上调查处理。青岛市还计划把卫生系统的药品、医疗用品采购和教育系统设备采购逐步纳入公共资源交易大厅，实行集中监督管理。

（三）实行公共资源交易科技监管

青岛市针对各类交易中违规违纪和腐败问题易发多发的风险环节，规范交易规则，完善交易程序，改进制约机制，改革监督措施，建立起建筑工程招投标、土地招拍挂、政府采购、产权交易四个业务流程。实现了资源交易监管流程的“四化”：一是交易办理网络化。大厅设置的网络交易系统分为外网办公系统和内网评标竞拍系统两部分。外网办公系统实现了企业网上办理招标申请、投标报名、资格预审等业务，主管部门网上审批，监察部门网上监察，提高了业务审批办理的透明度，节约了企业竞标成本；内网评标竞拍实现了评标竞拍的电子化和自动化，提高了工作效率，减少了人为因素的影响。二是抽取专家自动化。设置了专家抽取室，通过专用软件，实现了专家自动随机抽取和电子语音自动确定通知评标专家的功能，解决了专家组成的随机和开标前的保密问题。三是投标评标电子化。设置6个电子评标室，通过网络交易系统，由监控中心授权并监控，在各业务评标软件的支持下，使之具备电子投标、评标和异地评标的功能。四是监督检查的全程化，监控室内安装了126台监控摄像机，通过视频图像控制切换，实现对每个开、评标室进行视频监控。即时录制的开标室与评标室图像与语音资料及其他部位图像资料将保存一段时间。

（四）设立专门的协调机构和社会监督员

青岛市设立了公共资源交易管理办公室，主要负责公共资源交易大厅运行和日常事务的统一管理与服务，统一的公共资源交易信息平台、管理系统和各类评标专家库的建设、运行、使用、维护和管理，全程参与、全程监督各类交易业务，协调各相关行政管理部门完善交易规则和流程，监督、处置不规范行为，记录、确认交易信用和不良行为，制定并实施考核制度体系，对所有入厅单位和人员实施管理、服务、考核和监督。为加强社会监督，保障行政审批服务、公共资源交易工作规范有序、公开透明、便民高效，青岛市公开招聘行政审批服务和公共资源交易工作的“社会监督员”，聘期 2 年。目前，全市已招聘“社会监督员”35 人，其中公共资源交易“社会监督员”的职责包括调查研究、宣传引导、提供信息和参与工作。

（五）召开公共资源交易工作联席会议

依据青岛市颁布的《关于规范公共资源交易行为加强公共资源交易管理和监督的意见》，建立健全公共资源交易工作联席会议制度，构建行政主管部门、公共资源交易管理办公室、行政监督机关共同参与的管理监督体系，对公共资源交易行为实施全方位、全过程管理监督。市公共资源交易工作联席会议，负责全市公共资源交易工作的领导、组织和协调。联席会议办公室承担全市公共资源交易机制制度的改革创新和协调推进工作，日常工作由市监察局牵头，会同市公共资源交易管理办公室、市电政办等部门，负责提出改革方案、审核交易规则、创新监督程序、推进入厅交易等工作，并提交联席会议研究。

三　运用电子监察探索公共资金监管的有效性

青岛大胆创新监督机制和方式，运用电子监察手段积极探索公共资金监管的有效操作方式，形成鲜明的特色。

（一）监察领域广覆盖

青岛市通过建设完善网上监察系统，使公共资金监察覆盖了社保基金、住房公积金、扶贫资金、抗震救灾资金、民生补助财政资金（如城镇及农村居民最低生活保障资金、家电下乡补贴、农机具购置补贴、优质后备母牛补贴等）、财政专项资金、农村“三资”（资金、资产、资源）、科技经费、企业收费等多个领域，形成了一套相对完善的业务监察体系。青岛市公共资金监察的最大特点和突出优势在于，覆盖了众多领域，而不是某一个领域的孤岛。在全方位推进公共资金电子监察的同时，青岛市针对性地对重点领域进行重点监察，比如，对广大职工养命钱的社保基金，青岛市利用信息技术，通过多部门间的网络互联、信息互通、数据共享，对社保基金进行立体化、集约型、全过程管理，有利于及时监控社保基金的运行风险。社保基金电子监察系统运行以来，共追查出违规事项 46 起，涉及社保基金 400 多万元。

（二）监察环节全过程

青岛市建立健全事前、事中、事后的过程监督，努力促进项目论证安全，资金使用安全，项目管理安全。通过把业务系统与监察系统相结合，在各个潜在的风险点设置监察点，有效减少和消除监管盲点。这种安排既有利于资金及时足额拨付，又能履行审批程序，做到标准不降，程序不减，把好资金投向关、资金来源关、程序控制关、责任落实关。对于社保基金，青岛市建设形成了“四三二”基金监管模式，即合理设置基金监管各业务节点，重点把握征缴、管理、运营、支付四个环节，对社会保险基金进行实时监控；推进基金管理由事后监督向事前和事中监督转变；从入口、过程、结果三个层级进行监管，促进基金安全；从资金流和业务流两个方面比对分析入手，设计财务、业务数据链之间的指标关联关系，跟踪数据流向，在后台进行智能分析比对，从中查找漏洞破绽，形成对业务流与资金流相互制约与互为验证的监管。

（三）监察方式一体化

青岛市公共资金监管采取了横向一体化与纵向一体化相结合的方式。市综合电子监察系统的平台建设发挥横向一体化优势，提供实时监控、实时查询等管理手段，并为决策和行政监察绩效评估提供业务和数据支撑；重点建设行政执法、工程招投标、政府采购、产权交易、土地交易、扩大内需项目及政府投资工程、财政专项资金、救灾扶贫资金、社保资金、住房公积金、行政效能投诉受理、政务公开等多个专项电子监察系统。在建设市级行政权力运行综合电子监察系统的同时，积极向区市和市直单位拓展延伸，形成一个连通市、区县、街道和居委会四级纵向一体化网络体系。城阳区新开发运行了社区“资金、资产、资源”网络化监管系统，该系统重点做好社区财务监管的基础上，对社区集体资产、资源全面清理、逐笔登记核实，建立了包括店面、厂房、仓库、土地等社区资产资源基础数据库，通过设置资产和资源转让、租赁、添置、报废等审批招标流程，对社区“三资”内外往来情况及时掌控。

（四）监察主体内外互动

秉承“监察者先做好内部监察”的理念，青岛市纪委监察局率先推出了纪检监察机关内部网络办公平台，以纪检监察保密内网为依托，集合机关内部办公、信息网、干部管理、资产管理、接待管理、车辆管理、案件管理、信访系统、案件审理、廉洁从政动态监督等功能。在做好内部监察的基础上，青岛市以规范重要领域行政权力运行为目标，依托全市统一的金宏电子政务平台和部门业务应用系统，建设行政权力电子监察系统，借助该电子监察系统，社会监督和基层监督的作用也可发挥出来。即墨市综合行政电子监察系统平台将重点工程、新型农村合作医疗、农保基金、行政审批、公共资源交易、公共资金、行政执法、行政效能投诉等电子监察子系统整合，体现了立体监察、系统预警、信息查询、统计分析、绩效考核五大功能，有效解决了信息不透明、不规范、不对称问题。

四　观察青岛市监管“三公”后的思考

（一）应舍得对网络建设投入

青岛市纪委、市监察局坚持一个观点，“钱越多的地方，越容易滋生腐败，就越应该出大钱来预防腐败。”治理预防大腐败，需要投入。青岛市先后投入上亿元，形成了市、区（市）、乡镇（街道）、村（居委会）和部门间相互联通的电子政务应用系统，将政府职权和工作动态全部上网。这一平台建设与三级政府行政服务中心的建立紧密结合在一起，使各类监察系统有了可靠的硬件作为基础。

（二）应坚持创新、高效和服务的原则

青岛市公共资源交易监管开始时遇到阻力，后来有关部门积极参与，管理思维发生转变。降低行政成本，压缩了政府从决策到执行的过程，体现了政府部门的服务宗旨，减少了公众往来于各职能部门间的消耗，为公众提供更好的服务。公共资源交易监管的目标，不只是为了减少几个交易环节，提高工作效率，而是需要发挥创新能力，突破固有思维和习惯方法，既体现政府部门的管理效能，也保证公共资源交易的公平公正。

（三）应以民生民利为目的

青岛市针对社会上反映强烈的住房公积金问题，对单位和职工住房公积金缴存基数、缴存比例和缴存额的上下限实施监察，确保住房公积金控高保低政策的落实。即墨市对汽车摩托车下乡补贴、种粮农民直接补贴、家电下乡补贴等10余种涉农专项资金补贴进行监督，通过点击链接查看每笔资金拨付的详细信息。财政局录入资金使用单位提交的信息，通过扫描发票和上传附件，使监察人员掌握各单位资金使用情况，促进资金落实到项目而不被挪用。这种秉持“老百姓最需要什么、最想知道什么，我们就公布什么”的理念，通过电子终端、电子显示屏、上墙公示公开的做法有利于保证民众知情权和实现维护人民利益的目标。

（四）监管须以公平公正为基本立场

“社会公平正义，是社会稳定的基础。”当前，社会对一些政府管理部门暗箱操作、滥用自由裁量权、差别服务、态度生硬、作风粗暴等问题意见很大。青岛市监管系统让政府部门行政过程透明，交易行为公开公正，社会主体参与度不断提高，有效缓解了一些潜在的社会矛盾，维护了社会稳定，促进了社会公平正义。

（五）监管要更充分运用科技手段

青岛市的大剧院工程，通过电子评标系统，上亿元的工程造价几千项清单在30秒内，就完成了横向和纵向的比较分析，并形成了详细的清标报告。运用现代科技手段，加大监督制约的渗透力和扩张力，用无情的电脑管住有情的人脑，把制度监督与技术监督有机结合起来，才能使监督更科学、更严密。

B.17

浙江做好监督、服务、管理农村基层廉洁三件事

中国社会科学院调研组 *

加强农村党风廉政建设，是构建社会主义和谐社会、推进新农村建设的有力保证。针对农村党风廉政建设中存在的问题，浙江改革社会管理方式方法，重点在农村民主监督、农村便民服务网络建设和农村“三资”管理上推出创新举措，走出了农村基层党风廉政建设的特色之路。

一　农村基层面临两大难题
如何维护农民权益、如何监督农村干部

随着改革的深入和工业化、城镇化的推进，农村社会结构、生产方式、组织形式和利益关系发生了深刻变化，农村基层党风廉政建设面临许多新情况、新问题。实现好、维护好、发展好广大农民的根本利益，应是农村党风廉政建设的出发点和落脚点。毋庸讳言，农村损害农民利益的现象仍较为普遍。

（一）农民物质利益面临的问题

农村的很多矛盾是由农民的物质利益得不到充分保障引起的。目

---

* 课题组组长：孙壮志。课题组核心成员：吴海星、孙壮志、田坤、陈振。执笔人：田坤。

前，损害农民物质利益的问题集中在：农民对承包土地享有的使用收益权行使不充分，农民土地承包权益受到侵害，一些地方征地补偿标准不合理，补偿不及时足额到位，征地补偿费分配不均、使用不规范，社会保障不落实，损害了被征地农民的利益；农村集体“三资”即资金、资产、资源管理存在漏洞，“三资”使用分配不透明，集体资金被挪用侵占，资产被贱卖私分，资产出让、租赁、承包和资源开发利用没有引入市场机制，一些村干部擅自处置集体资产资源、私设“小金库”；在报刊征订、用水用电、计划生育、建房、殡葬中，向农民乱收费、乱罚款现象仍然存在。

（二）农民民主权利面临的问题

改革开放以来，党和国家制定了一系列法律、法规，保障农民行使民主权利。随着农村物质生活水平的提高，农民参政、议政的能力和水平逐步提升，参与管理村务的热情也逐渐高涨。但侵犯农民民主权利的现象也大量存在：村级组织选举存在“猫腻”，宗教宗族、黑恶势力干预和操纵村民委员会选举，个人或者少数人擅自决定集体重大事项，随意更改村民会议和村民代表会议决议；乡镇务公开、村务公开、农村基层党务公开落实不到位，农民知情权受到侵犯；一些地方社情民意表达渠道还不宽，农民的合理诉求得不到及时有效解决。

（三）农民办事面临的问题

农民享受的国家公共服务在量和质上都与城镇居民有较大差距。在一些地方，农民办事“门难进、事难办、脸难看”，既耗时间，又伤自尊。其原因是多方面的：有的是政府机关工作人员的工作作风存在问题。一些干部官僚气浓重，与群众打交道不带感情，办事设关置卡、刁难群众；有的是客观条件所限，很多地方行政审批服务网络仅延伸到乡镇级，不少特殊事项只能在县级机关办理。一些距离乡镇、县城较远的村民办事非常不便，特别是乡镇撤并之后，一些偏远农村农民对政策、法规不熟悉，在办事时多次往返、疲于应付。

（四）农民监督干部存在的问题

诸多原因导致民主监督成为农村基层民主建设的短板，很多地方存在村民自治重选举、轻监督，村务监督重形式、轻实效问题，形成了所谓的“半拉子”民主，村民自治变成“村官”自治。一些村干部个人说了算，办事不经过两委会，村务不向村民公开，“村官”腐败频频发生，由此引发的信访问题非常突出。

二　浙江从三件事入手破解农村党风廉政建设的难题

针对农村党风廉政建设中带有普遍性的难题，浙江以全面推进村务监督委员会（简称“村监会”）建设为抓手，以村级便民服务中心为载体，以加强“三资”管理为基础，农村党风廉政建设取得明显成效。据国家统计局在浙江的最新问卷调查显示，目前浙江近八成的农民群众对农村党风廉政建设表示满意或认可。另据统计，近年来，浙江反映农村党员干部违纪违法的信访量持续大幅度下降，2009 年、2010 年分别同比下降 6.71% 和 15.5%。

第一件事：全面推进村务监督委员会建设

1. 特点

“村务不公开、财务管理乱、用权不民主”是多年困扰农村党风廉政建设的难题，成为新农村建设的桎梏。浙江设立村监会就是为了解决“如何监督村干部”而进行的制度探索。浙江规定，在村党组织领导下，村监会由村民会议或村民代表会议选举产生，任期与村民委员会相同，对村级公共事务实施监督，向村民会议或村民代表会议负责并报告工作。村监会可下设村务公开、财务监督、工程招投标等小组。村级重大事务决策、村务公开、“三资”管理、工程建设项目和村干部勤政廉政等事项都是村监会的监督事项。村监会建立之后，形成了“以村党组织为领导核心、村民会议和村民代表会议为决策机构、村民委员会为管理执行机构、村监会为村级民主监督机构并充分发挥其监督作用”的村民自治机制。浙江村监会具有以下几个鲜明特点。

探索早。2004 年，浙江省金华市武义县后陈村根据加强村务监督的现实需要，建立了全国第一个村级民主监督组织，率先开展了村监会试点工作。之后，天台县建立了廉情监督站，温岭市建立村民监督委员会，诸暨、嘉善等地建立村民监督小组，为浙江后来统一开展村监会建设工作打下了实践基础。

覆盖全。2008 年，浙江下发《关于完善村级民主监督组织，加强村级民主监督试点工作的意见》，要求按照“试点先行，总结完善，稳步推进”的思路推进村监会建设。2008 年底，全省有一半的行政村建立了村监会。浙江省纪委要求把村监会的建立作为责任制检查考核的重要内容，并实行半月报制度和实地督察制度，推进了村监会的推广。2009 年底，浙江在全省 30032 个行政村全部建立了村监会。

规范化。2010 年 7 月，浙江颁布《村监会工作规程（试行）》，总结归纳了村监会三项工作职责、四项权利、四项义务和四项监督重点内容，建立了工作例会、学习培训、报告、考评、台账、申诉救济和保障七项制度，科学定位村监会的地位职能，规范村监会建设，做到于法周全、于事简便。全省各地普遍出台实施意见或工作细则，对村监会建设作出进一步规范。

2. 成效

浙江村监会制度的推行，为保障农民群众的知情权、决策权、参与权、监督权开辟了新途径，在加强基层民主监督、促进村干部廉洁等方面起到了积极的作用，探索出一条符合基层实际、具有浙江特色的村级民主自治、民主监督新路子。村监会主要产生了以下成效。

完善了基层民主权力结构。村监会的成立使农村民主监督获得有效载体，改变了过去村务监督职责不明、职能缺位、对村干部的监督乏力的状况。2010 年全国人大新修订的《村民委员会组织法》吸纳了浙江加强村监会建设的做法，规定“村应当建立村务监督委员会或其他形式的村务监督机构”，将浙江经验以立法的形式固定下来。

提高了村级民主自治能力。村监会设立于村委会之外，通过任职回避的制度设计与村委会保持一定的距离，通过任职条件的设定使其具有相当的监督能力，通过赋权使其具有权威性，大大提高了村级民主自治能力，实现了村民对村务管理事前、事中、事后的全程监督，为及时发现差错和启动纠错程序提供了条件，扩大了群众的知情权和参与权，促使村委会提高工作的透明度。

实现了民主监督力量的整合。前些年，浙江一些地区建立了民主理财小组和村务公开监督小组。但受管理从属性和职能局限性制约，监督内容不全面、监督保障措施不健全，很难对村务管理和村干部进行全过程和全方位监督。村监会有效整合了局部、分散的村级民主监督力量，成为功能齐全、保障措施有力的监督组织。

加强了党对村委会的领导与监督。浙江省村监会主任一般由村党组织成员担任，履行对村务决策、执行、公开的监督职责。村监会的建立增加了党领导和监督村委会的抓手，对于党的基层组织建设和基层政权建设具有重要意义。

以浙江省武义县后陈村为例：村监会成立 6 年多来，为全村增收节支 480 多万元，先后对 4000 余张金额共计 2400 余万元的财物发票进行了审核和公开，纠正不规范票据 42 笔，拒付不合理开支 3.8 万元，实现不合规支出“零入账”；先后对 60 余项金额达 2000 余万元的村级工程建设项目进行了全程监督，在提高工程质量的同时实现了工程建设“零投诉”；村级组织顺利完成3次换届，40余名党员干部始终保持“零违纪”。①

第二件事：将方便农民办事的政府服务网络延伸到村

1. 特点

加强行政服务体系建设，是政府深化行政审批制度改革、推进管理创新的重要举措，也是履行政府公共服务职能、建设服务型政府的重要载体。近年来，浙江各地按照“功能齐全、服务高效、管理科学、监督有力”的原则，在省、市、县、乡镇服务体系的基础上，以建立便民服务中心为载体，将政府服务网络体系延伸到村一级，基本实现“村民不出村，便能办成事”。其特点主要有以下几个方面。

网络延伸广。全国很多省、市、自治区也在搞便民服务网络建设，但将实体性便民服务中心延伸到村一级却是少数。截至2011年4月底，浙江全省有17984个村（社区）建立村级便民服务中心，占全省村（社区）总数的60%。浙江出台的《关于进一步加强村级便民服务中心建设的实施意见》明确要求，到2011年底之前把便民服务网络覆盖到全省每个村级组织，形成省、市、县、乡、村五级公共服务体系。

服务项目全。浙江村级便民服务中心从方便村民办事出发，提供各项服务，主要包括：审批代办服务，基本公共服务，信息咨询服务，民事调解服务等。湖州市吴兴区章家埭村便民服务中心把与群众密切相关的农林服务、综治司法等服务事项纳入服务范围，目前代理服务项目已达7大类53项，其中全程代理14项。

---

① 参见《中国第一个村务监督委员会运行6年村民零上访》，新华网，http://news.xinhuanet.com/lianzheng/2011-02/22/c_121107009.htm。访问日期：2011年12月13日。

相关投入大。浙江各地普遍建立以财政投入为主导、其他社会力量资助为补充的多元投入机制，加大对村级便民服务中心建设的经费保障力度，从硬件上保障中心的良性运行。公共财政主要采取以奖代补的形式投入，嘉兴市对验收合格的村级便民服务中心给予3万~5万元的奖励，武义县每年按每百户8000元安排财政资金，用于保障村级便民服务中心的正常工作。

人员素质高。村级便民服务中心都配备相应的工作人员。村级便民服务中心主任，原则上由村党组织书记或村委会主任担任，便民服务代办员一般由村党组织和村委会成员兼任，有的由驻村干部、驻村大学生担任，有条件的地方还聘请了专职人员。湖州市明确要求村级便民服务中心至少要有1名大学生，全市目前累计选聘1200余名高校毕业生到农村社区工作，基本实现"一村一社区一名大学生"。目前全省共配备代办员5万余名。

工作制度实。在村级便民服务中心建设过程中，着眼于规范服务行为和提高服务质量，浙江建立了一系列工作制度，确保便民服务"便民、为民、利民"。这些制度包括：全程代办制度，加强村级代办代理功能，做到"一口受理，全程服务"；服务承诺制度，对村民提出的事项，明确承诺服务时限，接受群众监督，让群众明白放心；轮流值班制度，要求服务人员轮流值班，负责村民接待、受理登记等有关事项，做到"服务窗口无双休"；台账登记制度，做好服务事项的登记、答复、反馈和归档工作，以便村民查询；公开办事制度，村级服务中心办事项目、内容、条件、流程全部上墙告知，办事结果在村务公开栏进行公开；考核管理制度，把村级便民服务中心和代办员纳入乡镇（街道）统一管理和考核。

2. 成效

村级便民服务中心建设取得了以下明显成效。

方便了群众办事，提高了办事效率。过去村民办事的每个环节均表现为“村民－政府部门”的外部性业务活动，办理某项行政审批事项可能重复数次“村民－政府部门”的办事程序。村级便民服务中心成立之后，政府提供服务的方式发生了实质变化，村民在办事过程中，只需经历一个“村民－代办员”的环节，之后便由代办员无偿提供全程服务，并在承诺的时限内将事情办好，最大限度地方便了群众办事，缩短了办事周期，降低了办事成本。这种办事方式的转变，彻底改变了过去群众由于不熟悉相关办事程序需多次往返县乡的状况。

转变了工作作风，改善了干群关系。村级便民服务中心与省、市、县、乡四级的便民服务中心的区别之一，是其提供的仅是行政审批的代办服务，一般不直接办理行政审批事项，其服务性纯粹。村级便民服务中心的工作人员一般为村干部，他们为村民提供无偿服务，转变了村干部的工作作风，改善了村干部与村民间的关系。村级便民服务中心，实行办事公开、承诺服务、限时办结等措施，有效防止了工作推诿扯皮、上推下滑现象，增强了干部为民服务的自觉性。通过开展“零距离”服务，干部同群众间建立起了亲情式联系。

规范了办事行为，推动了廉政建设。村级便民服务中心建成后，由懂法律、明程序的专门人员代办行政审批业务，避免了行政审批人员利用农民不懂规则而“吃拿卡要”的现象。推行便民服务工作坚持“阳光作业”，通过公开办事制度、程序、范围和结果，把各项事务的办理置于群众监督之下，增强了办事行为的规范性，从源头上推进了农村党风廉政建设。

第三件事：加强农村集体“三资”管理

1. 特点

“三资”是农村集体经济的命脉，关涉农民切身利益，也是村干部最容易出现违规行为的领域，管理好了“三资”，就抓住了农村工作的牛鼻子、监督的关键。浙江民营经济发达，村级集体资产不断增多，农村“三资”规模庞大，腐败风险点非常密集，需要完善的管理体制、规范的操作体系和多元的监督渠道来加强农村“三资”的管理。浙江探索出一整套管理农村“三资”的制度和工作机制，具有以下鲜明特点。

信息化。浙江在农村“三资”管理中，积极运用信息技术的最新成果，开发建设了“三资”信息化管理系统，构建了村级集体“三资”监管网络。慈溪市研究开发了农村“三资”管理软件，建立电子化操作体系，实行市、镇、村三级联网，新的电子化操作体系具有数据管理、查询发布、及时预警和实时监控等功能，实现了对农村“三资”运行的主动防控。

公开化。在农村“三资”管理中，通过各种途径向村民公布“三资”情况。在宁波市镇海区，62个行政村的村务财务信息实现了电视公开，村民打开数字电视，点击“村务公开”，便可清楚了解村级管理费用支出、经营支出、社会福利事业支出、农业发展支出和当季租赁收入、投资收益、上级拨款等支出与收入、以及村工程建设、村土地资产承包、土地征用费发放等事项。在配备电子触摸屏的村，村民直接链接“三资”管理系统，即时了解村级集体资金管理、使用及村级往来账目等情况。

规范化。浙江健全完善了“三资”管理制度，构建规范化的管理体制，堵塞“三资”管理上的漏洞，先后制定出台了《加强农村财务管理工作的若干意见》、《关于加强村级集体资金管理工作的意见》，健全了村级集体“三资”账户管理、民主理财、财务公开的制度体系。开展村级财务管理规范化县的评创工作，全面实行村级财务会计委托代理服务。同时，积极引入ISO质量管理体系和条形码管理，引导督促经济发达地区的村级财务会计委托代理服务中心向“三资”管理服务中心发展。

多渠道。“三资”管理是一项系统工程，必须发挥多渠道作用，确保安全、高效地管理“三资”。浙江市、县、乡普遍建立“三资”管理工作领导小组，将这项工作列入党风廉政建设责任制考核的重要内容。在“三资”管理中，村监会参与制定村集体财务计划和各项财务管理制度，从决策、管理、公开等各个环节，重点加强对村级各项收支、集体土地征收征用、村级集体资产资源的使用和处置等情况的监督，加强对财务支出事项的定期审查，对村级集体投资经营情况和集体土地、房屋、山林、矿产等资产、资源处置情况实行全过程监督。

2. 有效性

浙江实施农村“三资”管理新模式的有效性在于以下几个方面。

保护了农村干部。绝大多数农村干部的违法违纪行为都直接或者间接与农村“三资”有关。只有管好农村“三资”，才能消除农村干部贪污腐败的机会。浙江管理“三资”的“组合拳”使得“三资”管理程序规范、方式透明、管理严密、监督有力，解决了暗箱操作和不规范操作现象，消除了村干部在“三资”管理中权力寻租的空间，最大限度地减少了村干部职务犯罪。

发展了集体经济。农村“三资”的保值增值是农民生活水平持续提高的保证。浙江通过加强管理、规范运作、强化监督，维护了集体资金的安全，杜绝了集体资源的流失，为实现集体资产的保值增值提供了发展后劲。通过流程再造，大大提高了“三资”的使用效率，为集体经济的壮大提供了基础，为新农村建设提供了物质支持。

拓宽了民主渠道。参与经济管理和监督是农村民主建设的重要内容。过去由于缺乏载体、机制不顺，村民对农村“三资”的管理监督非常薄弱。浙江运用信息技术，全程公开农村“三资”的管理使用，为村民直接监督提供了平台。通过设立触摸屏，为村民提供农村“三资”管理情况的查询公示平台，村民有了更多机会参与集体资产的经营和资源开发。

三 观察浙江农村党风廉政建设后的思考

（一）农村经济发展与党风廉政建设要互为助推力量

浙江农村集体经济的迅猛发展为党风廉政建设提供了强大的物质支持，而党风廉政建设又为经济发展提供了方向性保障。改革开放以后，随着市场经济的发展，浙江农村集体经济水涨船高，农村“三资”管理亟待规范，催生了“三资”管理体制机制的改革；伴随着物质生活水平的提高，方便农民办事的需求也越来越强，村级便民服务中心便应运而生；物质财富的积累又为“三资”管理的规范化改革和便民服务网络的延伸提供了充足的资金支持；而村监会建设等党风廉政建设的创新举措又为农村经济的发展起到了保驾护航的作用，真正实现了经济发展与党风廉政建设之间的良性互动。

（二）应协调好加强党的领导与维护农民民主权利的关系

党的十七大提出要“健全党组织领导的充满活力的基层群众自治机制”。既要通过体制机制改革使基层群众自治充满活力，又要加强党对农村的领导，避免党的领导出现弱化倾向。既要加强党的领导，又要维护农民民主权利，保证其当家作主地位。村监会制度就很好地既加强了党的领导，也维护了农民民主权力，使农村的权力结构更加合理。

（三）要处理好改革创新与依法治国的关系

一方面要鼓励创新，改革体制机制，根据情势变化制定有针对性的制度措施；另一方面要依法改革，保障国家法律的权威性，确保新措施不与现行法律冲突。浙江在农村党风廉政建设中，很好地处理了两者之间的关系。以村监会建设为例：浙江积极吸收基层智慧，在不违反法律的前提下，将被实践证明有效的村级民主监督制度上升为省级制度并强力推广，浙江的成功实践终于被国家《村民委员会组织法》吸收。

（四）应围绕改善民生加强农村党风廉政建设

一项创新制度有没有生命力，能不能得到群众的拥护，关键在于能否把维护群众利益作为工作的出发点和落脚点。浙江农村党风廉政建设将“为农民服务”的理念贯穿于制定和执行制度的始终，各项改革措施件件紧扣民生主题，站在农民的角度进行制度设计：便民服务中心的建立，就是为了方便农民办事，其中的民生主题自不待言；村监会建设提高了村民自治的水平，使农民的政治地位得到大大提升，同时又通过其对“三资”使用等关系农民切身利益事务的监督，保障了农民的合法利益。

（五）农村党风廉政建设要因地制宜

浙江是市场经济先发省份之一，农村集体经济水涨船高。随着财富增多，利益分配与调整矛盾必然相对突出。浙江正视矛盾，疏堵并举，进行了有益探索，走出了一条符合实际的新路。同时也应看到，浙江的一些做法需要较大的资金、人员投入，不同地区不宜搞一刀切，应该结合实际情况量力而行。

（六）要形成措施配套、制度联动的机制

统观浙江农村党风廉政建设的主要举措会发现，浙江在进行制度设计时，特别重视制度之间的衔接与协调，以联动的机制推动落实，使制度之间“根相连、叶相应”。这种“左顾右盼”、“上下兼顾”、“内外结合”的“立体式”制度建设有利于防止形成“制度孤岛”

或制度冲突导致的效能消解。同时，无论是村监会还是村级便民服务中心，均选择整合现有治理、服务资源，以期达到“1 +1 >2”的效果。村监会将原有的村务公开监督小组、村民民主理财小组等监督资源进行整合，村级便民服务中心则整合村级综治工作站、信访调解中心、劳动保障室、文化俱乐部、远程教育点等基层各类站所、办事点，统筹安排办公设施，实现资源共享。在公共资源相对贫乏的农村，资源整合是农村党风廉政建设的重要途径。

B.18
香港工程建设领域防贪经验与借鉴

中国社会科学院调研组*

2010年，中国社会科学院廉政研究考察组先后两次对香港工程建设领域防贪问题进行了调研，与香港特区廉政公署、发展局、审计署等部门的官员作了深入交流，希望通过了解香港工程建设领域防贪的经验，为我国工程建设领域腐败治理提供有益的借鉴。

一 集中管理与权力分解协调统一，用体制约束权力

香港特区政府把城市基础设施建设作为一项基本职责，每年在基建工程方面投资巨大，增长迅速。2010年，香港特区政府基本工程开支预算496亿元，占香港特区政府年度开支预算的16.4%，比2009年增加了45亿元。[①] 对工程建设活动实行严格的管制，历来是香港政府的一项重要职能。经过多年的改革和完善，香港形成了“投资决策三级审批、工程建设集中管理、关键环节分权制衡”的基建工程管理体制，为打造高效、优质、廉洁的香港建筑业奠定了基础。

（一）工程立项三级审批体制

香港政府工程的立项和实施遵循一套严格的审批程序，把政府工

* 课题组组长：李秋芳。课题组核心成员：孙壮志、范三国。执笔人：范三国。

① 《香港特区政府2010～2011财政预算案》，http://www.budget.gov.hk/2010/chi/budget15.html，2010年2月24日。

程分为甲乙丙3个等级。一个新项目经发展局批准后进入丙级，经财政司批准后进入乙级，经立法会批准后进入甲级。丙级阶段的主要任务是完成工程项目的可行性研究，进行初步地质勘察，完成初步设计和初步工程造价估算，制定工程计划时间表，有的项目还要经过项目独立审核。乙级阶段的主要任务是对工程进行深入细致的技术和经济分析、评估与探讨，完成详细设计及审查、项目环境影响评估及审查、项目详细投资核算、征地工作及进行广泛的咨询、准备标书等。前一阶段工作不完成，就不能进入下一阶段。全部工作完成后，才可提交立法会申请拨款。项目提交立法会后，还需经过3个独立委员会的审查：一是事务委员会，从政策层面审查有无实际需求；二是工务小组委员会，从技术层面审查能否节约资金；三是财务委员会，经财务委员会批准后才能施工。严格的项目前期管理和分级审批程序，确保了政府工程投资决策权的分级负责和相互制衡，也为控制工程投资、质量、进度奠定了基础。

（二）政府工程集中管理机制

香港政府工程建设实行集中管理。发展局作为香港特别行政区行政长官下设的13个政策局之一，负责政府工程的建设和管理。除了铁路、公路、水利等专业性强的重大工程和廉租房、廉价房等公营房屋工程之外，一般的非营利性政府工程全部由发展局建筑署负责，代表政府执行业主和项目管理职能。建筑署拥有庞大的专业技术队伍，截至2011年3月31日，全署1781个编制职位中，建筑师、工程师、建筑测量师和工料测量师等专业技术人员占到45%。[①] 政府工程从初步设计到竣工验收，由建筑署全程管理、全程负责，明确了工程建设

---

① http：//sc. archsd. gov. hk/gb/www. archsd. gov. hk/archsd _ home02. asp？SC = True&Path _ Levl =2#staff，2011年10月7日。

每个环节的责任主体，保证了工程管理的专业化、规范化程度，降低了项目管理和监督成本，有效避免了因项目过于分散、业主经验不足、工程监管缺位等，造成的管理漏洞和腐败风险。

（三）工程资金统一支付制度

香港政府工程款由库务局根据工程进度和合同规定，按照严格的程序统一支付。政府工程在开工前，已有详细的施工计划和拨款进度安排。在施工过程中，承包商根据实际完成的工作量申请拨付工程进度款。拨付申请经发展局或其委托的顾问工程师签字认可后，承包商直接向库务局领取工程款。通过工程款统一支付制度，把管项目与管钱分开，形成了发展局与库务局既相互制衡又协调统一的工作机制，避免了工程实施过程中因权力过于集中而滋生腐败问题。

二　完善制度与强化执行齐头并进，用制度规范行为

香港工程建设在招标投标、资质认可、工程变更、工程监理、合同分包、质量检测、履约保证等方面，形成了一套完善的制度体系，为工程建设管理规范化、制度化提供了保障。

（一）公平公开的招投标制度

负责项目的政府官员与承包商（供应商）存在利益关系、邀请承建商投标机制缺乏公平公正、分拆合同规避招标委员会审批，是香港政府工程招投标环节面临的主要问题。为此，香港特区政府采取了一系列有效的防贪措施。

1. 利益冲突申报及处理机制

为防止参与工程招标的公职人员与投标人存在利益冲突，所有

参与工程招标的公职人员，特别是所有负责制订招标文件的委员会（工作小组）、开标小组、投标书评审委员会、投标委员会及顾问公司遴选委员会的主席及成员，在发现其公职与私人利益（包括公职人员本人、亲属以及与其联系密切、欠有债务或有过恩惠的人员的经济及其他利益）出现实际、潜在或表面的冲突时，应立即申报，由其上级或各委员会负责人决定其是否继续参与所负责的招标工作。投标书评审委员会必须在每份投标书评估报告中说明委员会的成员是否都已申报利益冲突，以及如发现有利益冲突，采取了什么补救措施。经常处理采购事宜的开标小组、投标委员会及顾问公司遴选委员会的主席及成员，须在任职时签署承诺书，并定期重新签署有关承诺①。

2. 选择性招标制度

香港特区政府规定，400 万港元以上的建造及工程服务应执行政府采购招标程序。香港政府采购招标分为公开招标、选择性招标、单一及局限性招标和资格预审招标等 4 种类型，工程合约通常采用选择性招标②。政府部门在每周五出版的香港特区政府宪报连续两期刊登招标公告，并在互联网上公布。香港特区政府各类工程实行政府认可承建商名册制度，列入认可承建商名册的企业，根据资质等级参与政府工程投标。未列入名册的企业，只要有足够的时间完成资格审核程序，也可以参与投标。由于实行了严格的资格预审和分等级投标制度，尽管在招标公告中都要声明“政府不一定采纳索价最低的投标书或任何一份投标书”，但通常采取最低价中标。如果不推荐最低投标价的投标人作为中标人，招标部门必须在投标委员会的报告中详细陈述理由。中标企业及中标价在政府宪报及互联网上公布。

---

① 《避免政府采购工作出现利益冲突》，《物料供应及采购规例》第一甲章，香港特别行政区财政司。

② 《政府采购的招标程序》，《物料供应及采购规例》第三章，香港特别行政区财政司。

3. 设立投标委员会

香港特区政府在库务局和建筑署分别设有中央投标委员会和工务投标委员会，负责审核招标部门提交的投标评审报告，并决定是否接纳投标评审报告的建议及批准标书。中央投标委员会由库务局常任秘书长出任主席，成员包括政府物流服务署署长、发展局常任秘书长或其代表、职级不低于副首席政府律师的法律顾问、财经事务及库务局副秘书长，负责审批价值超过 3000 万元港币的政府工程标书。工务投标委员会由建筑署副署长任主席，成员为建筑署工程师，并邀请其他部门一名高级工程师担任独立委员，负责审批价值不超过 3000 万元港币的政府工程合约标书。投标委员会委员不参与评标。招标部门专门成立由两人以上参加的评审委员会负责评标。为确保招标工作完整，并且考虑到《香港防贪条例》对政府官员具有严密的监管约束，评审委员会只能由政府人员（工程师）组成，并在不标明投标人身份的情况下进行评标。重大工程邀请廉政公署参加，对招标程序、评标标准等提出防贪建议。评标报告书经部门负责人签署后上报投标委员会，由委员会最终决定中标人并批准合约。投标委员会作出采纳投标的决定后，会向招标部门发出通知文本，副本送交审计署署长。投标人如对招标程序或结果有异议，可以向投标委员会或法院提出控诉。由于招投标工作涉及很多部门和人员，分散了招标权力，增加了“打通”各个环节的成本，对于遏制违规操纵招标以及围标、串标等问题起到了明显作用。

4. 维修工程定期合约制度

香港政府建筑物及其设施的维修和翻修由建筑署负责，包括例行及紧急维修服务、翻修政府建筑物及小规模建筑工程（如改建、加建、改善和装修工程）①。相比新建工程，维修工程更容易出现贪污

① 《定期合约建筑工程的管理》，香港审计署，2009 年 3 月 27 日。

问题，究其原因：一是维修工程招标时，不能确定哪些部位需要维修。负责发出维修指令的官员权力很大，可以把利润高的工程给某一公司。二是维修工程单个项目金额小，数量多，难以监管到位。三是维修工程如不及时验收，一段时间后很难监测效果。因此，维修工程实行定期合约制，在招标时采用估价招标，邀请几家承建商投标，与中标维修商签订为期18个月至三年的定期合同，其间建筑署向承建商发出详列工程细节的施工令，按数量付款，并采取巡检方式监督，一定程度上达到了监管目的，同时规避了政府部门的腐败风险。

（二）认可承建商资质管理制度

香港政府工程实行认可承建商名册制度，确保承包工程的承包商在财务实力、业务水平、管理能力、安全环保监管等方面均能达到相应等级的水准。认可承建商名册分为认可公共工程承建商名册（认可承建商名册）和认可公共工程物料供应商及专门承造商名册（供应商及专门承造商名册）。认可承建商又分为甲、乙、丙三个等级，每个等级只可竞投其已取得核准资格的工程合同。发展局建立了一套完整的政府工程承建商资质管理制度，对进入名册的条件、考核标准、评价体系、奖惩等作了详细规定。建筑署专门设有审查小组，负责审查申请加入名册的承建商的业务、技术、财政、业绩等方面情况。初次加入名册的承建商只可获试用资格，待其完成至少一宗工程合约才可申请转正，表现出色的可申请提升至较高组别；工作表现欠佳、破产、严重过失或在工地安全管理上有不良记录的承建商，将受到降低资质、暂停资格直至除名的处罚，严重失信的承建商3年内不得参加政府工程投标。建筑署专门设有电子资料库，记录承建商在各项工程中的表现，作为甄选、升降承建商等级的依据。承建商表现记录对竞投政府工程具有很大影响。

（三）工程变更分级审批制度

香港对政府工程实行严格的合同变更分级审批机制。工程变更造价估算少于20万港元的，变更指令可由现场建筑师或工程师核批；介于20万~40万港元的，由发展局高级建筑师或高级工程师核批；介于40万~130万港元的，由发展局首长级人员核批；介于130万~400万港元的，由发展局高级首长级人员核批；介于400万~1500万港元的，须报财经事务及库务局局长核批；超过1500万港元的，须报立法会财经委员会核准。为防止随意变更合同或夸大变更费用等问题，政府部门要求对工程变更的原因和估价进行详细记录备案，审计部门对变更费用进行独立评估，监察不当的工程变更。小型工程的变更由工程主管部门审批，审计部门定期抽查，如果发现工程资金变作它用，主管部门负责人将面临“下台”。

（四）制定顾问公司监管计划

针对顾问公司不按合同派现场监管人员，出现监督人员不到位、经验不足等问题，建筑署在施工前，要求顾问公司制定提交详细的《监管计划书》，对工程全过程监督做出全面细致的安排，由建筑署专家对其合理性和可行性进行评估。如在问题较多的打桩环节，要明确什么时间、派什么人员、采取什么方式监管；在隐蔽工程如钢筋放置环节，要有监管人员现场检查钢筋的数量和规格是否符合要求，并记录在案。有的顾问公司还在现场安装闭路电视，实时监控施工全过程，形成了政府部门监督顾问公司、顾问公司监督承建公司的监管链条，为工程出现问题后强化问责力度提供了依据。

（五）制定分包商管理计划

香港建筑业几十年来承袭“工程分判”制度，对于实现建筑业的社会化和专业化发挥了重要作用。然而，工程分包也面临着“两难困境”：一方面，如果限制分包，将只有个别大型企业具备承担重大政府工程的资质和能力，容易出现围标、串标等问题。另一方面，如果对分包不加以限制和监管，同样面临一些难题，如多级分包商与总承包商无直接合约关系，甚至由临时施工队具体承建，总承包商难以直接监控，出现问题难以定责和问责；又如工程层层分包，费用层层截留，实际施工的底层分包商无利可图，只能通过偷工减料、以次充好降低成本，工程质量难以保证。为此，近年来香港特区政府改革工程分包管理制度，要求政府工程承建商提交分包管理计划书，并且规定分包层级最多不得超过两级。政府部门通过到工地现场检查施工单位人员身份证，与分包管理计划书进行核对等方式，确保分包计划书执行到位。

（六）工程质量监测保安制度

由于建造工程涉及巨额的物料成本，不良承建商为了增加利润，会通过收买工程监督人员，在工程中使用劣质材料。为确保抽样、测试及呈交报告的程序公正可信，政府部门委任独立机构进行所有质量管理的抽样、测试等工作，避免承建商与检测机构存在利益冲突，确保物料符合品质要求。收集样本工作由实验所负责，从测试到呈交最终报告整个过程，作出详细记录，方便日后翻查及审核。为防止样本被调换或干扰，所有样本均由相应职级的人员负责保管。实验所将报告直接送往客户代表，避免中间人转送，以杜绝隐瞒、伪造、篡改报告，或在报告内蓄意加入失实内容等舞弊行为的产生。

（七）履约担保制度

香港具有完善的合同管理制度。为保证工程合同的履行，香港普遍采用履约担保制度，主要形式是银行出具履约保函。银行保函是备用性的银行信用，如果承建商违约，银行承担向业主进行经济赔偿的责任。取得银行保函的基本条件是，承建商具有良好的商业信用，在担保银行有相应的存款或等额的资产抵押。担保金额一般为合同金额的5%～10%。

三　系统防贪与同步预防有机融合用预防促进廉洁

近年来，香港廉政公署在严厉查处多宗“豆腐渣”工程中贪污案件，全面打击工程建设领域腐败问题的同时，坚持“系统防贪、同步预防”的策略，推出源头防治贪污系列举措，有机融入工程建设政策及计划制定、合同执行、专业培训等全过程，有效遏止了行业内的贪污问题。

（一）系统防贪，将防贪条款纳入工程管理程序

香港廉政公署下设防止贪污处，负责对政府部门及公共机构的工作规章及程序进行廉政审查。防贪处下设七个审查工作组，其中第五组专门负责基建工程、公共房屋建筑、建筑条例执行、市区重建等领域。防贪处拥有一支经验丰富的专业人员队伍，包括工程师、测量师、会计师、核算师、资讯科技专家等，通过有针对性地研究工程建设法例规章，查阅有关部门和机构档案，实地检查等方式，查找工程建设规定或程序存在的贪污漏洞，提出相应的防贪建议并形成审查报告，经廉政公署防止贪污咨询委员会审批后，提交相关机构或部门，并定期跟进检查落实情况。如经审查研究与工务部门达成改善工程监督制度的共识，在工程合同中加入“防贪条款”，与承建商签订《廉政合同》，明确承建商的防贪责任等。

（二）同步预防，将预防措施植入基建工程政策和计划

当政府草拟新政策法规、编制大型基建工程计划或制定工程管理程序时，廉政公署防贪处同时展开工作，协助相关部门将防贪措施植入其中。如香港在回归前后建造1500多亿港元的新机场核心工程，防贪处在该工程筹划阶段，就已经提供了详尽的防贪意见。在一份由透明国际出具的考察报告中指出，如此浩大复杂的基建工程能达致“零贪污”的成绩，令人赞叹。

（三）强化诚信教育，把防贪内容纳入专业培训

重视公务员诚信管理教育，实行了公职人员利益冲突申报及处理机制，协助涉及工程建设管理的政府部门、公营机构、顾问公司、承建商制定推行工作纪律守则。推行大学生诚信专业培训，与大学及其他专业学院合作开办防贪课程，将职业操守和防贪教育纳入大学建筑工程、楼宇管理、财务管理等学位课程，使大学生形成良好的职业操守。经常举办建筑工程公司员工诚信培训和工地管理人员防贪讲座，鼓励有关建筑业专业团体将道德培训纳入其持续专业发展课程中，强化从业人员的防贪意识。

（四）推广防贪措施，把防贪建议编制成防贪锦囊

为了有效推广防贪措施，廉政公署防贪处在总结30多年的防贪经验和开展2000多项防贪审查研究的基础上，以建筑、公共采购等领域为重点，制作了《工程顾问管理》、《政府采购》、《建造业品质控制测试》、《工程合约的判授及管理》等系列《防贪锦囊》，免费发送从业人员，为避免坠入贪污陷阱提出具体管用的预防建议。如《工程顾问管理防贪锦囊》对筹划委聘顾问、拟备委聘书、初步评选、招标及接收标书、标书评估、议价、判授顾问合约、监察顾问表

现、处理付款申请、监察顾问合约变更、保存记录等甄选和管理顾问合同的全部环节提出了详细具体的防贪建议，并附上相关纪律守则、程序指引或工作手册，供有关机构参考，提升了防治贪污的针对性和有效性。

四　成效与启示

工程建设领域腐败问题是全球反腐败面临的共同难题。香港也曾出现过工程建设领域腐败问题高发期。据香港廉政公署提供的数字显示，1999～2002 年，香港每年涉及工程建设的贪污投诉从 180 多件上升到超过 250 件。经过多年来改革管理体制、完善配套制度、强化源头预防的不懈努力，香港工程建设领域防贪工作取得了显著成效，涉及工程建设领域的贪污举报由 2002 年的 250 余件持续下降至 2009 年的 119 件，有效遏制了工程建设领域贪污腐败问题日趋严重的势头，逐步降低了该领域的腐败发生率，为香港经济社会繁荣发展奠定了基础。

当前，工程建设领域是我国惩治预防腐败的重点领域，政府工程建设面临一些共性问题，如工程建设单位分散、前期工作深度不够、围标串标问题突出、假借资质挂靠施工、偷工减料、以次充好等等，不少问题在香港也有体现。香港政府工程管理及防贪的成功经验，对我国内地具有重要借鉴意义。

（一）整合工程建设管理职能，建立政府工程集中管理体制

香港政府工程集中管理成效显著。相比之下，内地的政府工程面广量大，基建管理职能分散，大量政府工程由各个单位或部门内设的临时性机构如基建办、工程指挥部等具体负责，工程管理不规范、监管难以到位，一些缺乏基建工程管理经验的领导干部如学校校长、医

院院长等直接负责基建工作，有的因不熟悉相关法律法规，经不住利益诱惑，走上了违纪违法道路。建立集中管理、高效运作、严格监督的政府工程集中管理体制，有利于源头铲除滋生腐败的土壤。建议借鉴香港经验，按照“工程集中、权力分散”的原则，率先在省级或市级整合相关部门职能，成立政府工程集中管理机构，将除铁路、水利、交通等专业性强的重大项目之外的政府工程建设与管理划归专职部门负责，实现政府工程的集中管理。同时，将项目招标权、物资采购权、资金拨付权、建设监管权等分散控制，形成既高效协调、又相互制约的工程建设管理体制和机制。

（二）整合政府采购和招标投标制度，建立统一的政府工程准入及资质管理制度

香港把政府工程作为一项特殊商品，纳入政府采购范围，实行认可承建商名册制度，有效解决了政府工程承建商、供应商的信誉和资质问题，将不合格的企业拒之门外。借鉴香港经验，建议整合政府采购制度和工程招投标制度，形成统一的政府工程（包括维修工程）招投标制度。以工程建设政府采购名录为基础，健全完善政府工程资格准入、资质管理及“黑名单”制度，强化对工程建设主体的规范管理。

（三）实行工程款财政统一支付制度，实现项目管理与经费管理相互制约

目前，内地政府工程主管部门分散，部分工程项目由一些行业主管部门负责，工程款也由相关部门划拨，职能部门管钱与管工程不分家，有时甚至出现一个工程多头申报的现象。建议与工程项目集中管理相配套，对工程资金实行财政统一拨付，工程建设单位根据工程进度与合同规定，经项目管理部门、现场监理人员等签字后，统一到财

政部门领取工程支付款，形成项目管理部门、资金管理部门、现场监理人员的权力制约机制。

（四）完善工程变更分级审批制度，明确分解审批权限

为防止因随意变更工程规模或内容谋取不当利益，要严格工程变更管理，明确审批权限，实行分级审批。对变更内容及费用进行独立审核，根据变更估价实行分级审批，并详细记录工程变更原因、内容、经费、审批意见，纳入工程档案。

（五）加强纪检监察机关队伍建设，强化工程防贪专业化水平

监督专业化程度高是香港廉政公署防治工程建设领域腐败的制胜法宝，这主要得益于有一支专家型人才队伍。借鉴香港廉署防贪经验，内地的纪检监察机关要注重引进和培养一批工程、测量、会计、核算、信息、网络、法律等方面的专业技术人才，打造一支专业性强、业务过硬的专家型纪检监察队伍，增强工程建设领域防治腐败的专业性。在继续加大工程建设领域腐败案件惩治力度的同时，更加注重源头预防，系统审查工程建设制度、程序、执行中存在的腐败风险，务实制定防治措施，把预防腐败同步植入工程建设法规政策出台、制度程序制定、工程实施及监管的全过程，提高工程建设领域防治腐败工作的实效性。

附　　录

Appendix

B.19

2011 年中国反腐倡廉建设最具影响力的十大事件

为了解社会对中国反腐倡廉建设重大事件和实践影响力的真实看法，就我国 2011 年 1 月 1 日至 11 月 1 日发生的在全社会有较大影响的几十个事件，中国社科院中国廉政研究中心组织专兼职专家学者投票评价，评选出 2011 年中国反腐倡廉建设最具影响力的十大事件。

1. 胡锦涛总书记在“七一讲话”强调“四种危险”

7 月 1 日，庆祝中国共产党成立 90 周年大会在人民大会堂隆重召开。胡锦涛总书记在大会上发表了重要讲话。讲话在简要回顾中国共产党 90 年来团结带领人民在中国完成和推进了“三件大事”、取得了“三大成就”、产生了“两大理论成果”之后，在分析党面临着的形势和挑战时深刻指出“四种危险”，即“精神懈怠的危险，能力不足的危险，脱离群众的危险，消极腐败的危险，更加尖锐地摆在全党面前，落实党要管党、从严治党的任务比以往任何时候都更为繁重、更为紧迫。”

2. 中央国家机关部门首次公布“三公”经费

“三公”经费，是指中央行政单位（含参照公务员法管理的事业单位）、事业单位和其他单位用财政拨款开支的出国（境）费、车辆购置及运行费、公务接待费。3 月 23 日，国务院常务会议决定，6 月向全国人大常委会报告中央财政决算时，将中央本级“三公”经费支出情况纳入报告内容，并向社会公开，接受监督。6 月 30 日，全国人大常委会表决通过了关于批准 2010 年中央决算的决议，2010 年中央行政单位、事业单位和其他单位的“三公”经费支出合计 94. 7 亿元。

3. 深入开展系列专项治理工作

中办、国办先后印发了《关于开展清理和规范庆典、研讨会、论坛活动工作的实施意见》、《关于开展党政机关公务用车问题专项治理工作的实施意见》等文件，部署开展或持续推进了工程建设领域突出问题专项治理，“小金库”专项治理，庆典、研讨会、论坛过多过滥问题专项治理，公务用车问题专项治理等一系列专项治理工作。9 月 23 日，中央纪委召开反腐倡廉专项治理工作汇报会，贺国强出席并讲话。据汇报会公布数据，全国共受理工程建设领域违纪违法问题举报 3. 8 万件，立案 1. 96 万件，给予党纪政纪处分 12874 人，移送司法机关 6801 人；全国累计查出“小金库”58225 个，涉及资金 266. 54 亿元，给予行政处罚 1942 人，组织处理 3242 人，党纪政纪处分 1862 人，移交司法机关处理 623 人；全国党政机关共发现违规车辆 17. 26 万辆；据 23 个省（区、市）统计，共取消庆典、研讨会、论坛 2010 个，节约经费约 8. 4 亿元。[①]

① 贺国强参加反腐倡廉专项治理工作汇报会并讲话，http：//news. xinhuanet. com/politics/2011 -09/23/c_ 122080478. htm，访问日期：2011 年 12 月 9 日。

4. 我国首次发布《中国的反腐败和廉政建设》白皮书[①]

2010年12月29日，国务院新闻办公室发表了《中国的反腐败和廉政建设》白皮书。这是中国第一次比较全面、系统地向国内外介绍新中国成立后，特别是改革开放以来，中国共产党和中国政府始终坚决反对腐败，加强廉政建设的基本情况。白皮书大约16000字，介绍了我国反腐败和廉政建设、反腐败和廉政建设领导体制与工作机制、反腐败和廉政建设法律法规制度体系、权力制约和监督体系、通过体制改革和制度创新防治腐败、依法依纪查处腐败案件、廉政教育和廉政文化建设、反腐败国际交流与合作等情况。

5. 中央纪委颁布《〈中国共产党党员领导干部廉洁从政若干准则〉实施办法》

2011年3月22日，中共中央纪委颁布实施《〈中国共产党党员领导干部廉洁从政若干准则〉实施办法》。《实施办法》对《廉政准则》中的相关概念进行了解释；对违反《廉政准则》规定的8个方面52项禁止性规定如何适用《中国共产党纪律处分条例》予以明确；对于需要采取组织处理等措施的违纪行为，规定了相应的处理方式，进一步细化和明确了《廉政准则》的相关要求，彰显了党中央依靠制度预防和惩治腐败的坚定决心。

6. 赖昌星被遣返震慑外逃贪官

7月23日，厦门远华特大走私案首要犯罪嫌疑人赖昌星被加拿大有关部门遣返回国。1999年8月，赖昌星因走私案发潜逃加拿大，并向加拿大移民部提出了难民资格申请，企图长期滞留加拿大，以逃避法律制裁。加拿大有关部门经甄别，驳回了赖昌星的难民资格申请。随后加拿大移民部启动了对赖昌星的遣返程序，最终于当地时间

① 白皮书产生重大社会影响在2011年，故将其入选2011年反腐倡廉十大事件。

2011 年 7 月 22 日依法将其递解出境。赖昌星被成功遣返回国，向全世界表明了中国严厉打击经济犯罪的决心，同时也警示所有的腐败分子，无论逃到哪里，都难以逃脱法律的制裁。

7. 苏杭两副市长贪腐过亿同日被执行死刑

7 月 19 日，最高人民法院召开关于人民法院惩治国家工作人员职务犯罪有关情况的新闻发布会。会上公布了两起典型案例，即杭州市原副市长许迈永受贿、贪污、滥用职权案和苏州市原副市长姜人杰受贿案。最高人民法院对这两起案件的被告人许迈永、姜人杰依法核准死刑，并已于 19 日上午执行。这两起案例都发生在经济发达地区，两罪犯同样都曾经担任主管城建工作的政府领导，两人的主要犯罪行为也都与土地审批和建设领域相关，都是利用手中掌握的土地审批等行政权力违规操作，为自己攫取巨额私利，且犯罪数额特别巨大。

8. 行贿犯罪档案查询系统年底前实现全国联网

9 月，最高人民检察院在发布的《“十二五”时期检察工作发展规划纲要》中确定，行贿犯罪档案查询系统年底前实现全国联网。2006 年 1 月 1 日，最高检建立行贿犯罪档案查询系统，并对外受理查询。2009 年 9 月 1 日，行贿犯罪档案的录入和查询范围，由建设、金融、医药卫生、教育、政府采购等 5 个领域扩大到所有领域。2010 年 1 月 1 日，华东六省一市行贿犯罪查询系统实现了互联互通；同年，最高检设立行贿犯罪档案查询管理中心，负责行贿犯罪档案查询和查询系统全国联网等工作。

9. “唱读讲传”红遍重庆

重庆市开展唱红歌、读经典、讲故事、传箴言的“唱读讲传”活动，两年多来，全市累计开展红歌传唱活动 12.8 万场、参与市民超过 7770 万人次；开展经典诵读展演活动 2.8 万多场、参与市民 1275 万人次；举行故事会 7.01 万场；手机和 QQ 用户转发箴言 1.3

亿多条次、参与用户达1.63亿人次。[①]

10. 监察部等七部门规范商业预付卡管理

5月，国务院办公厅转发了中国人民银行、监察部、财政部、商务部、税务总局、工商总局、预防腐败局《关于规范商业预付卡管理的意见》，《意见》要求各有关部门要各负其责，进一步规范商业预付卡管理。《意见》强调，严禁国家工作人员特别是领导干部在公务活动中收受任何形式的商业预付卡。凡收受商业预付卡又不按规定及时上交的，以收受同等数额的现金论处。对涉嫌受贿的，依法严肃查处。

① 崔佳：《“唱读讲传”红遍重庆》，2010年11月19日《人民日报》第1版。

图书在版编目（CIP）数据

中国反腐倡廉建设报告．1/李秋芳主编．—北京：社会科学文献出版社，2012.1
（反腐倡廉蓝皮书）
ISBN 978－7－5097－2972－4

Ⅰ．①中…　Ⅱ．①李…　Ⅲ．①反腐倡廉－研究报告－中国
Ⅳ．①D630.9

中国版本图书馆 CIP 数据核字（2011）第 261335 号

反腐倡廉蓝皮书
中国反腐倡廉发展报告 No.1

主　　编／李秋芳
副 主 编／王延中　孙壮志　马　援

出 版 人／谢寿光
出 版 者／社会科学文献出版社
地　　址／北京市西城区北三环中路甲 29 号院 3 号楼华龙大厦
邮政编码／100029

责任部门／皮书出版中心（010）59367127
电子信箱／pishubu@ssap.cn
项目统筹／邓泳红
责任编辑／王　颉　周映希
责任校对／陈　雪
责任印制／岳　阳
总 经 销／社会科学文献出版社发行部（010）59367081　59367089
读者服务／读者服务中心（010）59367028

印　　装／北京季蜂印刷有限公司
开　　本／787mm×1092mm　1/16
印　　张／19.75
版　　次／2012 年 1 月第 1 版
字　　数／254 千字
印　　次／2012 年 1 月第 1 次印刷
书　　号／ISBN 978－7－5097－2972－4
定　　价／59.00 元